中国老龄科学研究中心

中国式现代化
与积极应对
人口老龄化

中国老龄科学研究中心青年学者文集
(2022—2023)

高成运
- 主编 -

中国出版集团
中译出版社

图书在版编目（CIP）数据

中国式现代化与积极应对人口老龄化 / 高成运主编 .
北京：中译出版社 , 2025. 2. -- ISBN 978-7-5001
-8130-9
　　Ⅰ . D61；C924.24
　　中国国家版本馆 CIP 数据核字第 20245V73J5 号

中国式现代化与积极应对人口老龄化
ZHONGGUOSHI XIANDAIHUA YU JIJI YINGDUI RENKOU LAOLINGHUA

主　　编：高成运
策划编辑：朱小兰
责任编辑：朱小兰
文字编辑：苏　畅　刘炜丽
营销编辑：任　格

出版发行：中译出版社
地　　址：北京市西城区新街口外大街 28 号 102 号楼 4 层
电　　话：（010）68002494（编辑部）
邮　　编：100088
电子邮箱：book@ctph.com.cn
网　　址：http：//www.ctph.com.cn

印　　刷：唐山玺诚印务有限公司
经　　销：新华书店
规　　格：710 mm×1000 mm　1/16
印　　张：22.5
字　　数：282 千字
版　　次：2025 年 2 月第 1 版
印　　次：2025 年 2 月第 1 次

ISBN 978-7-5001-8130-9　　　　定价：89.00 元

版权所有　侵权必究
中 译 出 版 社

目录

城与村：县域视角下的农村养老研究 / 001
方彧

县域视角下的农村城乡融合养老研究 / 027
方彧

老年健康管理的理论、政策演进与实践模式研究 / 052
罗晓晖

老龄数据资源发展初探 / 081
辛涛

老年人肌少症发病机理、现状和预防措施研究 / 095
王菲菲

我国老年人跌倒伤害调研与预防措施初步研究 / 116
王菲菲

老年人心理健康服务体系的探索与分析 / 144
何亚楠

健康老龄化概念变迁和多维度评估指标研究 / 173
李晶

人口老龄化国情教育路径研究 / 209
纪钦

中国积极老龄化发展水平研究 / 247
纪钦

中国未老龄化区县特征及成因研究 / 285
和明杰　宫倩楠

老年人再寻伴侣公众态度研究 / 304
李佳

老年人家庭生活水平测量研究 / 322
李佳

后　记 / 349

参考文献 / 351

城与村：县域视角下的农村养老研究

方彧[①]

一、问题的提出

（一）研究背景

我国有超过69万个行政村、超过260万个自然村。随着我国人口老龄化程度不断加深，城镇化进程不断加快，从脱贫攻坚到乡村振兴，我国乡村社会正在发生前所未有的深刻变化。国家"七普"数据显示，我国农村老龄化水平明显高于城镇。农村60周岁及以上、65周岁及以上老年人口占农村总人口的比重分别为23.81%、17.72%，比城镇60周岁及以上、65周岁及以上老年人口占城镇总人口的比重分别高出7.99个百分点、6.61个百分点。加上我国农村本身就面临居民收入水平较低、公共服务水平相对落后等问题，我国农村养老面临更为巨大的挑战。

2021年11月，国务院印发《"十四五"推进农业农村现代化规划》，对"十四五"时期推进农业农村现代化的战略导向、主要目标、重点任务和政策措施等做出全面安排。2022年5月，中共中央办公厅、国务院办公厅印发《关于推进以县城为重要载体的城镇化建设

[①] 方彧，女，江西人，毕业于中国社会科学院大学，获法学博士学位，现为中国老龄科学研究中心老龄战略与政策研究所副所长、副研究员。主要研究领域为老龄政策、老龄文化、农村老龄研究等。在《民族文学研究》《社会科学》《老龄科学研究》《北京金融评论》《中国人口报》《中国文化报》《中国社会报》等期刊报纸发表多篇论文。主持参与民政部、卫健委、科技部、老龄办等部委机构多个科研项目。参与撰著《中国老龄事业发展报告》《中国旅居养老发展报告》《中国健康消费与公共卫生投入双检报告》等。

的意见》，明确了以县城为重要载体的城镇化建设的发展目标和具体任务。《关于推进以县城为重要载体的城镇化建设的意见》指出，推进县城基础设施向乡村延伸、推进县城公共服务向乡村覆盖，推进巩固拓展脱贫攻坚成果同乡村振兴有效衔接。2023年2月，中共中央　国务院发布《关于做好2023年全面推进乡村振兴重点工作的意见》。以上重要文件为我国乡村振兴发展绘制了蓝图，同时也指明了路径。

党的二十大报告指出："全面建设社会主义现代化国家，最艰巨最繁重的任务仍然在农村。坚持农业农村优先发展，坚持城乡融合发展，畅通城乡要素流动。"同时还强调："推进以人为核心的新型城镇化，加快农业转移人口市民化。以城市群、都市圈为依托构建大中小城市协调发展格局，推进以县城为重要载体的城镇化建设。"

党的十八大以来，我国农村养老的探索取得了重大进展，农村老年人生活水平不断提升、幸福感不断增强。然而，由于我国城乡二元社会结构长期存在，随着城镇化进程的不断加速，农村养老也面临更为复杂、多元的新情况。县城作为城乡融合的重要载体，是新型城镇化建设和乡村振兴协同发展的抓手。在县域的视角下，在"城"与"村"的中间地带探索、研究农村养老问题，具有重要的学术理论意义和现实意义。一方面，从当前老龄科学研究的现状来看，对不同老年群体的研究具有明显的城乡二元特征，"城市老年人"和"农村老年人"是老龄研究中的高频词汇。然而，随着经济社会的发展，尤其是新型城镇化建设的推进和乡村振兴战略的实施，对于一个频繁游走于"乡村"和"城市"的老年人，恐怕很难简单用"农村老年人"和"城市老年人"去定义。另一方面，农村空心化、农村人口大量流入城市是当前中国社会的一个重要现实。以县城为载体，推进"养老"的城乡融合，或许是破解当前农村养老难题的重要途径之一。

（二）研究思路

本研究选取江西省赣州市 X 县 C 村为田野调查点，以长冈村这一村落的田野调查为基础，综合运用人类学、社会学、民俗学等学科的相关理论和研究方法，从"一村、一乡、一县"三个维度，分析城乡融合背景下的农村养老现状、问题和对策。

本研究主要采用质性访谈的调查形式。

（三）田野点与调查对象

田野点的选择：江西省赣州市 X 县位于江西省南部，是我国 1300 个县级行政区的普通一员。C 村位于县城北郊 4 千米处，有着悠久的历史文化底蕴。

老年人及家庭：本研究访谈老年人及其家庭的选择主要从以下几个维度来考虑。一是男女比例各半。二是不同年龄段，60~69 岁、70~79 岁、80 岁及以上，每个年龄段 3 位左右。三是不同身体状况，自理老人（完全能够自己生活的老人）、半自理老人（生活需要人照顾、帮助的老人）、失能老人（卧床需要照顾的老人）等。四是不同居住方式的老人，独居老人（老两口独立生活或者一个人独自生活的老人）、"一老一小"留守老人（老年人和孙辈一起生活）、与儿子或者女儿共同生活的老人。五是居住在养老院的本村老人，包括县级养老院、乡镇养老院等。六是请住家保姆照顾的老人。七是比较特殊的老人，如百岁老人、老红军、老艺人、非物质文化遗产传承人等。

养老机构：夕阳红老年公寓。该机构位于县社会福利中心院内，是一所集养老、医疗、护理、康复、临终关怀等医养结合为一体的公建民营养老机构，于 2017 年 3 月开始运营，重点为失能、慢性病、高龄、残疾等老年人提供日常生活照料、健康教育、预防保健、疾病诊治、康复护理、安宁疗护等医养结合服务。公寓占地面积 21 248.79 平方米，建筑面积 23 575 平方米，总床位 629 张。当前入住总人数396人，其中全自理74人、半失能63人、全失能259人，农村老年人261人、城镇老年人135人。

二、文献综述

党的二十大报告强调，实施积极应对人口老龄化国家战略。我国老年人口规模庞大，老龄化程度日益加深且不可逆转。我国老龄化"城乡倒置"现象日益加剧，农村人口老龄化问题日益加剧。农村养老是关乎农业农村现代化进程和农村老年人福祉的重要问题。现阶段，充分了解农村老年人的实际养老需求、推进农村养老服务高质量发展、促进我国养老事业可持续发展，是亟须解决的时代课题。2012年以来，国家关注到农村养老服务发展薄弱的短板问题，开始注重农村社区养老服务，农村养老服务发展进入增速提质期。

王中华和余瑶通过对2013—2023年CSSCI的文献数据分析发现，养老服务的研究热点集中在养老服务体系研究、养老服务模式研究、养老服务供给和需求研究、养老服务影响因素研究、养老服务产业研究、养老服务政策研究这六个方面；未来将侧重于智慧养老、互助养老、时间银行、农村养老、乡村振兴、人工智能、健康养老等领域[①]。

（一）关于农村养老服务政策的研究

2016年12月，国务院办公厅出台《国务院办公厅关于全面放开养老服务市场提升养老服务质量的若干意见》，在提升农村养老服务能力和水平方面，"鼓励各地建设农村幸福院等自助式、互助式养老服务设施，加强与农村危房改造等涉农基本住房保障政策的衔接"。

---

① 王中华，余瑶.近十年我国养老服务研究现状、热点与趋势——基于CNKI和CiteSpace可视化分析[J].重庆工商大学学报（社会科学版），2024（5）：144-158.

2016年10月，民政部等多个部门联合发布了《城乡社区服务体系建设规划（2016—2020年）》。

2017年2月发布的《"十三五"国家老龄事业发展和养老体系建设规划》，在加强农村养老服务方面明确提到"大力发展农村互助养老服务"。

2018年国务院《政府工作报告》提出构建居家养老、社区养老和互助养老的模式。同年，《乡村振兴战略规划（2018—2022年）》中提出"农村基本养老服务网络"的三个重要支柱：互助性质的养老服务、普惠性质的基本公共服务、救助性质的特困供养服务。

2020年10月发布的《中共中央关于制定国民经济和社会发展第十四个五年规划和二〇三五年远景目标的建议》明确提出"发展普惠型养老服务和互助性养老"。

2021年5月，民政部、国家发展改革委员会联合印发《"十四五"民政事业发展规划》，详细、全面地列举出乡镇、村委会、老年人协会、低龄健康老年人、农村留守妇女、村干部、党员、志愿者等都是养老服务的参与者。

《"十四五"城乡社区服务体系建设规划》指出推动基本公共服务资源向村（社区）下沉，重点强化社区养老，使群众在家门口享受到更好的养老服务。表1.1为农村养老服务的政策汇总表。

表1.1 农村养老服务的政策汇总表

序号	年份	政策	内容
1	2012	中华人民共和国老年人权益保障法	提倡、鼓励义务为老年人服务，鼓励慈善组织、志愿者为老年人服务，倡导老年人互助服务
2	2014	国务院关于建立统一的城乡居民基本养老保险制度的意见	在全国范围内建立统一的城乡居民基本养老保险制度

续表

序号	年份	政策	内容
3	2015	国务院办公厅转发卫生计生委等部门关于推进医疗卫生与养老服务相结合指导意见的通知	进一步推进医疗卫生与养老服务相结合，包括机构机制的健全、服务的融合发展、保障措施与组织实施的完善
4	2016	国务院办公厅转发民政部关于进一步做好农村社会养老保险工作意见的通知	统一建设农村社会养老保险制度的思想认识，加强农村社会养老保险基金的管理，推动农村社会养老保险工作积极、稳妥、健康地发展
5	2016	中共中央 国务院印发《"健康中国2030"规划纲要》	实现全民健康覆盖，推进老年医疗卫生服务体系建设
6	2016	关于全面放开养老服务市场提升养老服务质量的若干意见	鼓励各地建设农村幸福院等自助式、互助式养老服务设施，加强与农村危房改造等涉农基本住房保障政策的衔接
7	2017	"十三五"国家老龄事业发展和养老体系建设规划	通过邻里互助、亲友相助、志愿服务等模式和举办农村幸福院、养老大院等方式，大力发展农村互助养老服务
8	2018	政府工作报告	积极应对人口老龄化，发展居家、社区和互助式养老
9	2018	乡村振兴战略规划（2018—2022年）	以乡镇为中心，建立具有综合服务功能、医养相结合的养老机构，与农村基本公共服务、农村特困供养服务、农村互助养老服务相互配合形成农村基本养老服务网络
10	2019	中共中央 国务院印发《国家积极应对人口老龄化中长期规划》	从社会财富储备、劳动力有效供给、为老服务和产品供给体系、科技创新能力、社会环境五个方面完善人口老龄化的制度安排
11	2019	健康中国行动（2019—2030年）	个人家庭、社会、政府三个层面关于做好健康老龄化的相关要求
12	2019	国务院办公厅关于推进养老服务发展的意见	从养老服务改革、投融资渠道、就业创业、消费、设施建设等方面推进养老服务市场发展

续表

序号	年份	政策	内容
13	2020	关于加快实施老年人居家适老化改造工程的指导意见	老年人居家适老化改造工程
14	2020	关于做好2020年养老院服务质量建设专项行动工作的通知	推进全国养老机构服务质量长效机制建设,主要强调养老机构的监管与安全
15	2020	中共中央关于制定国民经济和社会发展第十四个五年规划和二〇三五年远景目标的建议	健全基本养老服务体系,发展普惠型养老服务和互助性养老,支持家庭承担养老功能
16	2021	中华人民共和国国民经济和社会发展第十四个五年规划和2035年远景目标纲要	发展普惠型养老服务,支持家庭承担养老功能,构建居家社区机构相协调、医养康养相结合的养老服务体系
17	2021	中共中央 国务院关于加强新时代老龄工作的意见	加强新时代老龄工作,促进老年人养老服务、健康服务、社会保障、社会参与、权益保障等统筹发展
18	2021	中共中央 国务院关于全面推进乡村振兴加快农业农村现代化的意见	健全县、乡、村衔接的三级养老服务网络,推动村级幸福院、日间照料中心等养老服务设施建设,发展农村普惠型养老服务和互助性养老
19	2022	"十四五"健康老龄化规划	促进完善健康老龄化的制度安排,完善老年健康服务资源配置
20	2022	关于开展特殊困难老年人探访关爱服务的指导意见	化解特殊困难老年人居家养老安全风险,保障特殊困难老年人基本养老服务需求,基本建立特殊困难老年人探访关爱服务机制
21	2022	习近平在中国共产党第二十次全国代表大会上的报告	城乡融合发展,区域协调发展
22	2022	"十四五"城乡社区服务体系建设规划	推动基本公共服务资源向村(社区)下沉,重点强化社区养老,使群众在家门口享受到更好的养老服务

资料来源:相关部门官方网站公开资料整理。

(二)农村养老服务模式研究

殷晶晶和班涛指出,农村养老服务模式的选择可分为行政福利型、资本产业型与自组织互助型，其分别陷入政府中心、市场中心与社会中心的实践困境。从嵌入式福利治理的理论视角出发，农村养老服务模式选择应嵌入社区，由社区统筹整合政府、市场、社会、基层医疗机构等多元主体[①]。

1. 农村互助养老模式的研究

钟仁耀等研究者认为，根据新制度主义理论从价值共识、规范制定和组织管理三个要素和普适性、稳定性两个维度研究发现，我国农村互助养老模式正处于由自发、无序到有序、规范、稳定、普适的制度化演进中，主要分为宗教慈善式互助养老模式、血缘和姻亲式互助养老模式、地缘式互助养老模式、时间储蓄型互助养老模式和互助幸福五类[②]。王立剑和杨柳利用苏冀陕三省农村老年人社会调查数据，采用潜在类别分析方法识别老年人参与农村互助养老服务供给的模式类型：情感—管理型、情感型、低参与型、低管理型及高参与型，并研究发现，个体因素、经济因素、社会因素和环境因素均对农村互助养老服务供给模式选择有显著影响[③]。

2. 数字化农村智慧居家养老研究

王增文和张文雅提倡农村养老服务的数字化升级，打通服务供给主体间的信息壁垒，通过大数据平台促进医疗、养老、就业等服务资源共享联动，形成促进农村养老服务质量改善的"一揽子"政策体系[④]。

[①] 殷晶晶，班涛.嵌入式福利治理视角下农村养老模式的比较与出路研究[J].云南民族大学学报（哲学社会科学版），2023，40（1）：76-84.

[②] 钟仁耀，王建云，张继元.我国农村互助养老的制度化演进及完善[J].四川大学学报（哲学社会科学版），2020（1）：22-31.

[③] 王立剑，杨柳.老年人参与农村互助养老服务供给的模式特征及其影响因素[J].西北大学学报（哲学社会科学版），2022，52（3）：151-162.

[④] 王增文，张文雅.国家—家庭视域下农村养老服务高质量发展路径研究[J].行政管理改革，2023（4）：11-19.

李强和孟如对智慧居家养老参与主体的研究表明：子女数字反哺是农村老年人参与智慧居家养老的重要驱动力，数字素养发挥部分中介作用；数字接入反哺对中西部地区和高龄农村老年人影响较大，数字理念反哺则对东部地区和低龄农村老年人影响较显著[①]。

3. 中国式现代化背景下农村养老服务高质量发展

崔香芬和姚佩欣分析了中国式现代化背景下农村养老服务高质量发展的问题，指出要立足于提升乡村治理能力和治理体系现代化水平，依托乡村孝善文化治理重塑乡村共同体，从制度创新和政策完善入手健全农村养老服务政策体系，着力构建医养系统融合优化农村养老服务供给，推动农村养老服务内生性发展，构建协同高效、形式多样、内生可持续的农村养老服务体系，创新农村养老服务模式[②]。

4. 乡村振兴与农村养老服务

杜鹏和安瑞霞基于情景互动理论分析农村养老服务，指出农村养老面临的环境特征与乡村振兴密切相关。根据乡村振兴战略实施状况，可将其分为探索阶段、振兴阶段以及共同富裕阶段，应在各个阶段差异化实施治理策略，实现农村养老服务的建设[③]。

程燕蓉和慈勤英提出"家国一体"的观念，建议借助农村产业振兴发展，实现将产业兴旺、人才振兴、文化振兴、生态振兴与生活富裕相结合，不断积累财力、人力和文化资源，筑牢养老根基，通过党建引领与有效治理推动家庭和谐，让农村老人健康幸福安度晚年[④]。

---

① 李强，孟如.数字反哺驱动农村老年人智慧居家养老参与的内在机理与微观证据[J].电子政务，2024（3）：105-116.

② 崔香芬，姚佩欣.中国式现代化背景下农村养老服务高质量发展的理论思考[J].江苏农业科学，2023，51（21）：249-253.

③ 杜鹏，安瑞霞.乡村振兴与农村养老服务：阶段性特征与治理路径——基于情景互动理论的视角[J].中国农业大学学报（社会科学版），2023，40（1）：213-222.

④ 程燕蓉，慈勤英.家国一体：在乡村振兴中重塑家庭养老[J].宁夏社会科学，2022（4）：166-172.

5. 农村养老服务的社区养老研究

社区养老是当前基层养老服务的基本架构。贺雪峰研究农村养老服务指出，农村受长期村庄内居民养老需求、文化传统等内外部环境影响，具有村庄独有的信任、认同感、归属感等社会资本，加强村庄文化建设更是推动农村养老服务发展的关键[①]。夏柱智指出，应该依托社区在养老服务中的作用，贯彻基层多元共治的社会治理理念，构建"村社养老"，以农村社区"村社"为基础提供养老服务，形成多元的养老服务体系[②]。

（三）关于农村养老服务存在问题的研究

1. 农村基层党组织队伍的治理能力有限

杜鹏和王永梅认为农村养老服务的服务主体的决策能力、履职能力、风险应对能力决定着老龄社会治理能力[③]。农村养老服务建设当中，基层党组织是核心力量，而我国农村基层党组织队伍建设也存在差异，部分地区基层干部文化程度偏低、年龄结构偏大、社会治理能力较为有限。

2. 农村养老资源和资金等难以为继

夏柱智通过对湖北、湖南和河南三省几个县实地调研发现，政府通过资源输入方式支持普惠型农村社区养老服务项目，但养老服务实践中存在的空壳化现象较为突出，养老服务存在脱嵌的问题，主要表现为村社主体性不足，在养老服务主体选择、养老服务内容及养老服

---

① 贺雪峰.互助养老：中国农村养老的出路[J].南京农业大学学报（社会科学版），2020，20（5）：1-8.

② 夏柱智.找回村社：农村社区养老服务的困境与转型[J].江淮论坛，2023（5）：65-72.

③ 杜鹏，王永梅.改革开放40年我国老龄化的社会治理——成就、问题与现代化路径[J].北京行政学院学报，2018（6）：13-22.

务资源筹集等方面存在诸多问题[1]。

3. 养老服务发展不均衡

连芙蓉和贾涵顾认为农村养老经历了新型家庭养老到社会养老的转型，实现了养老主体的多元化，但社会转型对农村养老也产生了巨大冲击，导致农村养老面临养老服务非均衡发展、养老需求骤增、养老的价值理性削弱等现实困境[2]。

4. 农村内生动力未激活

农村互助养老存在医疗服务供需不平衡和对老年人精神需求关注不足、老年人对互助养老的认知模糊和有效参与有限等困境。辜雪莲和王嘉祺认为，目前农村养老存在的困境主要是农村老人观念革新难、农村老人集体意识重塑难、多角度信任关系建立难、互助养老机构存续难、互助机构监管难等[3]。农村互助养老存在精神文化相对匮乏、机制不完善、缺乏专业的养老服务人员、老年人参与积极性不高等困境[4]。

（四）关于农村养老服务未来突破口的研究

1. 注重政府责任，增加财政拨款

王成和王佃利指出，政府应通过财政转移手段向农村输入资源解决农村养老服务供给难题。政府不仅要履行农村特殊群体的兜底保障功能，更要激励促发村庄养老服务供给自主治理的活力，注重通过垂

---

[1] 夏柱智.找回村社：农村社区养老服务的困境与转型[J].江淮论坛，2023（5）：65-72.

[2] 连芙蓉，贾涵顾.社会转型中农村养老方式的历史演进与现实困境[J].兰州大学学报（社会科学版），2021，49（4）：98-107.

[3] 辜雪莲，王嘉祺.农村互助养老的发展困境及对策研究[J].甘肃农业，2023（8）：116-119.

[4] 任海波，郭静怡.大运河流域（河南段）农村互助养老模式探析[J].哈尔滨职业技术学院学报，2023（6）：117-119.

直激励引导村庄内生激励生成而非仅仅作用于激励感知层面，注重对村庄能人认知观念和村级党组织进行非物质激励的构建，以及开发整体性的差异化激励策略①。

2.引入社会组织资本多元发展

聂建亮循着"资源结构—供给形态—供需契合"的思路，指出农村养老服务的有效供给路径主要分为：基于农村"熟人社会"特征，由家族和村庄的内生力量提供的非正式的养老服务资源和由政府（集体）和市场共同提供的正式的外生性养老服务资源②。李长远运用扎根理论的方法，对11个全国农村养老服务典型案例进行深入研究，从层级治理、合作治理和自主治理三个层面深入剖析互动治理的构成要素、互动过程及实现机制：层级治理中，党政统合的双科层结构具有强大的统领和整合能力；合作治理中，党的领导和政府主导下的多元主体合作共治网络提升了治理效率，是互动治理的关键；自主治理中，提升绩效的关键是依靠村庄内部自治力量并发动村民参与治理。建立多元主体责任共担、优势互补、互助合作的养老服务治理新格局③。米恩广提出，农村互助养老服务是一种公共物品，既需要集政府、市场之优势，又需要能释放社会活力、减轻家庭负担的准市场机制嵌入，以提高服务供给效率、更新服务理念、完善主体结构、优化资源配置、创新供给方式；应完善准市场政策设计、培育准市场环境、优化准市场资本结构、理顺准市场主体关系、建立城乡融合互助

---

① 王成，王佃利.垂直激励、村庄治理与农村养老服务供给［J］.华南农业大学学报（社会科学版），2023，22（6），126-138.

② 聂建亮.资源结构、供给形态与需求匹配：农村养老服务的有效供给路径［J］.社会保障评论，2023，7（5）：100-115.

③ 李长远.农村养老服务互动治理的实践逻辑——基于扎根理论研究的探索性研究［J］.西南大学学报（社会科学版），2023，49（5）：89-102.

养老机制等策略,为农村互助养老服务准市场运作提供参考①。双艳珍充分发挥社会组织在构建农村治理新格局中的作用,重视、挖掘并重建积淀于农村的信任、规范、参与网络等内生性社会资本,如养老协会、产业协会、志愿者协会、互助养老组织等社会团体,以现代吸纳传统的方式推动社会组织参与农村养老服务,改变农村养老服务供给总量不足、供给结构失衡的状态②。

正式社会支持中,地方政府的助推型公共政策能以柔性助推的方式对老年人互助养老行为产生显著的正面影响;非正式社会支持中,隔代照料对于老年人互助养老行为的正向作用也十分明显。因此,推动农村老年人互助养老行为需要双管齐下,保持非正式支持重要地位的同时,探索运用柔性助推的方式加强正式支持,建立社会支持网络和多元主体共同参与机制,凝聚社会资本和发挥社会连带机制③。辜雪莲和王嘉祺认为,需发展农村社区公共事业以提高村民凝聚力,同时做好宣传工作、减少村民认知信息差、发展互助养老服务专业团体、提高服务质量、建立"政府+村组织+社会组织"的三方支持模式、重塑互助养老机构监管机制④。

3. 激活乡村内生动力

夏柱智指出,应通过积极的政策措施引导与激活村庄内部养老资源,通过少量财政资源输入及动员扶持社区内组织资源建立互助养老服务组织,引导村庄聚焦于供给普惠型养老服务满足村养老基

---

① 米恩广.农村互助养老服务准市场供给研究:原因、逻辑及策略[J].中央民族大学学报(哲学社会科学版).2023,50(1):110-118.

② 双艳珍.重构社会资本:社会组织参与农村养老服务的一个分析视角[J].理论学刊,2023(1):153-162.

③ 王欢明,钟峥云.社会支持视角下农村老年人互助养老行为及影响因素研究[J].广西师范大学学报(哲学社会科学版),2024,6(2):59-74.

④ 辜雪莲,王嘉祺.农村互助养老的发展困境及对策研究[J].甘肃农业,2023(8):116-119.

本需求，制度化建设激励村庄整合内部资源形成可持续的资源供给机制[①]。崔树义等从积极老龄化视角展开研究，发现互助养老可以充分动员有能力、有意愿的社会成员参与养老服务，实现"互助—自助"，将"有所养"与"有所为"有机结合起来，为更好地支持农村互助养老服务，提出厘清互助服务与志愿服务的异同、把刚需排在第一位、加强基层组织和人才队伍建设、探索"劳养"结合的互助模式、强化和完善家庭支持等建议[②]。聂建亮等基于对全国11个省31个村农村老人的抽样调查数据分析了村域网络、村域互惠、村域信任以及村域规范对农村老人养老服务供给意愿的影响，研究发现村域正式网络显著正向影响农村老人养老服务的供给意愿，但非正式网络则不显著；人际信任显著正向影响农村老人养老服务的供给意愿，而制度信任则不显著；村域互惠与村域规范均显著正向影响农村老人养老服务的供给意愿[③]。陈培友和苏恬玲认为，农村互助养老服务需要进行空间的适老化建造以促进人与人的社会融合，重塑农村互助养老的价值在于拓展养老服务的公共性与社会性；推动村庄自身建设，提升乡村的经济发展水平[④]。再多的政策扶持和补助也只能解决一些制度和表层的问题，唯有增加乡村老年人的内动力，才能使互助养老模式发挥出更大的优势[⑤]。

---

① 夏柱智.找回村社：农村社区养老服务的困境与转型[J].江淮论坛，2023（5）：65-72.

② 崔树义，田杨，朱珑.积极老龄化视阈下的农村互助养老模式探索[J].东岳论丛，2023，44（1）：81-89.

③ 聂建亮，曹梦迪，吴玉锋.村域社会资本与农村互助养老实现——基于农村老人养老服务供给意愿视角的分析[J].西南大学学报（社会科学版），2022，48（6）：52-66.

④ 陈培友，苏恬玲.农村互助幸福院养老服务满意度影响因素研究[J].中国市场，2023（33）：55-59.

⑤ 任海波，郭静怡.大运河流域（河南段）农村互助养老模式探析[J].哈尔滨职业技术学院学报，2023（6）：117-119.

4. 农村养老服务均等化发展

王雪辉和彭聪基于国家统计年鉴和中国老年社会追踪调查数据构建农村社会养老服务供给水平的评估指标体系，研究发现农村养老服务资源供给不均衡，总体供给水平偏低，内部结构差异显著，急需提高资源的公平性和有效性[①]。胡宏伟等基于环境包容福利分析框架分析农村养老服务，从主导者、分配基础、分配内容、输送系统和资金来源五个要素维度凝练农村养老服务的"要素组合库"；宏观环境对地方模式创新存在影响和约束，需要重视和调适"要素组合库"，呈现一种"各取所需"的态势[②]。

5. 农村养老服务数字化建设

李强和孟如认为，要激发老年人智慧居家养老参与积极性，需提高子女数字反哺意识和数字反哺能力；针对不同地区、不同群体农村老年人实施差异化数字反哺方式；多维度协同提升农村老年人数字素养；加强智慧居家养老适老化改造和应用场景开发[③]。我国"互联网+养老服务"主要集中于大中城市，农村地区养老服务发展比较滞后，需要借助互联网解决我国农村地区养老服务存在的问题，为农村养老服务发展提供支持[④]。

---

① 王雪辉，彭聪.农村社会养老服务供给水平研究[J].华南农业大学学报（社会科学版），2020，19（1）：117-128.

② 胡宏伟，蒋浩琛，沈国权，等.地方农村养老服务模式创新的要素组合研究——基于环境包容福利分析框架[J].西北大学学报（哲学社会科学版），2022，52（3）：139-150.

③ 李强，孟如.数字反哺驱动农村老年人智慧居家养老参与的内在机理与微观证据[J].电子政务，2024（3）：105-116.

④ 程鹏."互联网+"视角下农村养老服务提升对策研究[J].山西农经，2021（18）：8-10.

（五）小结

农村养老服务以后的发展必须结合以下几点展开：

一是与乡村建设发展相协调，增进农村内生动力的发展。目前，养老服务的研究多是运用扎根理论方法对具体案例进行分析，缺少整体规划。

二是与数字化建设相适应。农村老年人相对较为分散，且收入较低难以购买全方位的服务，可以借助数字化实现精准、低廉、高效的服务供给。

三是激发农村自身活力。现有农村养老服务发展多是政府资金大量投入或者购买的，农村内生动力不足，并且因农村内生动力不足，农村养老服务面临空壳化、服务主题缺失、可持续性不足等诸多困境。

三、现状与问题

（一）C村概况

C村位于X县城北郊4千米处，土地总面积12平方千米，其中耕地面积1.27平方千米，山林面积8平方千米。全村总人口1092户3769人，辖17个村民小组。该村60岁及以上老年人649人，占全村总人口的17.2%，其中60~69岁老年人334人、70~79岁老年人238人、80~89岁老年人66人、90~100岁老年人11人。

据调查，C村目前养老服务的主要特色是有村级"孝老食堂"，群众反映较好。但由于资金比较紧张，没有可持续性的资金来源，"孝老食堂"的开放时间有限。C村有基层老年协会，但没有纲领和正式的组织章程，平时较少开展活动，发挥作用有限。C村有宗亲协会，平时若有红白喜事会以宗族为单位举行，尤其是白事的话，每家每户都会有人到场帮忙。目前，村里不能自理的老人基本都是由亲人照顾，去养老院的很少，村里也没有互助志愿组织。

（二）老年人及家庭基本情况

本次访谈共计 10 名老年人，其中男性 6 名，女性 4 名。50~59 岁准老年人 1 名，60~69 岁老年人 2 名，70~79 岁老年人 3 名，80 岁及以上老年人 4 名。

多名老年人和子女各自居住在相邻的自建屋内，老年人与子女形成了天然的"一碗汤"的距离。从居住方式看，有 4 名老年人单独或与老伴住在自建房中，而子女的房子就在旁边。这与我国农村居住传统有着密切联系，加上近年来经济社会发展，农民收入水平不断提高，"老屋＋新房"（在老房子旁边盖新房）的住房模式在农村地区较为常见。

在农村，"多代同堂"的大家庭较为普遍，且有些家庭共同居住生活。受访者万某祯老人是退役军人，目前与一大家 38 口人居住在两栋自建房中，育有四个儿子，均已成家。该老人每天为家人做早餐。

多数老年人为农民，有 2 名为退休教师，1 名为退役军人。总体而言，当前农村老年人多为农民，经济水平、受教育程度整体偏低，对其养老生活和养老观念都产生了重要影响。

本次调查包含"一老一小"、随子女外迁的"老漂族"等不同类型老年人，既有无儿无女与亲戚生活的老人，又有红军后代、吹唢呐的民间艺人、有 50 年党龄的妇联主席等。

（三）老年人健康医疗照护状况

整体而言，本次调查老年人健康状况较好，基本都能自理，只有 1 名半自理老年人。其中 2 个家庭有大病（癌症）患者，健康、经济、照料等方面面临较大困难。

1. 健康状况虽整体良好，但或多或少有慢性病和身体不舒服的情况

老年人身体机能不断弱化是自然规律，在老年期或多或少都有一些身体不舒服的情况，有些老年人被确诊一项或多项慢性病，而在农村很多老年人受限于医疗条件和健康素养等，自己患慢性病而全然不知的情况较为常见。受访老年人中的高龄老年人基本能生活自理，多名老年人表示能动就要动，尽量不给后辈增加负担。

2. "就近就医"是当前农村老年人看病遵循的主要原则，小病以"私人诊所""村卫生所"为主

"私人诊所"是当下农村最为方便的就医渠道。受访老年人中多名老年人的第一就医选择为私人诊所，第二为村卫生所，只有大病才会去离村里较近的第二医院。所有受访者中，没有人提及会去县里医疗条件最好但距离较远的县人民医院。

家中有大病患者的受访者表示，看病非常不方便，医院的问诊系统非常复杂，同时认为医疗的报销比例太低且报销困难。

3. 亲人照料是生病或遇突发状况后的第一选择

受访老年人家庭中，"亲人照料"是最为普遍的养老服务选择。当下，一方面，农村养老服务供给少；另一方面，老年人及其家庭成员似乎都遵循这一传统。受访老年人家庭中，有 3 户有常年患病不能自理的家庭成员需要照顾，目前均由其老伴和子女居家照料。

（四）老年人经济状况

整体而言，农村老年人经济状况一般，在遇到生病或者突发状况导致经济拮据时，大多由子女给予帮助。

首先，"基本够用"是农村老年人的普遍经济状态。

大部分受访老年人是农民，主要收入为社保或者低保以及一些政府补助，整体经济收入水平较低。从受访老人的情况来看，仅有 2 名老人是退休教师，工资为每月五六千元。常见的政府补贴主要有低保补贴、50年中共党员补贴、餐食费补贴、80岁以上老人补贴等。也有少数受访者有一些零星收入，如务农收入、吹唢呐收入等。

其次，贫富差距亦体现在农村老年人内部之间。

贫富差距不仅体现在城乡、地域之间，同一区域农村老年人内部也存在较大差距。退休老人工资稳定且经济相对宽裕，但对于多数高龄老人来说，没有退休金、没有社保，每月的收入仅为政府相关补贴，大多数金额仅为几百元。

最后，"一老一小"（儿子去世）独立居住、"因病致贫"等特殊老年人经济状况堪忧。

在本次受访者中，有一位老年人，老伴和儿子相继去世后，儿媳出走，留下一个孙子和一个孙女共同生活。他的经济收入来源主要是低保补贴，每个月1500元左右，经济状况堪忧。

另外一位受访老年人，老伴患有癌症，每年的医疗费用约为4万元，目前基本由儿女承担，经济压力比较大。他们的日常生活开销花费不大，但医疗费用支出太大，很多自费药物无法报销，均由个人承担。

（五）老年人精神文化生活

从受访老年人的情况来看，农村老年人精神文化生活较为单一，少有大型的娱乐活动。

从受访老人来看，农村老年人精神文化生活较为单一，主要是邻里聊天、看电视、到县城逛街等。也有一些老年人因自身身体或要照顾家中病人，社交活动很少。其中，一位受访老人是退役军人，战友多，平时经常和战友约着去旅游。

对于智能手机的应用，呈两极分化状态。约有半数老年人依然在使用老年机，认为完全没有必要使用智能手机。而已经使用智能手机的受访老年人平时主要刷抖音、看采茶戏、听音乐、微信聊天、微信支付等，其中一位退休教师每天利用智能手机进行"学习强国"学习。

(六)养老观念和规划

基于本次受访老年人身体状况较好,均为居家养老,本次访谈提出了假设性问题:如果以后身体状况不好,需要照顾,会如何选择和规划个人的养老生活呢?

绝大多数受访老年人表示,无论自己身体状况如何变化,最好是在家中养老,由亲人照顾,或者请住家保姆进行照顾,表现出对"家"极大的依赖。

"养儿防老"的观念正在逐步弱化,虽然女儿一样可以养老的观点在理念上被大多数受访老年人接受,但是在问及具体操作层面时,受访老年人还是表示与儿子共同生活才是天经地义。

对于养老院,受访老人的接受程度表现出较大差异。有一部分受访老年人比较排斥,认为去住养老院是子女不孝的表现,儿女照顾父母是天经地义的,不能逃避责任。也有一部分受访老年人表示,就近修建养老院,从而提供便捷的助餐、助浴服务是很有必要的。还有一部分受访老年人持包容中立的态度,认为每家情况不一样,不能说送去养老院就是子女不孝。

(七)老年人的主要困难和最大愿望

首先,大部分受访老年人的最大愿望是身体健康、家庭和睦。

希望自己健康是大部分受访老年人的最大愿望。另外,家庭和睦、亲情融洽也是受访老年人的普遍愿望。

其次,当前受访老年人面临的困难主要集中在健康问题、经济状况等方面。

一方面,身体健康问题导致的行动和生活不便,令不少受访者感到困难;另一方面,经济原因尤其是在大病面前,经济负担过重导致生活水平不高、幸福感不强。

（八）养老机构面临的主要问题

本次调查中的养老机构为公建民营的"夕阳红公寓"。调查发现，该机构当前主要面临以下问题。

首先，政府对出台的优惠政策落实不够，难以做到优势互补、合力托举。民办医疗服务机构不能完全享受到国家的有关扶持优惠政策，如医疗优惠政策，只针对公办医疗机构实施了，部分民办医疗机构未得到相应的医疗等费用的政府补贴；就公寓/医院而言，医养结合的创立所需资金较大，目前是投资大、风险高、效益低、收益慢阶段。建议尽早实现公办民办优惠政策同等化，给民办机构以同样的发展空间。

其次，养老服务机构缺乏专业人才，综合素质有待提高。养老服务机构面临的困难是护理人员普遍文化素质低，培训难、管理难。目前，养老服务机构的护理人员基本是50~60岁的失业人员，普遍年龄偏大、文化知识水平低，服务质量和水平的提高受到较大限制。建议从政策上加大对养老人才培养的投入，提高养老从业人员的社会地位和福利待遇，吸引更多的人员从事养老服务行业。

再次，长期护理保险制度未建立。目前，该公寓居养的老年人有70%不能生活自理，必须依靠专业的、长期的护理，老年人家庭要背着"医疗+养老"双重经济压力，给老人及家属带来了沉重负担。建议尽快建立长期护理保险制度，完善老年人生活能力评估体系，对失能人员进行补贴帮扶，切实减轻家庭养老负担。

最后，社会对养老、敬老主观意识不强，集中供养"医养结合"依从性差，对机构养老了解认识不到位。农村尤为明显，农村老龄化程度明显高于县城，农村老年人的养老问题更为突出，加之农村老年人收入偏低、居住分散、空巢化严重，养老观念未转变。建议加大对新型养老模式的宣传力度，让大家树立正确的养老观念，结合各自家庭的实际情况，选择不同的养老服务模式，使老人接受新型养老模式，让养老不再成为子女的负担。

四、对策与建议

（一）巩固家庭养老的基础地位，扩大农村普惠居家养老服务供给

我国拥有历史悠久的孝道文化，千百年来"养儿防老"的观念深入人心，家庭养老一度成为中国人传统的主流养老方式。近年来，随着我国经济社会的快速发展，尤其是城镇化的快速推进，我国家庭逐渐呈现出小型化、核心化特点，家庭养老功能逐渐弱化。在这一大背景下，我国农村大致出现了两类老年人家庭：一类是儿女生活在身边的老年人，他们或共同居住或"老屋＋新房"临近居住，实现了"一碗汤"的距离；另一类则是儿女不在身边生活的"空巢老人"。

就农村而言，扩大居家养老服务供给是破解农村养老难题的关键点之一。从"老屋＋新房"老年人家庭来看，家庭照护者的支持政策非常重要，主要包括照护技能的培训、照护能力的提升、高龄失能残疾等困难老年人家庭照护者的"喘息服务"等。从"空巢"老年人家庭来看，农村老年人群体往往受传统养老文化影响较深，对诸如"养老院"等社会化养老服务的接受度不高，居家养老服务就成为这类老年人的首选。

然而，当前农村居家养老服务供给面临一系列问题，如老年人购买能力有限、服务成本高昂、服务人员专业化程度低等。当前阶段，我国农村居家养老服务供给应以政府为主导，整合县级养老服务机构，提升乡镇敬老院养老服务，依托农村邻里互助点和农村幸福院等，扩大农村普惠居家养老服务供给，满足多层次、多样化养老服务需求。对农村特殊困难老年群体要以行政村为单位，提供必要的援助服务，帮助解决基本生活安全问题。

（二）以乡村振兴为契机，提升农村养老经济保障水平

尽管我国社会保障水平不断提升，但总体而言，农村老年人的养老金普遍较低，农村老年人经济保障水平严重制约了其养老生活品质。调研发现，大部分农村老年人表示自己经济上处于"基本够用"的水平。2021年中国社会状况综合调查数据显示，城镇职工年均养老金为20 587元，而新农保养老金年均水平为5287元，前者约是后者的4倍。因此，要以乡村振兴为契机，大力提升农村经济社会发展水平，提高农村老年人个人及其家庭收入水平，这是破解农村养老难题的根本性环节。

一方面，要把握乡村振兴机遇，加快提升农村经济社会发展水平，想方设法增加农村集体经济收入。以农村"孝老食堂"为例，尽管以"孝老食堂"为代表的农村助餐服务广受老年人群体欢迎，但是"孝老食堂"可持续运营的一个关键问题就是经济保障。因此，提高农村集体经济收入水平，能够大大提升农村养老服务的可持续性能力，也能够为解决农村养老面临的其他难题提供经济支持和保障。另一方面，农村老年人的个人养老金普遍偏低。在乡村振兴的大背景下，有劳动意愿的低龄老年群体完全可以抓住乡村振兴的机遇，积极参与到力所能及的工作中。尤其是生活在县城近郊的老年人，可以利用区位优势，更好地实现再就业。

从国家层面来看，可以通过加大中央财政支持力度、进一步深化社会保障改革、加大特殊困难群体救助帮扶力度等系列措施，提升农村老年人经济保障水平。

（三）突出重点领域，加大大病医疗、长期照护的支持力度

"健康及其相关支撑"是农村老年群体的核心需求之一。调研发现，除了经济保障，当前农村养老的难点还在于"健康及其相关支撑"，具体来说就是要解决"大病"和"失能失智"的问题。因此，

破解农村养老难题,需要重点关注大病患者和失能老年群体。

一是要加大农村老年人大病医疗的救助和帮扶力度。除了一次性的资金救助,还要关注其长期的用药需求。针对老年群体常见多发的大病,要进一步调整医保药品目录。二是要加大对失能老年人及其家庭照护者的支持力度。《"十四五"国家老龄事业发展和养老服务体系规划》明确规定,"十四五"时期要稳步建立长期护理保险制度,并要求做好与经济困难的高龄、失能老年人补贴以及重度残疾人护理补贴等政策的衔接。就当前而言,一方面要加大专业化照护服务的供给,另一方面要着力促进其家庭照护者的照护能力提升,提供"喘息服务"等。整合优化县、乡、村三级医疗服务和养老服务资源,破解以"健康"为核心需求的农村养老难题。

(四)丰富精神文化生活,加快农村数字鸿沟弥合

当前来看,农村老年人精神文化生活较为单一。数字技术的发展和新媒体的出现,为老年群体提供了便利生活、休闲娱乐、获取知识、展现自我的平台,积极融入数字新生活是数字化时代老年人社会参与的重要形式之一。然而,第52次《中国互联网络发展状况统计报告》显示,截至2023年6月,我国非网民规模为3.33亿人,其中,60岁及以上老年群体占41.9%,是非网民的主要群体。从地区来看,我国非网民仍以农村地区为主,农村地区非网民占比为59.0%,高于全国农村人口比例23.8个百分点。从当前看,我国数字适老化和数字鸿沟弥合的重点和难点依然在农村,破题的关键也在农村。

首先,要在全社会进一步加强人口老龄化国情教育,倡导树立和践行"积极老龄观、健康老龄化"理念。其次,要摸清老年群体的实际需求,注重民生,结合重点领域、重点行业,进行数字适老化改造。最后,要充分调动市场的积极性,使政府、市场、社会、家庭和个人形成合力。

（五）树立积极老龄观，发挥农村基层社会组织作用

"十四五"时期，实施积极应对人口老龄化国家战略的思路和任务已经明确，"积极老龄观、健康老龄化"理念正逐步融入经济社会发展全过程。近年来，我国老年群体养老观念也逐渐呈现出从"被养"到"备老"、从"养老"到"享老"的显著转变。就城乡而言，我国农村老年人群体的"积极老龄观、健康老龄化"理念的形成面临更严峻的挑战。

树立和践行积极老龄观需"内外兼修"。一方面，要大力弘扬我国孝亲敬老传统美德，通过无障碍环境的建设、敬老爱老助老活动的开展，打造适老宜居、尊老爱老的"外"部环境，不断增强广大老年人的获得感、幸福感、安全感；另一方面，要通过积极组织、引导老年群体参与多种形式的文体活动，激发老年人群体的内在动力和主观能动性，引导其树立主动健康和终身发展理念，鼓励老年人积极面对老年生活，在经济社会发展中充分发挥作用。

我国广大农村地区依然有不少自发形成的基层组织，如老年协会、宗亲协会、红白喜事会等。这些组织不仅为老年人提供了社会参与的平台，也实现了老年群体的自我服务、自我管理、自我教育，他们为我国基层治理提供了智慧和力量。因此，要因地制宜，结合当地经济社会发展水平、风土人情，鼓励引导农村老年群体积极参与家庭、社区和社会发展。

五、研究不足和进一步努力方向

本研究存在以下不足：首先，本次调查虽然对受访老年人进行了深度访谈，但总体来说受访老年人较少，无法全面了解农村老年人的生活状况和养老需求；其次，未对村、乡的养老服务设施等情况进行深度调研；最后，养老机构助力农村养老方面的调查还不够深入。

因此，在本次调查的基础上，本研究拟将进行深入调查：一是要对C村老年人进行问卷调查，全面了解农村老年人的生活状况和养老需求；二是要更加聚焦于村、乡、县三级养老服务网络建设，提出相关建议；三是针对农村老年人的养老需求和现实条件，探索建立具有中国特色农村积极应对人口老龄化的可能路径，切实提升农村老年人的安全性、幸福感和获得感。

县域视角下的农村城乡融合养老研究

方彧

随着城镇化进程不断加快,从脱贫攻坚到乡村振兴,我国乡村社会正在发生前所未有的深刻变化。国家"七普"数据显示,我国农村老龄化水平明显高于城镇,农村养老面临更为巨大的挑战。2021年,《中共中央 国务院关于全面推进乡村振兴加快农业农村现代化的意见》指出,健全县、乡、村衔接的三级养老服务网络,推动村级幸福院、日间照料中心等养老服务设施建设,发展农村普惠型养老服务和互助性养老。2022年5月,中共中央办公厅、国务院办公厅印发《关于推进以县城为重要载体的城镇化建设的意见》(以下简称《意见》),明确了以县城为重要载体的城镇化建设的发展目标和具体任务。《意见》指出,推进县城基础设施向乡村延伸、推进县城公共服务向乡村覆盖、推进巩固拓展脱贫攻坚成果同乡村振兴有效衔接。以上两份重要文件为我国农村发展绘制了蓝图,同时也指明了路径。2022年,党的二十大报告指出:"全面建设社会主义现代化国家,最艰巨最繁重的任务仍然在农村。坚持农业农村优先发展,坚持城乡融合发展,畅通城乡要素流动。"县城作为城乡融合的重要载体,是新型城镇化建设和乡村振兴协同发展的抓手。因此,在县域的视角下,在"城"与"村"之间研究农村养老问题,探索城乡融合背景下的农村养老解决方案,具有重要的学术理论意义和现实意义。

一、县域视角下的农村城乡融合养老研究概述

(一)概念界定

国外对城乡关系的最早研究可追溯至亚当·斯密的《国民财富的

性质和原因的研究》，该研究系统论述了城乡如何自然地发展、如何进行演变，揭示了地理、贸易和制度、文化等因素发生的变迁如何对城乡关系产生制约①。空想社会主义者圣西门首先提出"城乡平等"概念，经历了空想的城乡平等理论、城乡二元经济理论、初期城乡一体化理论、城乡协调发展理论的演进进程②。恩格斯在《共产主义原理》中阐述了"城乡融合"的理论。城乡融合是马克思、恩格斯所讨论的"城乡一体、分离与对立、统筹与融合"城乡关系形态演进的最终阶段③。贾登（Jarden）等人对初始阶段的城乡建设进行研究，发现发展初期城市为重点发展建设对象，需要农村支援城市；后期城市要带动乡村发展，以此加快城乡发展速度④。Zhang 的研究发现现阶段城乡建设以城乡一体化建设为主，城市和乡村之间的差异性明显下降⑤。

　　城乡融合发展本质上是城市与周边村形成生产要素的有效流动和生产资源的有效配置整合。城市与乡村是相互依存的有机体，城市是引领、辐射和带动乡村发展的发动机，乡村则是支撑城市发展的重要依托和土壤⑥。城镇化运动是一场推动乡土中国向城镇中

---

① 叶超，陈明星.国外城乡关系理论演变及其启示［J］.中国人口·资源与环境，2008（1）：34-40.

② 曹萍."双轮协调"驱动下中国城乡融合发展的时空演变、影响因素及政策体系［D］.山东师范大学，2021.

③ 周志山.从分离与对立到统筹与融合——马克思的城乡观及其现实意义［J］.哲学研究，2007（10）：9-15.

④ JARDEN K M, JEFFERSON A J, GRIESER J M. Assessing the Effects of Catchment-scale Urban Green Infrastructure Retrofits on Hydrograph Characteristics [J]. Hydrological Processes, 2016, 30 (10): 1536–1550.

⑤ ZHANG H. Recommendations for Development of Rural Labor Service Economy from the Perspective of Urban and Rural Integration [J]. Asian Agricultural Research, 2014, 6 (12): 69–71.

⑥ 魏后凯.深刻把握城乡融合发展的本质内涵［J］.中国农村经济，2020（6）：5-8.

国转变的结构性变革,而当下的中国正处于城乡中国的历史节点上,城乡发展中各类资源配置不均衡[①]。许彩玲、李建建指出城乡融合发展的本质是要实现人的全面发展以及人与自然的和谐相处[②]。

本研究认为,县域视角下的农村城乡融合养老是城乡一体化发展中城乡养老服务的人员、资源、要素之间的互融互通,打破城市与农村之间长期所处的分割状态、不断缩小差距的过程,实现城乡老年人共同发展的目标。

(二)文献述评

1.关于城乡融合发展困境的研究

城乡融合发展中存在乡村缺乏竞争力、农村空心化、城乡融合机制认识不够、忽视区域联动、城乡公共资源配置仍不合理、农村基础设施建设短板等问题[③]。城乡融合发展依然面临着城乡资源配置不合理、城乡产业融合程度低、城乡功能互补较弱等问题[④]。李爱民认为,我国在城乡融合上面临着城乡人均可支配收入差距大、基本公共服务上城乡待遇有差别、城乡自由流动面临制度性障碍等困境[⑤]。

2.关于城乡融合困境原因的研究

有学者指出,如果社会资源过多地涌入城市,乡村发展的困境就会越来越剧烈,导致乡村居民享有的公共产品数量和质量都远低于城

---

① 徐勇."根"与"飘":城乡中国的失衡与均衡[J].武汉大学学报(人文科学版),2016,69(4):5-8.

② 许彩玲,李建建.城乡融合发展的科学内涵与实现路径——基于马克思主义城乡关系理论的思考[J].经济学家,2019(1):96-103.

③ 刘芳娜.城乡融合发展的路径选择——从资源配置的视角[J].韶关学院学报,2022,43(10):99-103.

④ 同②.

⑤ 李爱民.我国城乡融合发展的进程、问题与路径[J].宏观经济管理,2019(2):35-42.

市居民①。也有学者认为，我国城乡融合困境在于未从根本上破除城乡二元结构，主要原因在于城乡资源流动建立在不平等的基础上，以及农村自身所存在的局限性等，城乡资源要素仍难以实现真正的对流顺畅②。

3.关于城乡融合实践的研究

有学者从近郊区视角分析城乡融合，并对近郊区乡村未来社区的构建路径进行了研究③。李静和覃云云从城乡融合视角对大城市养老问题进行了研究，发现通过本地化、智慧化、精准化、异质化、适老化、互助化、人性化、社区化、协同化等多维度提升可趋利避害，充分发掘、链接、获取、利用、发展城乡资源，推进城乡融合养老④。李俏等从城乡融合视域研究养老下乡的生成机制与实践策略，发现养老下乡呈现出老人自发型、政府引导型、企业开发型、社区内生型和宗教支持型五种实践形态，在养老下乡中存在诸多不足，还需引入医疗资源、吸引外来资本、利用好农村文化场和充分发挥政府职能⑤。有学者研究发现，在城乡融合战略视野下应为农村发展培养更多急需的实用型养老服务人才⑥。

太仓市把握"政策同步、设施一体、服务均衡、监管协同"的

---

① 吴根平.我国城乡一体化发展中基本公共服务均等化的困境与出路[J].农业现代化研究，2014（1）：33-37.

② 许彩玲，李建建.城乡融合发展的科学内涵与实现路径——基于马克思主义城乡关系理论的思考[J].经济学家，2019（1）：96-103.

③ 张倩倩.城乡融合发展视角下近郊区乡村未来社区构建探索[J].城乡建设，2020（6）：58-62.

④ 李静，覃云云.城乡融合视域下大城市养老的纾困之道——以N市J区为例[J].东岳论丛，2022，43（9）：89-95.

⑤ 李俏，陈柳，赵向红.城乡融合视域下养老下乡的生成机制与实践策略[J].宁夏社会科学，2021（2）：132-141.

⑥ 刘记红.城乡融合战略视野下我国农村养老服务人才的需求动向与培养机制研究[J].农业经济，2018（8）：61-63.

城乡融合发展之路，汇聚"政府、市场、社会、家庭、个人"五方力量，强化制度设计，推动养老服务从"兜底、基本、普惠"向优质多元方向发展，推进建立"覆盖城乡、普惠优质、专业高效、文化鲜明"的县域养老模式[①]。山东省泰安市泰山区坚持把握"城乡融合、共同发展、人人享有"总基调，通过"三个到位"（组织保障、政策支持、协调联动）、"四项创新"（服务阵地、发展路径、转型升级、普惠养老）、"三个统筹"（规划布局、城乡一体、线上线下），建立了县域城乡融合发展共同体模式[②]。

4. 关于城乡融合发展路径的研究

在城乡关系演进中出现了城市偏向论、乡村偏向论、城乡一体化。一是城市偏向论。城乡关系应立足于优先发展城市，进而带动区域发展和城乡发展[③]。二是农村偏向论。索尔塔尼（Soltani）等人对缩小城乡差距研究路径进行深入分析，发现应该重点扶持乡村发展[④]。Imai等人对城乡建设进行研究，发现从空间建设角度提出了农业土地合理使用的重要性，不应因城市扩建占用农业发展用地[⑤]。楚克维梅卡（Chukwuemeka）认为应该继续维持农业发展，更加重视农业发

---

① 张跃忠.江苏太仓市县域养老服务城乡融合的实践路径[J].社会福利，2022(3)：35-36.

② 山东泰安市泰山区民政局.山东泰安市泰山区：着力"343"推进县域养老共同体建设[J].社会福利，2022(3)：37.

③ STOHR W B, TAYLOR D F. Development from Above or Below? The Dialectics of Regional Planning in Developing Countries [M]. Chichester: John Wiley & Sons. LTD., 1981: 158–163.

④ SOLTANI A, SANKHAYAN P L, HOFSTAD O, et al. Consequences of an Improved Road Network in Rural Iran: Does It Lead to Better Livelihoods and Forest Protection? [J]. Small-scale Forestry, 2016 (11): 11–13.

⑤ IMAI K S, GAIHA R, GARBERO A. Poverty Reduction During the Rural-Urban Transfor-mation: Rural Development Is Still More Important Than Urbanisation? [J]. Global Development Institute Working Paper Series, 2014 (10): 1425–1426.

展[1]。三是城乡一体化论。Zhang 等人认为城乡是一个集原材料供应、产品生产销售为一体的发展产业[2]。Pijpers 等人研究发现，国外发达国家的制度与福利趋势在于缩小城乡差距，统一管理制度，按照城市福利标准，提高乡村养老、教育、医疗等福利待遇[3]。

目前来看，国内城乡融合研究主要集中在以下几个方面：

一是推进城乡融合法制化。以法制化和规范化为具体指导思路，推进农村社会保障体系建设，进而促进城乡融合[4]。

二是城乡之间资源合理配置。有学者从资源配置视角分析城乡融合发展路径，发现人才引进、统筹城乡土地资源和金融资源配置、乡村产业结构调整等促进城乡融合[5]。蔡继明、李蒙蒙从制度保障层面指出，实现城乡融合发展要全面、稳步地推进户籍制度改革、深化土地制度改革、建立健全财政金融社会资本保障机制，促进劳动、土地、资本的自由畅通流动和合理有效配置[6]。

三是深化户籍、就业与社会保障制度改革，促进城乡之间基本公共服务融合。基本公共服务融合是城乡融合发展的重要内容，应该创

---

[1] CHUKWUEMEKA E, NZEWI H N. An Empirical Study of World Bank Agricultural Development Programme in Nigeria [J]. Social Science Electronic Publishing, 2016, 2 (1): 176–187.

[2] ZHANG P, AN L, SUN H J. Research on the Yinchuan Plain Development Status and Urban-Rural Integration [J]. Applied Mechanics and Materials, 2013, 361–363: 176–179.

[3] PIJPERS R, KAM G D, DORLAND L. Integrating Services for Older People in Aging Communities in the Netherlands: A Comparison of Urban and Rural Approaches [J]. Journal of Housing for the Elderly, 2016, 30 (4): 430–449.

[4] 张睿海.城乡融合视野下构建我国农村社会保障体系的法律规制［J］.农业经济，2019（12）：54–55.

[5] 刘芳娜.城乡融合发展的路径选择——从资源配置的视角［J］.韶关学院学报，2022，43（10）：99–103.

[6] 蔡继明，李蒙蒙.中国城乡融合发展的制度障碍及政策建议［J］.河北学刊，2019，39（4）：139–145.

新技术变革催生新需求、新产品、新动力,消除城乡壁障,促进供给主体变革,进而深刻影响城乡基本公共服务供给①。建立起城乡一体的医疗、卫生、教育、就业、养老保障、社会管理体制机制,为农村居民提供与城市居民同等的社会保障②。国内研究城乡融合发展,亦需立足于共同富裕的客观要求从优化统筹城乡一体化,解决发展不平衡、不充分问题;以人民为中心,完善城乡民生领域制度体系;优化顶层设计,激发城乡融合发展的内生动力三个维度展开③。

四是乡村振兴的发展。城乡融合发展中应该加快农村经济发展、完善农村社会保障、因地制宜构建养老多元化、加大乡村养老公寓建设、支持社会资本参与养老服务供给、打造专业化的养老服务队伍、关心农村老年人的生活④、补足振兴农村面临的人才短板、坚持农业农村优先发展、高效合理利用农村土地资源⑤。加快农业现代化进程,加快制度创新,使农业现代化、城乡基础设施和公共服务均等化,以城乡生产生活融合发展助力乡村振兴,城乡才能均衡发展⑥⑦。

综上所述,关于城乡关系和城乡融合的国内外研究比较多,且主

---

① 高洪波.城乡融合视域中的城乡基本公共服务供给与创新——基于新技术变革逻辑[J].人民论坛·学术前沿,2021(2):74-83.

② 李红玉.城乡融合型城镇化——中国新型城镇战略模式研究[J].学习与探索,2013(9):98-102.

③ 吴昌林,张泽政.共同富裕视角下城乡融合发展的路径优化[J].安徽农业大学学报(社会科学版)2022,31(6):1-7.

④ 卢朝阳.城乡融合中农村养老问题研究[J].襄阳职业技术学院学报,2022,21(4):134-139.

⑤ 苏小庆,王颂吉,白永秀.新型城镇化与乡村振兴联动:现实背景、理论逻辑与实现路径[J].天津社会科学,2020,3(3):96-102.

⑥ 杨仪青.城乡融合视域下我国实现乡村振兴的路径选择[J].现代经济探讨,2018(6):101-106.

⑦ 刘春芳,张志英.从城乡一体化到城乡融合:新型城乡关系的思考[J].地理科学,2018(10):1624-1633.

要集中在基本公共服务城乡融合、基础设施城乡一体化、乡村振兴和城乡融合的研究。仅有少量文章探索社会保障城乡一体化，如养老保障（保险）城乡一体化等。现有研究很少探索在县域视角下有关农村养老、城乡融合发展的问题，尤其是养老服务城乡融合、养老金融城乡融合。因此，分析城乡融合背景下的农村养老相关问题，研究探索构建以县城为纽带的"城乡融合"养老新模式，具有重要的学术理论意义和现实意义。

（三）研究思路

本研究以县域为视角，选取江西省赣州市X县C村为田野调查点，以C村这一村落的田野调查为基础，综合运用社会学、人类学等学科的相关理论和研究方法，开展城乡融合视角下的农村养老相关研究。本研究从以下方面开展具体工作：

一是城镇化进程中农村养老现状。以村落为个案，运用问卷调查，全面了解该村老年人的生活状况，分析当下农村养老的现状和主要面临的问题。

二是以村落为中心外延，分析研究村、乡、县三级养老服务网络的构建，重点考察村落中的老年人是如何有效利用各级养老服务设施和服务的，分析三者的融合关系。

三是通过深度访谈，深入了解和研究农村老年人的养老观念，尤其是中国传统的孝道、养老文化如何与现代化养老服务和理念等相互影响、融合。

四是总结村、乡、县三级网络在农村养老中发挥的作用，探讨县域视角下，如何解决农村养老的难题，尤其是以县城为载体的养老服务如何进农村，探索以县城为纽带的"城乡融合"养老新模式。

（四）研究方法

1. 文献研究方法

检索中国知网 CNKI 学术文献总库、万方数据知识服务平台、维普期刊资源整合服务平台、Web of Science、Pub Med、Pro Quest 和 Google Scholar 等查阅相关资料和书籍。

2. 社会调查法

本研究拟选取江西省赣州市 X 县 C 村为田野调查点，以 C 村这一村落的田野调查为基础，综合运用人类学、社会学、民俗学等学科的相关理论和研究方法，开展城乡融合视角下的农村养老相关研究。

定量研究与定性研究相结合，运用问卷调查全面了解农村老年人的生活状况、养老面临的主要瓶颈、县城养老服务资源的可及性等；运用深度访谈，了解农村老年人的养老观念、孝道文化的变迁与传承等。

3. 统计分析法

利用 Stata14.0 和 Mplus7.0 进行调研数据的描述性统计、回归分析、参数估计等。此外，利用 SPSS20.0 和 Amous21.0 进行影响机制分析。

（五）创新点

一是打破城乡二元的研究视角，从城乡融合的角度研究农村养老相关问题。

二是以当前国家重大方针政策为指导，试图探讨以县城为纽带的"城乡融合"养老模式的构建，为积极应对人口老龄化国家战略的实施探索新路径。

三是以传统的老年学研究方法为基础，综合运用人类学、民俗学、社会学的研究方法，以村落个案为研究中心，是新时代多学科老龄科学研究方法的有益尝试。

四是提出农村城乡融合养老是农村与城市的双向互动,强调老年人自身在养老生活中的主体性。尤其是低龄农村老年人如何利用"县城"资源,在养老准备、社会参与等方面的融入,进而分析新时代农村老年人如何践行"积极老龄观、健康老龄化"理念。

二、县域视角下的农村城乡融合养老现状

根据文献述评,基于城乡融合发展视角,设计县域视角下农村城乡融合养老的老年人需求问卷并开展问卷调查①。本次调查共收集问卷596份,问卷内容主要包括基本信息、家庭状况、养老服务、经济与社会参与、健康及服务、精神文化生活等。调研发现,县域视角下的农村城乡融合养老的现状主要表现为以下几点。

(一)低龄老年人超半数,学历以小学及以下为主,九成以上老年人有两个及以上子女,丧偶老年人约两成

受访老年人有以下特点:一是以低龄老年人为主,男女性别基本均衡。被调研老年人年龄最小值为59岁(2人),最大值为98岁(1人),其中,59~69岁低龄老年人最多,有307人,约占51.51%。

---

① 本调研采用小范围普查的方法收集C村所有老年人的信息,探讨县域视角下农村城乡融合养老的情况。在具体的研究实施过程中,为保证调研数据的真实性及可行性,本调研分为以下几个部分:一、2023年12月1日至20日在江西省赣州市X县C村所在的乡镇和县城进行深度访谈,收集访谈资料,完善调查问卷。二、2023年12月20日至31日开展预调研。在调研之前对所有调查员进行了培训,培训内容主要包括:调查问卷的详细讲解;问卷星等电子问卷的使用;入户调研地点、时间的选择;调研的技巧,从自我介绍到访谈技巧的灵活使用等;调研过程中常见问题的应对和处理等。三、2024年1月开始正式调研。正式调研采用问卷星的形式,使用调研员手机、平板等设备现场收集老年人的信息。课题组对调研员调研情况进行监督和管理,对老年人回答问题的逻辑性和合理性进行现场审核。四、问卷调查结束后,课题组对问卷进行逻辑校验、数据清理、电话回访等。

男性281人,约占4.15%,女性315人,约占52.85%,男女比例基本均衡。调研中,70~79岁中龄老年人有220人,约占36.91%;80~89岁高龄老年人有63人,约占10.57%;90岁及以上长寿老年人有8人,约占1.34%。二是老年人受教育程度较低,以小学及以下学历为主。小学及以下学历的老年人有463人,约占77.68%。约96%以上的老年人的子女数量为2个及以上。三是老年人已婚状态较多,家庭关系和睦。已婚老年人有466人,约占78.19%;丧偶老年人有119人,约占19.97%。

(二)健康自评状况整体较好,七成以上老年人有慢性病,日常就医以村诊所为主

一是老年人健康自评状况比较好。4.36%的老年人健康状况非常好,44.30%的老年人健康状况比较好,34.06%的老年人健康状况一般,16.28%的老年人健康状况比较差,1.01%的老年人健康状况非常差。可以发现,老年人健康状况较好和一般的比例约占80.00%。二是有慢性疾病的老年人居多,并且慢性疾病以高血压、颈椎病、腰椎病、骨质疏松和关节炎为主。仅28.16%的老年人没有慢性疾病,约71.84%的老年人患一种及以上的慢性疾病。24.28%的老年人有高血压,23.27%的老年人有颈椎病、腰椎病,21.42%的老年人有骨质疏松、关节炎,10.96%的老年人有风湿或类风湿,8.43%的老年人有中风及脑血管疾病,7.93%的老年人有支气管炎、肺气肿、哮喘病或肺炎,5.73%的老年人有心脏病,4.72%的老年人有糖尿病,3.88%的老年人有胃肠疾病,3.71%的老年人有其他慢性病,2.36%的老年人有白内障,2.19%的老年人有高血脂,1.01%的老年人有青光眼,1.01%的老年人有癌症,0.84%的老年人有肺结核,0.84%的老年人有帕金森病,0.84%的老年人有阿尔茨海默病,0.71%的老年人有慢性肾炎。三是老年人平时就医以村诊所(卫生室)为主,当病情较

重（如需要住院治疗）时首选 X 县第二医院就医。当老年人患小病时，93.78% 的老年人在村里诊所（卫生室）看病，1.68% 的老年人在 X 县人民医院看病，1.51% 的老年人在 X 县第二医院看病，1.18% 的老年人在 X 县中医院看病，0.67% 的老年人在村（社区）卫生服务中心看病，0.34% 的老年人在赣州市医院看病，0.17% 的老年人平时主要在乡卫生院看病，0.17% 的老年人平时主要在其他医疗机构看病。仅 0.34% 的老年人没有看过病，0.17% 的老年人平时生病后自己去药店买药。由此可见，老年人小病时去基层卫生服务机构就医较及时，不就医或去药店买药自我治疗的比例较小。当老年人病情较重时，58.56% 的老年人首选 X 县第二医院，23.83% 的老年人首选 X 县人民医院，7.05% 的老年人首选 X 县中医院，6.88% 的老年人首选乡卫生院，2.18% 的老年人首选赣州市医院，0.5% 的老年人首选南昌大医院，0.17% 的老年人选择拖着不看扛过去，没有老年人首选其他大城市著名医院和自己去药店买药治疗。四是老年人由子女、老伴陪同或独自去医院看病的居多。当老年人需要去医院看病时，35.74% 的老年人一般由子女陪同，31.04% 的老年人一般由老伴陪同，30.7% 的老年人一般自己去，1.17% 的老年人一般由孙子或孙女陪同，0.67% 的老年人一般由亲戚陪同，0.67% 的老年人一般由其他人陪同。

（三）"养儿防老"传统家庭养老模式占主流，老伴、儿子、儿媳是最主要的照料人，99.49% 的老年人愿意在家中接受照料

一是老年人日常生活照护需求较低，即便有需求也有人照料，照料者以儿子、儿媳为主。受访老年人需要他人照料的仅占 3.87%，约 96.13% 的受访老年人日常生活不需要他人照料。需要被照顾的老年人中，92% 的老年人现在能得到较好的照顾。配偶（21.74%）和儿子、儿媳（73% 以上）在承担照护老年人事务中的责任较大；女儿、女婿的比例较小，仅占 8.7%；（外）孙子/女照顾老年人的比例也

比较小，仅为8.7%。二是老年人愿意在家庭中接受照料服务。当问到老年人愿意接受照料服务的地点时，99.49%的老年人表示在家里，选择社区养老和机构养老的老年人仅占0.51%。由此可见，老年人还是偏向于居家养老，这可能与居家养老自由度高、安全感强、有亲情陪伴、成本低以及传统观念影响等方面有关，也可能与调研老年人都是自理能力较好的老年人有关，目前尚不需要社区养老和机构养老。由此可见，该地区农村养老服务模式还以"养儿防老"的传统家庭养老为主，女儿养老模式不明显，孙辈养老也不明显。

（四）六成以上受访老年人主要由子女赡养，从事农林牧副渔等经济活动的比例不到一成，仅有7.89%的受访老年人现在从事有收入的工作，工作地点在县城和村里的比例超过六成

一是大部分受访老年人60岁以前从事农业生产工作。被调研老年人中，60岁以前有工作单位的人数较少，大部分从事农业生产。89.58%的老年人60岁以前从事务农工作，16.47%的老年人60岁以前从事打工、灵活就业工作，6.89%的老年人60岁以前无工作或从事家庭劳动，3.36%的老年人60岁以前的工作性质为党政机关、事业单位、部队，1.51%的老年人60岁以前的工作性质为个体经营或开店，0.34%的老年人60岁以前从事其他性质的工作。从中可以得出，60岁以前从事务农工作的老年人占绝大多数。

二是老年人目前主要依靠子女赡养。65.44%的老年人最主要的生活来源为子女赡养，17.11%的老年人最主要的生活来源为离/退休金/养老金，10.74%的老年人最主要的生活来源为再就业收入/劳动收入，2.68%的老年人最主要的生活来源为政府的救助/补贴/资助，2.35%的老年人最主要的生活来源为储蓄或财产性收入（利息、租金等），1.68%的老年人最主要的生活来源为其他，0%的老年人最主要的生活来源为投资理财收入。从中可以看出，老年人最主要的生活来

源为子女赡养占大多数，缺失以投资理财收入为最主要生活来源的老年人。

三是老年人从事农林牧副渔等经济活动的较少，且收入较低。目前，3.04%的老年人从事农林牧副渔等经济活动，96.96%的老年人现在不从事农林牧副渔等经济活动。在从事农林牧副渔等经济活动的老年人中，2023年收入在0~5000元的老年人占42.9%，收入在5001~10 000元的老年人占14.3%，收入在10 001~15 000元的老年人占9.5%，收入在15 001~30 000元的老年人占23.8%，收入在30 000元以上的老年人占9.5%。

四是老年人其他收入的工作意愿低和工资收入较少。被调研的老年人中，仅有7.89%的老年人现在从事其他有收入的工作，92.11%的老年人现在不从事其他有收入的工作。在从事其他有收入工作的老年人中，每月收入在0~1000元的老年人占42.6%，每月收入在1001~2000元的老年人占29.8%，每月收入在2001~3000元的老年人占19.1%，每月收入在3000元以上的老年人占8.5%。在从事其他有收入工作的地点选择上，在村里从事一份工作的老年人占39.13%，在县城（工业园除外）打工的老年人占17.39%，在洪门工业园从事一份工作的老年人占10.14%，在外省从事一份工作的老年人占2.9%，在其他地方从事一份工作的老年人占30.43%。由此可见，现在没有从事其他有收入工作的老年人占绝大多数，从事其他有收入工作的老年人中，每月收入在0~1000元的老年人最多，在村里从事一份工作的老年人最多。

五是老年人自评经济基本够用的较多。66.11%的老年人选择家庭经济状况基本够用，29.36%的老年人选择家庭经济状况比较宽裕，3.36%的老年人选择家庭经济状况非常宽裕，1.17%的老年人选择家庭经济状况比较困难。由此发现，家庭经济状况基本够用、勉强维持基本生活的老年人占比最大。

（五）近九成受访老年人子女在本地居住，且50%以上的儿子在县城工作，近40%的女儿在县城工作

85.92%的农村老年子女在本地居住，且50%以上的儿子在县城工作，近40%的女儿在县城工作。14.08%的老年人没有子女在本地居住，可能存在"空巢"现象；85.92%的老年人有1个及以上子女在本地居住，能给予老年人更多陪伴和照顾。据离老年人最近的儿女情况来看，50%受访老年人的儿子选择在县城做生意、有正式工作和打工。离受访老年人最近的儿子中，在县城（工业园除外）打工的约占20.84%，在县城洪门工业园上班的约占15.06%，在县城自己做生意的约占8.76%，在县城党政机关、事业单位和国企等正式单位工作的约占4.73%，在村务农的约占13.13%，在外地务工的约占22.59%。近40%受访老年人的女儿选择在县城做生意、打工和有正式工作。离受访老年人最近的女儿中，在县城（工业园除外）打工的约占15.72%，在县城洪门工业园上班的约占15.55%，在县城自己做生意的约占3.68%，在县城党政机关、事业单位和国企等正式单位工作的约占2.68%，在村务农的约占22.91%，在外地务工的约占14.72%。

由此可见，子女在县城的工作主要以县城洪门工业园、县城打工和做生意为主，老年人子女经常往返县城和农村，会接触县城的先进思想和知识，老年人也会有更多的机会接受县城的各项基本公共服务。

（六）七成以上受访老年人居住在村里自建房中，子女在县城买房比例约一成，经常去县城子女家中的老年人约三成

一是七成农村老年人以自建房为主，1/4的老年人居住的是子女的房产。超过70%的老年人住在农村自建房，24.58%的老年人住在子女的房产中，1.84%的老年人租房住，仅有不到1%的老年人分别选择了借住和住在（外）孙子女的房产中。

二是约一成农村老年人子女选择在县城居住和买房,约三成老年人经常去子女家(其中有九成以上是每周去一次)。11.74%的受访老年人子女在县城买房居住,老年人经常往返城乡;近90%的受访老年人子女并未在县城买房,其家庭收入偏低。在11.74%子女在县城买房的老年人中,经常去子女家的老年人占其中的27.78%,较少去的占37.50%,几乎不去的占34.72%。其中,在经常去子女家的老年人中,约35%的老年人几乎每天都去,约60%的老年人平均每周去一次,5%的老年人每个月去一次。由此可见,子女在县城买房,以及经常去子女家的老年人与县城的联系更加密切,也有更多的机会接受县城的各项基本公共服务。

(七)受访老年人最喜欢看电视、听广播,近三成受访老年人与邻居交往密切、经常走动,3.7%的老年人经常感到孤单

一是约一成老年人不参加日常休闲活动,近八成老年人最喜欢看电视、听广播。13.13%的老年人不参加日常休闲活动,78.79%的老年人日常休闲活动为看电视、听广播,有15.15%的老年人日常休闲活动为打麻将、打牌、下棋等,有5.22%的老年人日常休闲活动为读书、看报,有4.38%的老年人日常休闲活动为跳舞(广场舞、扭秧歌等),有2.86%的老年人日常休闲活动为散步、慢跑,有2.86%的老年人参加其他休闲娱乐活动,有2.02%的老年人日常休闲活动为种花养草等,有0.17%的老年人日常休闲活动为钓鱼、书画、摄影、收藏等。二是与邻居偶尔走动的老年人占大多数。28.40%的老年人与邻居交往密切、经常走动,61.27%的老年人与邻居在有需要时偶尔走动,10.33%的老年人与邻居基本不来往。三是从不感到孤单的老年人占大多数,精神健康状态比较可观。3.70%的老年人经常感到孤单,28.40%的老年人有时感到孤单,67.90%的老年人从不感到孤单。

（八）超三成老年人经常或偶尔去县城，经常去县城的老年人以逛街购物、打发时间为主，去县城打工赚钱的比例为 15.79%

极少去县城的老年人占大多数，经常去县城的老年人中以逛街购物、打发时间为主要目的。仅有 9.01% 的老年人经常去县城，25.68% 的老年人偶尔去县城，53.57% 的老年人极少去县城，11.73% 的老年人从不去县城。在经常去县城的老年人中，52.63% 的老年人以逛街购物为主要目的，43.86% 的老年人以随便转转、打发时间为主要目的，35.09% 的老年人以亲戚朋友走动为主要目的，15.79% 的老年人以打工赚钱为主要目的，7.02% 的老年人以做理疗、听健康讲座等为主要目的，5.26% 的老年人以去医院为主要目的。

三、县域视角下的农村城乡融合养老主要问题

（一）虽然县、乡、村三级养老服务网络基本建立，但农村养老服务知晓度、使用率均有待提升

一是农村养老服务设施基本齐全。目前，调研所在村有村卫生室、村文化活动广场、老年棋牌室等设施以及老年协会（红白喜事理事会）等村民自治组织，村所在乡镇有养老机构和日间照料中心，已经基本建立县、乡、村三级养老服务体系。二是受访老年人对养老服务的知晓度和使用率较低。45.22% 的老年人没有使用过养老服务项目，3.92% 的老年人表示不知道村里有养老服务项目。受访老年人对所有品类的养老服务均展现出不需要的心理状态，这可能是因为受访老年人以低龄老年人为主，对养老服务不关心也不知晓。受访老年人知道村里助餐服务的较多，但不需要的老年人也较多。三是老年人使用过助餐服务和高龄（独居）特殊困难老年人巡视探访服务的比例有限。81.2% 的老年人未使用过助餐服务。使用过的老年人中对助餐服务和高龄（独居）特殊困难老年人巡视探访服务的满意度较高。

（二）县域养老服务向农村辐射有限，农村养老服务设施较少且存在诸多问题

一是受访老年人对县域养老机构和社区照料中心的知晓度较低。仅有19.03%的老年人知道县养老机构，80.97%的老年人不知道县养老机构，说明该县养老机构的宣传力度不够，农村老年人尚不清楚本县域养老机构的情况。在知道县养老机构的老年人中，约有90.91%的老年人知道县夕阳红老年公寓，68.60%的老年人知道县田庄上养老中心，11.57%的老年人知道健康城颐养中心。仅有6.61%的老年人知道平川社区颐养中心，1.65%的老年人知道百校社区颐养中心。二是农村养老服务设施较少且存在诸多问题。受访老年人表示本村的养老服务项目存在诸多问题，村养老服务项目少（49.56%）、养老服务人员少（23.12%）和离家远（14.19%）较为突出。还有2.98%的老年人表示场地设施条件差，1.75%的老年人表示缺乏与医疗卫生服务衔接。这与当地的行政村范围较大，且间隔小丘陵有关，也与村民与村民距离较远，不方便享受养老服务设施有关。

（三）子女在县城工作的比例较高但居住比例较低，农村老年人享受县城养老服务的可及性、便利性受限

一是子女在县城工作比例较高。85.92%的老年人有1个及以上子女在本地居住，能给予老年人更多陪伴和照顾。距离老年人最近的儿子中，50%以上在县城做生意、有正式工作和打工［在县城（工业园除外）打工的约占20.84%，在县城洪门工业园上班的约占15.06%，在县城自己做生意的约占8.76%，在县城党政机关、事业单位和国企等正式单位工作的约占4.73%］，在村务农的约占13.13%，在外地务工的约占22.59%。距离老年人最近的女儿中，近40%的女儿在县城做生意、有正式工作和打工［在县城（工业园除外）打工的约占15.72%，在县城洪门工业园上班的约占15.55%，在县城自己

做生意的约占 3.68%,在县城党政机关、事业单位和国企等正式单位工作的约占 2.68%],在村务农的约占 22.91%,在外地务工的占 14.72%。由此可见,子女在县城工作主要以县城洪门工业园、县城打工和做生意为主,老年人子女经常往返县城和农村,会接触县城的先进思想和知识,老年人也会有更多的机会接受县城的各项基本公共服务。仍有很多老年人子女在外地工作。二是子女在县城买房比例较低。超过 70% 的老年人住在农村自建房;24.58% 的老年人住在子女的房产里,1.84% 的老年人租房住,仅有不到 1% 的老年人分别选择了借住和住在(外)孙子女的房产中。仅有 11.74% 的农村老年人子女选择在县城居住和买房,老年人经常往返城乡。约三成老年人经常去子女家(其中有九成以上是每周去一次)。在 11.74% 子女在县城买房的老年人中,经常去子女家的老年人占其中的 27.78%,较少去的占 37.50%,几乎不去的占 34.72%。其中,在经常去子女家的老年人中,约 35% 的老年人几乎每天去,约 60% 的老年人平均每周去一次,5% 的老年人每个月去一次。由此可见,子女在县城买房,以及经常去子女家的老年人与县城的联系更加密切,也有更多的机会接受县城的各项基本养老服务。

(四)受访老年人互助养老参加意愿低,参加老年大学、老年协会和公益活动或组织的比例较低

一是受访老年人互助养老参加意愿较低。在受访老年人中,仅有 2.36% 的老年人愿意参加互助养老。农村老年人对互助养老服务的接受度不够高,可能的原因是政府宣传不到位,老年人对互助养老了解较少、认为互助养老服务质量较差等。二是受访老年人中参加老年大学或老年协会,参加公益活动或组织的比例较低。46.88% 的老年人没有参加公益活动或组织,没有老年人经常参加老年大学或老年协会。老年人经常参加的公益活动或组织是帮助邻里(43.34%)、维护

村卫生环境（26.48%）和维护村治安（10.29%）。此外，还有6.58%的老年人经常参加关心教育下一代的公益活动，2.19%的老年人经常参加文体娱乐公益组织，1.69%的老年人经常参加婚丧嫁娶、民间文化组织，0.67%的老年人经常参加老年互助组织，0.67%的老年人经常参加村调解小组，0.51%的老年人经常参加社会公益组织。

（五）受访老年人积极看待老年生活，老年人再就业主要考虑离家近，但老年人再就业服务较少

一是老年人追求自立自强，积极看待老年期和老年生活。赞同追求自立自强和发挥余热参与社会发展的比例较高，积极老龄观深入人心。44.87%的人赞同老年人应该自立自强，40.67%的人赞同老年人应该享受生活，得到家庭和社会的供养，36.30%的人赞同老年人应该发挥余热，参与社会发展，7.06%的人赞同老年人是国家和社会的宝贵财富，3.87%的人赞同老年人是家庭的负担，仅有1.85%的人赞同老年人是社会的负担。

二是老年人再就业主要考虑离家近。在愿意从事有收入工作的老年人中，愿意在本村工作的老年人占77.78%，愿意在县城（工业园除外）工作的老年人占11.11%，愿意在南昌/外省工作的老年人占11.11%。在离家近的地方还能照顾到家里是老年人再就业最主要考虑的因素。

三是老年人就业服务较少。44.35%的老年人选择"村里没有类似就业机会或岗位"，选择通过宣传栏提供企业招聘信息、就业机会的人占53.12%，选择通过微信群通知就业岗位来提供就业机会的人占12.82%，选择通过企业鼓励就业技能培训来提供就业机会的人占6.07%。从中可以发现，通过宣传栏提供企业招聘信息来提供就业机会占比最大，也有大部分人选择"村里没有类似就业机会或岗位"。

（六）受访老年人适老化认知水平有待提升，适老化改造最迫切的需求是加装扶手或护栏

七成农村老年人不需要住房适老化改造，需要住房改造的老年人最迫切的需求是住房加装扶手或护栏。超过70%的老年人认为住房不需要适老化改造，这可能与本次调查以低龄老年人为主有关，老年人尚不需要适老化改造。19.28%的老年人认为住房需要加装扶手或护栏，16.04%的老年人需要老年用品配置，这可能与农村老年人担心因年龄增长和记忆力下降带来的安全需求、怕摔倒导致失能等有关。老年人对如厕设施需求和装电梯需求较小，可能是因为本研究所调查的老年群体多居住在农村，较少需要电梯。需要指出的是，尽管老年人可能认为住房不需要适老化改造，但实际上适老化改造对于提高老年人的居住质量、安全性和舒适度具有重要意义。尤其是随着年龄的增长和身体机能的下降，老年人可能会面临更多的生活挑战和风险，适老化改造可以帮助他们更好地应对这些挑战、提高生活自理能力和生活质量。

（七）六成受访老年人从不上网，不能使用智能手机获得基本公共服务

一是从不上网的老年人超过半数，互联网在老年人群中有待普及。60.81%的老年人从不上网，仅有12.84%的老年人经常上网，26.35%的老年人偶尔上网。由此可见，老年人的互联网普及性较低。二是不会使用智能手机和没有智能手机的老年人比例较高，使用智能手机的老年人看新闻、看短视频、网络聊天等娱乐活动居多，不会使用网约车、预约医院挂号就诊和网络购票预订等，难以享受基本公共服务。41.31%的老年人会使用智能手机，43.03%的老年人不会使用智能手机，15.66%的老年人没有智能手机。在会使用智能手机的老年人中，会用智能手机看新闻、看视频、看娱乐信息的老年人有

91.42%，会用智能手机网络聊天（微信、QQ）的老年人有77.29%，会用智能手机电子支付（微信、支付宝、网银支付）的老年人有43.43%，拥有智能手机但不会使用上述功能的老年人有1.59%，会用智能手机做其他事的老年人有0.8%。农村老年人不会使用网约车、预约医院挂号就诊和网络购票预订（火车票、机票等）等，难以享受基本公共服务。

四、县域视角下的农村城乡融合养老对策建议

（一）县、乡、村三级养老服务网络建设重在"城乡融合"且需要精准施策

进一步推进县、乡、村三级养老服务网络建设是当前解决农村养老难题的重要路径之一。在县、乡、村三级养老服务网络建设中，"县城"是关键支撑要素，"城乡融合"是其核心要义。

一方面，县、乡、村三级养老服务网络建设"城乡融合"需要从以下几个方面把握，以便精准施策。一是精准把握当前农村老龄化水平阶段及特点。当前，农村老年人群体以低龄老年人为主，大多数老年人有两个及以上子女，家庭养老模式在现实和观念上均占主流地位等。二是精准把握当前农村养老服务需求类别，细分老年群体类别、老年人家庭类别等，实现需求视角下的有效服务和城乡融合。三是把握城乡融合的"双向"指征，近年来出现了"田园康养"等养老新趋势，为农村养老带来了新的发展和可能性。

另一方面，农村社区要积极落实乡村治理、城乡融合发展的有关政策，充分利用县域内的资金、资源、技术与专业人员为老年人提供养老服务。落实国家和地方政策，在县域社区内定期开展科技、文化、服务三下乡活动，促进县域内资金、资源、技术与人员合理有序流动，向农村地区倾斜。

（二）县域养老服务资源向农村地区倾斜需要明晰重点

县域养老服务资源向农村地区倾斜是解决当前农村养老问题的重要路径之一。县域养老服务资源向农村地区倾斜时，要明晰重点、精准发力。

一是明晰重点内容。基于当前农村老年群体以低龄老年人为主、大多数老年人有两个及以上子女、家庭养老模式占主流地位等特点，县域养老服务资源向农村地区倾斜的重点内容包括但不限于以下几方面：低龄老年人精神文化生活的丰富；家庭照护者的技能培训；"喘息"服务；家庭养老中"助浴"等痛点问题；以"健康"为中心的相关服务；养老用品及服务项目的普及；数字鸿沟弥合等。

二是明晰重点人群。当前农村大致出现了三类老年人家庭：一类是儿女不在身边生活的"空巢老人"；一类是儿女生活在身边的老年人，他们或共同居住，或"老屋+新房"临近居住，实现了"一碗汤"的距离；一类是"老漂族"，或长期随子女生活在外地，或长期奔走于城乡之间。因此，"空巢"、独居、高龄等老年群体是重点服务对象。对于其他老年人家庭在服务侧重上均有所不同。

三是明晰实现路径。县域养老服务资源向农村地区倾斜，可及性和便利性是核心要素，因此明晰实现路径是当前的难点和突破点所在。要进一步加大力度，使政府、市场、社会组织、老年人及家庭等多元主体形成合力，探索县域养老服务资源向农村地区倾斜的实现路径。

（三）大力发展县域经济，加强老年人就近为主的县域再就业服务

尽管我国社会保障水平在不断提升，但总体而言，农村老年人经济保障水平制约了其养老生活品质。

一是要大力发展县域经济，招商引资，鼓励企业进驻工业园区，为当地的农村居民提供充足的工作岗位，把老年人子女留在本县域，

以便更好地为老年人提供家庭照料。二是鼓励县域企业开发老年人再就业的银龄服务岗和社会公益服务岗,帮助有就业意愿的老年人获得就业机会,保障基本的生活来源,实现自我价值,更好地度过晚年生活。三是对农村老年人进行职业技能培训和指导。农村老年人可能因知识、技术和技能水平较低而缺乏就业机会,有关部门应该在农村开展面点师、保姆、月嫂培训等,对农村老年人进行职业技能培训和指导,帮助老年人获得工作岗位。此外,基于家庭养老模式仍占主流,政府可以出台相关优惠政策,鼓励农村老年人子女在县城居住生活,提升农村老年人享受县城养老服务的可及性和便利性。

(四)树立"积极老龄观、健康老龄化"理念,丰富社会参与内容

近年来,"积极老龄观、健康老龄化"理念正逐步融入经济社会发展全过程。我国老年群体养老观念也逐渐呈现出从"被养"到"备老"、从"养老"到"享老"的显著转变。

一是进一步树立"积极老龄观、健康老龄化"理念。要通过积极组织、引导老年人群体参与多种形式的文体活动,从"内"在动力激发老年人群体的主观能动性,引导其树立主动健康和终身发展理念,鼓励老年人积极面对老年生活,在经济社会发展中充分发挥作用。二是不断丰富社会参与内容,如鼓励县域老年大学或老年协会在农村开展分支机构,让农村老年人有机会参加老年大学、老年协会、宗亲协会、红白喜事会等组织,帮助老年人增强归属感和获得感。三是发扬志愿者服务精神,促进老年人参加互助养老需要全社会的共同努力和支持,通过宣传、政策、激励、培训等多种措施,为老年人创造更好的互助养老环境和条件。

(五)加大农村老年人数字鸿沟弥合力度

当前来看,农村老年人精神文化生活较为单一。数字技术的发展

和新媒体的出现，为老年群体提供了便利生活、休闲娱乐、获取知识、展现自我的平台。农村老年人能否融入数字生活是"城乡融合"的重要指标之一。

一是提升农村老年人的智能手机拥有率和使用率。优化智能终端，开设大屏幕、大字体、大音量，以及简易模式、屏幕朗读、语音助手和一键人工服务等功能，方便老年人使用。

二是帮助农村老年人学习智能手机的基本操作，提高老年人的数字素养，帮助老年人共享信息化带来的便捷和智能化服务。

三是大力宣传和倡导老年人学习知识，努力为老年人创造学习条件，帮助老年人实现购物、打车、就医等便捷生活和享受公共服务。

老年健康管理的理论、政策演进与实践模式研究

罗晓晖[①]

一、研究背景

在健康中国战略和积极应对人口老龄化国家战略协同推进的过程中，老年人的健康问题日益凸显，并受到各方面的广泛关注。2021年，中共中央 国务院印发《关于加强新时代老龄工作的意见》，要求把"积极老龄观、健康老龄化"理念融入经济社会发展全过程，明确了促进健康老龄化对于加强新时代老龄工作的重要意义，反映出党和政府对老年健康问题的高度重视。

（一）人口老龄化形势严峻

人口老龄化是我国21世纪的基本国情。2021年是我国人口老龄化进程中具有里程碑意义的一年，截至2021年末，我国60岁及以上老年人数量为2.67亿人，占总人口的18.9%，65岁及以上老年人数量达到2.01亿人，占总人口的比重达到14.2%。65岁及以上老年人口在总人口中所占比重首次超过14%，标志着我国进入了中度老龄化社会。随着新中国成立后第二次婴儿潮时期出生人口陆续进入老年期，我国每年新增老年人口数量都在千万以上，这一过程将持续15年左右，并导致我国人口老龄化进程进一步加快。据预测，到2035年左右，我国老年人口数量将超过4亿人，在总人口中所占比重将超

---

① 罗晓晖，女，湖北麻城人，毕业于北京大学社会学系，社会学博士。现为中国老龄科学研究中心老龄健康研究所副所长、副研究员，主要研究方向为老龄健康、老龄公共政策。

过30%，届时我国将进入重度老龄化社会的新阶段。人口老龄化程度加深伴随的是老年人口规模的不断壮大，因此，没有健康的老年人就不可能有健康的中国。

（二）老年人长寿但不健康的问题较为突出

健康长寿自古以来就是人类的理想，人口老龄化社会的到来表明我们已经进入了长寿时代，2020年，我国人均预期寿命达到77.9岁，但老年人活得长不等于活得健康。2019年，我国人均预期寿命为77.3岁，但世界卫生组织《2022年世界卫生统计报告》显示我国人均健康预期寿命仅68.5岁[1]，也就是说老年期有8年多的时间是不健康状态。《"十四五"健康老龄化规划》明确指出了老年人健康状况存在的问题，"78%以上的老年人至少患有一种以上慢性病，失能老年人数量将持续增加"。老年人长寿但不健康对个人和家庭意味着较低的生活质量，对国家和社会意味着较大的医疗费用负担，因此，让老年人不仅活得长也活得健康应该是积极应对人口老龄化的重要内涵。

（三）健康治理理念从以治病为中心转向以健康为中心

随着疾病谱的变化，由不健康生活方式导致的各种慢性疾病问题日益突出，严重威胁我国国民特别是老年人的健康和生命安全。慢性病的可防可控性推动我国卫生健康工作思路从"以治病为中心"向"以人民健康为中心"转变，健康管理作为慢性病防控的重要手段也受到越来越多的重视。老年人是慢性病的高发人群，开展健康管理，提前对影响老年人健康的危险因素进行识别和干预，实现"防大病、管慢病"的目标，对于减少可预防的慢性病发病、失能和死亡，全面

---

[1] World Health Organization.World health statistics 2022: monitoring health for the SDGs, sustainable development goals. [R]. Geneva:WHO,2022.

提升老年人健康水平，延长老年人健康预期寿命具有重要意义。因此，加强面向老年人的健康管理，是完善老年健康支撑体系，进而促进健康老龄化的应有之义。

二、研究视角和思路

老年健康管理是一个综合性议题，既涉及理论认识，又涉及制度设计和实践发展，可以说理论、政策和实践是老年健康管理的三种发展形态，三者相互联系、相互促进，形成了三位一体的整体架构。因此，立足理论、政策或实践的单一方面，我们都无法获得对老年健康管理的全面认识。为此，本研究聚焦老年健康管理议题，尝试从理论、政策和实践的三维视角对老年健康管理的发展进行整合研究，旨在扩展和深化对老年健康管理的认识，为老年健康管理的发展提供学理依据和实践指导。

具体来说，本研究将对老年健康管理的理论认识、政策发展进行系统梳理，对老年健康管理的实践模式进行归纳总结。在此基础上，进一步对老年健康管理理论、政策和实践三者之间的交互影响进行分析，并立足促进三者的融合发展提出相关政策建议，以更好地发挥理论、政策和实践之间的协同促进作用，推动老年健康管理实现高质量发展。

三、老年健康管理的理论认识

（一）老年健康管理的概念与内涵

1.老年健康的概念与内涵

世界卫生组织关于健康的定义得到了广泛的认可：健康是指一个人在身体、精神及社会等方面均处于良好的状态，而不仅是躯体没有疾病。从这个定义可以看出，健康是一个综合概念，不仅包括生理和心理方面，还包括社会适应的良好状态①。世界卫生组织关于健康的界定为我们全面理解健康以及进一步认识老年健康和健康老龄化提供了基本的框架。

世界卫生组织在推动全球范围内应对人口老龄化的战略行动方面发挥了积极的作用。早在1990年，世界卫生组织就首次提出了健康老龄化理念，其核心是要从医疗保健和老龄化过程中的老年人健康问题着眼，强调提高大多数老年人的生命质量、缩短其带病生存期，使老年人以正常的功能健康地存活到生命终点②。随着人口老龄化的发展和对既往健康老龄化理念的反思，2015年，世界卫生组织发布了《关于老龄化与健康的全球报告》，报告指出，健康老龄化是发展和维护老年健康生活所需的功能发挥的过程。功能发挥是指个体能够按照自身观念和偏好来生活和行动的健康相关因素，由个人内在能力与相关环境特征以及两者之间的相互作用构成。内在能力是指个体在任何时候都能动用的全部身体机能和脑力的组合，环境则是指组成个体生活环境的所有外界因素③。世界卫生组织提出了维持老年人健康功能的健康老龄化新范式④，将功能健康置于老年健康的优先位置，为我们认识老年健康提供了新的视角，也为我们探索维护和促进老年健康的路径提供了新的思路。

我国从"十三五"时期开始制订健康老龄化五年规划，《"十三

---

① 叶恬恬，赵允伍，王晓松，等.社会适应理念融入社区老年人健康管理初探［J］.医学与哲学，2022，43（5）：40-43.

② 杜鹏，董亭月.促进健康老龄化：理念变革与政策创新——对世界卫生组织《关于老龄化与健康的全球报告》的解读［J］.老龄科学研究，2015（12）：3-10.

③ 世界卫生组织.关于老龄化与健康的全球报告［EB/OL］.（2015-09-29）［2024-01-05］.https://iris.who.int/bitstream/handle/10665/186463/9789245565048_chi.pdf?sequence=9.

④ 同③。

五"健康老龄化规划》将健康老龄化界定为"从生命全过程的角度，从生命早期开始，对所有影响健康的因素进行综合、系统的干预，营造有利于老年健康的社会支持和生活环境，以延长健康预期寿命，维护老年人的健康功能，提高老年人的健康水平"。可见，我国充分借鉴和吸收了国际上的健康老龄化理念，立足全生命周期的视角，将健康老龄化的核心目标聚焦于延长健康预期寿命和维护健康功能，并将健康老龄化的途径定位于对健康影响因素的干预和良好环境的营造。

老年人和其他年龄人群的健康具有共性，但增龄导致的机体变化又使得老年人的健康具有自身的特点。1982年，中华医学会老年医学分会首次提出健康老年人标准，将健康老年人界定为主要的脏器没有器质性病理改变的老年人[①]。之后，随着对老年健康认识的不断深化，中华医学会对健康老年人标准进行了数次修订，我国健康老年人标准不断发展完善。2022年，国家卫健委发布了最新的《中国健康老年人标准》(WS/T 802—2022)，根据此标准，健康老年人是指60周岁及以上生活自理或基本自理的老年人，躯体、心理、社会三方面都趋于相互协调与和谐状态。其重要脏器的增龄性改变未导致明显的功能异常，影响健康的危险因素控制在与其年龄相适应的范围内，营养状况良好；认知功能基本正常，乐观积极，自我满意，具有一定的健康素养，保持良好的生活方式；积极参与家庭和社会活动，社会适应能力良好等。该标准从以往的以疾病为主要评价依据转变为以功能为主要评价依据，从以往强调生理健康的单一健康观转变为强调生理、心理和社会协调和谐的整体健康观。

总体来看，受国际上健康和健康老龄化理念的影响，我国对老年健康的认识不断深化和发展。与以往主要关注疾病不同，健康功能成为目前老年健康的主要关注点，且健康功能是包括生理、心理和社会

---

① 曾强，陈恩主编.老年健康服务与管理[M].北京：人民卫生出版社，2020.

三个方面的综合状态。维护健康功能,一方面在于对健康影响因素的干预,另一方面还需要营造有利于健康的外在环境。

2. 健康管理与老年健康管理

健康管理活动最早起源于美国、加拿大等西方国家开展的临床预防性服务[1],是以不同健康状况人群的健康需求为导向,对个人或群体的健康状况以及各种健康危险因素进行全面检测、分析、评估和预测[2],向人们提供专业健康咨询和指导服务,并提出相应的健康计划,协调个人、组织和社会的行动,继而针对各种健康危险因素进行系统干预和管理的过程[3]。具体而言,健康管理是在个人健康档案基础上个性化的健康事务性管理服务,它运用管理学的思维和方法将健康作为管理对象,通过对健康的相关信息进行分析和评估,形成"计划—组织—指挥—协调—控制"的健康管理系统[4],实现对个体或群体健康提供咨询和指导的服务,并解决健康问题[5]。作为一种对个人或人群的健康危险因素进行全面监管的过程,它从生物学、心理学、社会学角度实现对每个人全面健康的保障服务[6]。

---

[1] 郭洪涛,张明月.国外老年人健康管理的经验及对我国的启发[J].中华健康管理学杂志,2014(3):213-214.

[2] 王艺敏,巢健茜,张晶晶,等.我国老年人健康管理的情景分析[J].中国老年学杂志,2012(19):4337-4339;郭洪涛,张明月.国外老年人健康管理的经验及对我国的启发[J].中华健康管理学杂志,2014,8(3):213-214.

[3] 郭洪涛,张明月.国外老年人健康管理的经验及对我国的启发[J].中华健康管理学杂志,2014(3):213-214.

[4] 王艺敏,巢健茜,张晶晶,等.我国老年人健康管理的情景分析[J].中国老年学杂志,2012(19):4337-4339;谢昀昀,谢君君,万晓光,等.海南省中老年人健康管理服务调查分析及对策研究[J].重庆医学,2017,46(30):4232-4235.

[5] 谢昀昀,谢君君,万晓光,等.海南省中老年人健康管理服务调查分析及对策研究[J].重庆医学,2017,46(30):4232-4235.

[6] 熊韵波,刘勤,齐玉龙.我国老年健康管理模式构建[J].中国老年学杂志,2012,32(3):662-663.

20世纪90年代，健康管理理念开始在我国传播。1994年，我国出版的《健康医学》首次提出健康管理的概念，将其界定为运用管理科学的理论和方法，通过有目的、有计划、有组织的管理手段，调动全社会各种组织和每个成员的积极性，对群体和个体健康进行有效的干预，达到维护、巩固、促进群体和个体健康的目的。2009年，中华医学会健康管理学分会和《中华健康管理学杂志》组织相关学者，形成和发表了"健康管理概念与学科体系的中国专家初步共识"，健康管理被定义为以现代健康概念（生理、心理和社会适应能力）和新的医学模式（生理—心理—社会）以及中医"治未病"为指导，通过采用现代医学和现代管理学的理论、技术、方法和手段，对个体或群体整体健康的状况及其影响健康的危险因素进行全面检测、评估、有效干预与连续跟踪服务的医学行为及过程。其目的是以最小投入获取最大的健康效益[1]。关于健康管理概念的专家共识的形成，统一了对于健康管理的学术认识，结束了此前国内外缺乏关于健康管理一致性概念的局面。该概念共识借鉴了西方的健康管理理念，也将中医"治未病"的思想融入其中，体现出中国特色。总体来看，健康管理的本质在于对个人及群体的健康危险因素进行全面监测与管理，宗旨则是调动个人及群体的积极性、有效利用有限资源达到最大健康效果[2]。

老年人是疾病（特别是慢性病）的高发人群，做好老年健康管理对个人、家庭和社会都具有重要意义。老年健康管理是在健康老龄化的大背景下，将健康管理理念运用于老年人，旨在调动个体、群体以及全社会的积极主动性，促使疾病后的被动治疗转变为疾病前的主动预防。针对老年人的健康管理，本质就是在现代医学

---

[1] 武留信，增强.中华健康管理学［M］.北京：人民卫生出版社，2016.
[2] 王艺敏，巢健茜，张晶晶，等.我国老年人健康管理的情景分析［J］.中国老年学杂志，2012（19）：4337–4339；杨靓，巢健茜，陈黄慧，等.基于模糊综合评价法的社区老年人健康管理效果评价［J］.中国全科医学，2016（16）：1946–1950.

模式和中医"治未病"思想的指导下，以老年人为服务对象，从个体或群体的角度出发，立足于健康管理理论，通过现代健康管理技术和方法，以医疗机构、社区卫生服务中心以及相关社会组织为载体，对老年人的健康状况、健康危险因素以及健康结局进行全面监测、分析、评估、指导和干预以及跟踪的全面性、系统性、连续性的医学行为或健康过程[1]。也有学者认为，老年健康服务与管理是以老年人的健康为中心，对个体或群体健康状况及其影响因素进行检测、评估、指导、干预，为老年人提供必要的满足其物质生活和精神生活需求的服务，并对老年人的整体健康进行标准化、量化、个性化、智能化、连续性健康监测和管理的全过程[2]。不同的定义侧重点有所不同，但都强调了对老年人健康影响因素的检测、评估、指导和干预，并认为老年健康管理是连续性的服务过程。具体而言，老年健康管理需要对老年人的"整体健康"进行监测和管理，涉及衰老、慢性病、老年综合征、不同程度失能、营养、心理健康等诸多健康问题，涉及多个学科[3]。老年健康管理符合现代健康观，可以满足老年人心理健康、生活保健、慢性病防治等多元化的健康需求[4]。

在老龄化的背景下，老年健康管理的内涵在一定程度上被丰富和拓展，有学者认为，围绕疾病诊治、康复保健、慢性病管理与健康检查，集"医疗、康复、照护"为一体的整合型照护逐渐成为新的健康

---

[1] 叶恬恬，赵允伍，王晓松，等.社会适应理念融入社区老年人健康管理初探[J].医学与哲学，2022，43（5）：40-43.

[2] 曾强，陈恳.老年健康服务与管理[M].北京：人民卫生出版社，2020.

[3] 谭清武，刘艳如，刘艳美，等.基于整体健康管理的"3+X"多学科老年健康管理模式探讨[J].中华健康管理学杂志，2022，16（7）：489-491.

[4] 张锐芝，巢健茜，徐辉，等.健康管理对老年人生命质量的影响[J].中国老年学杂志，2017，37（7）：1746-1748.

管理思路①。针对慢性病流行与人口老龄化的叠加与伴随问题，慢性病健康管理的概念也被提出。慢性病健康管理是对个体和群体危险因素进行全面管理的过程，主要对个人健康状况评价提供具有针对性的健康管理计划，促使个体和群体采取改善及维护自身健康的行动，包括个体健康信息收集与管理、慢性病风险预测、干预与治疗、随访及效果评估四个组成部分②。慢性病健康管理是老年健康管理的重要组成部分。

（二）老年健康管理的内容与模式

1. 老年健康管理的需求与内容

老年健康管理的内容建立在回应老年人健康管理需求的基础上。而老年人的生理功能、心理状态以及社会适应三方面的健康管理需求相互作用，共同影响老年人健康管理需求③。

目前，老年慢性病患者的延续性健康管理服务需求普遍存在，但需求的内容较不均衡，表现为主要集中在以疾病监测、安全用药指导、并发症健康管理为代表的"疾病治疗型"健康管理需求上，而对健康促进的关注度不足④。

为了全面评估老年人的健康需求，有研究构建了包括生理健康、心理社会健康、环境健康、健康相关行为四个方面的需求评估指标体

---

① 胡秀静，吴小亚，王家骥，等.慢性病防治视角下的我国医养结合与健康管理发展回顾[J].中国慢性病预防与控制，2019，27（8）：561-564.
② 朱晓英，蒋代富.SMG模式视角慢性病健康管理在老年体检人群中的应用效果[J].中国老年学杂志，2021，41（13）：2744-2747.
③ 叶恬恬，赵允伍，王晓松，等.社会适应理念融入社区老年人健康管理初探[J].医学与哲学，2022，43（5）：40-43.
④ 徐婷，董恩宏，郭丽君，等.老年慢性病患者延续性健康管理需求及影响因素研究[J].中国全科医学，2021，24（13）：1665-1670.

系①。其中，生理健康需求包括健康档案、老年综合评估和健康体检，心理社会健康需求包括赋权支持和心理健康，环境健康需求包括生活居住环境和医疗服务环境，健康相关行为需求则包括健康教育知识和康复服务②。

围绕老年人对于健康的需求，有研究构建了老年健康管理的内容框架。从服务项目需求来看，老年健康管理应当提供健康体检、心理咨询辅导、中医养生保健、健康危险因素评估、饮食营养指导、运动指导、签约家庭医生建立健康档案等服务内容；从服务形式需求来看，老年健康管理应打通与医护人员交流、健康知识讲座、小区门口的健康管理公司和药店等营利性机构、报纸杂志、互联网、手机、电视广播等服务渠道③。

从更加具体的健康角度出发，老年健康管理的内容被划分为心理健康、生活方式、慢性病与多发病的管理，以及健康档案、健康管理信息平台、老年人就医绿色通道的建立④。在心理健康管理方面，认知功能正常、情绪积极稳定、自我评价恰当、人际交往和谐、适应能力良好被视作管理目标；在生活方式管理方面，主要通过健康促进技术，如行为纠正和健康教育来保护人们远离不良行为，减少健康危险因素对健康的损害、预防疾病、改善健康，运用健康教育、激励、训练和推广健康行为等方式和技术来促进人们改变生活方式；在老年慢

---

① 蒲丛珊，程洋，董建俐，等.居家失能老年人健康管理需求评估指标体系的构建[J].中华护理杂志，2020，55（2）：232-237.

② 朱晓英，蒋代富.SMG模式视角慢性病健康管理在老年体检人群中的应用效果[J].中国老年学杂志，2021，41（13）：2744-2747.

③ 程开艳.河南省城市老年人健康管理现状及需求[J].中国老年学杂志，2019，39（23）：5829-5832.

④ 刘静，詹引，金新政.中国老年人群健康管理方略研究[J].卫生软科学，2010（4）：352-354.

性病、多发病的管理方面，包括预防、治疗、护理的全部过程①，有研究认为应当推进慢性病和疫病并重的健康管理模式，以社区为平台，强化早期筛查，开展健康教育和风险评估，宣传正确的慢性病管理理念、知识和技能，对慢性病患者的膳食、行为生活方式、心理状态、社会环境等方面开展健康干预②。健康档案用来记录一个人生命体征的变化以及自身所从事过的与健康相关的一切行为与事件，具体内容主要包括个人的生活习惯、过敏史、既往病史、诊断治疗情况、家庭病史及历次体检结果等，是一个动态连续且全面的记录过程，通过其中详细完整的记录，为每个人提供全方位的健康服务③。而健康管理信息平台的功能一般包括网上健康体检预约登记、网上查询健康档案、网上生活习惯调查和评估、网上查询保健计划、网上随访干预指导和网上咨询④。

2.老年健康管理的模式

对于不同养老场景中的老年人，有不同健康管理内容的设置与讨论，由此也形成了不同的老年健康管理模式。在以生活干预、康复干预、饮食干预、并发症干预为主的常规健康管理模式之外，医养结合健康管理模式的内容包括：成立医养结合健康管理干预小组，在院外结合住院情况对患者进行健康干预和预防，包括个性化生活方式干预和预防、药物干预与心理指导、康复干预与调整、依托互联网的主动

---

① 程开艳.河南省城市老年人健康管理现状及需求［J］.中国老年学杂志，2019，39（23）：5829-5832.

② 秦静，李伟，栾烨，等.常态化疫情防控下老年人健康管理策略研究［J］.卫生经济研究，2020，37（10）：46-48.

③ 刘静，詹引，金新政.中国老年人群健康管理方略研究［J］.卫生软科学，2010，24（4）：352-354.

④ 同③.

预防与干预①。

  此外，有研究提倡推动社区健康管理内容的建设，推进健康产业、健康管理、养老照护、医疗服务等领域的跨界合作、资源整合，利用互联网、物联网进行数字化转型，线上、线下相结合，提供全方位的健康管理服务，打造更适合老年人居住的健康社区②。集健康数据采集终端、健康管理系统、医院信息系统和远程医学平台于一体的居家老年健康管理系统的健康管理与服务内容包括健康信息采集、健康评估、健康咨询和紧急医疗救助③，老年慢性病智慧健康管理的服务内容则包括专业体检、健康监测、健康评估、健康教育、在线咨询等，业务模式包括疗养+健康体检、保险+医疗健康、连锁体检、健康云平台、O2O整合运营等④，可以为居家的老年人提供更好的服务。另外，对于养老机构，研究指出可以运用"养老+医院""养老+保健""养老+运动"的模式，将健康评估、营养干预、运动干预、中医保健、心理辅导、常规照护、慢病管理、大病救治等健康管理板块连接起来，构建完善的健康服务平台⑤。

---

  ① 周霞，廖生武，易松，等.分级诊疗背景下社区老年冠心病患者医养结合健康管理模式研究 [J].中国全科医学，2017，20（26）：3232-3238.
  ② 秦静，李伟，栾烨，等.常态化疫情防控下老年人健康管理策略研究 [J].卫生经济研究，2020，37（10）：46-48.
  ③ 张冬妮，艾育华，孙瑶，等.构建居家老年健康管理系统的可行性研究 [J].中国全科医学，2013，16（21）：1887-1889.
  ④ 刘欢，高蓉，蒋文慧.基于SWOT-PEST分析模型的我国老年慢性病智慧健康管理发展对策研究 [J].中国卫生事业管理，2021，38（3）：233-236.
  ⑤ 刘燕.健康管理在养老机构管理中的应用研究——评《走进养老服务业发展新时代》[J].中国油脂，2022，47（12）：159.

四、老年健康管理政策的发展历程

（一）老年健康政策的发展

老年健康管理政策是我国老年健康政策的有机组成部分，老年健康管理政策的发展融入老年健康政策的发展脉络之中。黄石松、伍小兰将我国老年健康服务体系的建设发展历程大致分为三个阶段：一是1999年以前老年医疗卫生工作的逐步发展期；二是2000—2016年的老年医疗服务网络和政策支持加快发展时期；三是2016年全国卫生与健康大会后，老年健康服务的全方位发展时期[①]。裴晨阳、胡琳琳等人将中国老年健康服务的政策演变过程划分为三个阶段：首先，1984—2008年是起步酝酿阶段，发文较少；其次，2009—2016年是快速发展阶段，各项包含老年健康服务领域的政策陆续出台；最后，2016年之后国家认识到完善老年健康服务体系的重要性，《"健康中国2030"规划纲要》等文件颁布后，进入了系统整合阶段[②]。王晓慧、向运华将新中国成立后我国老年健康政策的发展分为三个阶段，分别是1999年以前的老年健康政策萌芽期、1999—2015年的老年健康政策初步发展期以及2016年后老年健康政策的扩展和深化期。目前这个阶段，老年健康政策具有明显侧重健康教育促进、生活方式等与老年健康管理密切相关内容的特点[③]。

可见，目前的研究对于老年健康政策的阶段划分具有一定的一致性，研究者普遍认为2016年发布的《"健康中国2030"规划纲要》

---

① 黄石松，伍小兰."十四五"时期中国老年健康服务体系建设的路径优化[J].新疆师范大学学报（哲学社会科学版），2021，42（5）：126-134.

② 裴晨阳，胡琳琳，刘远立.我国老年健康服务政策的发展演变与未来建议[J].中国卫生政策研究，2020，13（11）：77-82.

③ 王晓慧，向运华.我国老年健康政策的演进及执行效果研究[J].江汉学术，2021，40（3）：20-28.

开启了老年健康发展的新阶段,此后,疾病预防、健康促进成为我国老年健康政策的重要内容,也成为我国实现健康老龄化的有效路径。

(二)老年健康管理政策的发展

虽然老年健康管理至今没有专门的政策文件,但随着我国对国民健康的日益重视和健康中国战略的实施,健康管理和老年健康管理的政策理念越来越频繁地出现在综合性的全民健康政策以及老年健康政策中。郦烨琳、励晓红等学者将老年健康管理相关政策变迁划分为三个阶段:1996—2005年是立法规划阶段,主要关注老年人社会福利社会化、加大对老龄事业的资金投入、完善社会保障制度、构建多形式的安老助老服务模式;2006—2012年是服务体系构建阶段,强调居家养老、社区服务、机构养老的作用,提供基本卫生服务,同时鼓励多元主体积极参与老年人健康管理服务体系的构建;2013—2021年是服务模式快速创新发展阶段,这一阶段更关注如何推进养老机构的质量优化,新增"医养结合"这一政策,引进互联网技术进行智慧养老、完善养老保险体系,倡导健康老龄化,加快推进整合型老年健康服务体系建设[①]。该研究中的老年健康管理政策较为泛化,养老服务相关政策均被视为老年健康管理政策,失之过宽。本研究参照老年健康政策的阶段划分,根据涉及老年健康管理相关政策的政策数量和政策内容,将老年健康管理的政策发展划分为以下三个阶段。

1. 起步探索阶段(2000—2008年)

我国于2000年开始进入人口老龄化社会,同年,中共中央 国务院印发《关于加强老龄工作的决定》,这是党中央第一个专门针对老龄工作的纲领性文件。该文件将逐步建立比较完善的包括医疗保健的老年

---

① 郦烨琳,励晓红,孙禾奇,等.我国老年健康管理相关政策的变迁[J].医学与社会,2022,35(11):1-6.

服务体系、基本实现老有所医列入我国老龄事业的发展目标,强调"各级医疗卫生机构要大力开展多种形式的老年医疗保健服务,逐步建立起完善的社区卫生服务机构,健全老年医疗保健服务网络,提高服务质量"。为了贯彻该决定的精神,卫生部于2001年印发《关于加强老年卫生工作的意见》,在提出推动医疗卫生机构积极为老年人提供卫生服务的同时,还要求"以预防为主,积极开展慢性病防治工作"。

2001年,国务院颁布了首个老龄事业发展规划《中国老龄事业发展"十五"计划纲要》,明确提出初步建立以社区卫生服务为基础的老年医疗保健服务体系,以及完成健康教育和预防保健工作的发展任务,并对保障任务完成的措施作出部署。《中国老龄事业发展"十一五"规划》提出"建立健全以社区卫生服务为基础的老年医疗保健服务体系""重视老年常见病、多发病的防治和康复研究"。

在这个阶段,老年健康管理相关政策数量较少,政策的主要着力点在于建立以社区卫生服务为基础的老年医疗保健服务体系,但是我们也可以从相关政策中看到老年健康管理的理念,具体表现为对疾病预防的强调。

2. 加快发展阶段(2009—2015年)

2009年,中共中央 国务院印发《关于深化医药卫生体制改革的意见》,明确提出逐步实现人人享有基本医疗卫生服务的目标,拉开了新一轮医改的序幕,为后续老年健康相关政策的出台指明了方向。根据医改的精神,同年,卫生部、财政部和人口计生委联合印发《关于促进基本公共卫生服务逐步均等化的意见》,提出通过实施国家基本和重大公共卫生服务项目,"对城乡居民健康问题实施干预措施,减少主要健康危险因素,有效预防和控制主要传染病及慢性病"的工作目标,启动实施建立居民健康档案,健康教育,预防接种,高血压、糖尿病等慢性病管理,老年人保健等五项与老年人直接相关的基本公共卫生服务项目。

《中国老龄事业发展"十二五"规划》将"健全老年人基本医疗保

障体系，基层医疗卫生机构为辖区内65岁及以上老年人开展健康管理服务，普遍建立健康档案"纳入主要发展目标，并从开展老年疾病预防工作、发展老年保健事业等方面对推进老年医疗卫生保健作出具体部署。从内容上看，《中国老龄事业发展"十二五"规划》已经开始涉及较多老年健康管理的政策内容，不仅首次作出了老年健康管理的表述，还提出了"组织老年人定期进行生活方式和健康状况评估，开展体格检查""广泛开展老年健康教育，普及健康知识"等具体措施。

2013年，国务院印发《关于促进健康服务业发展的若干意见》，将健康管理与促进服务水平明显提高纳入发展目标，明确提出加快发展健康养老服务的任务，并强调要发展社区健康养老服务，提高社区为老年人提供日常护理、慢性病管理、康复、健康教育和咨询、中医保健等服务的能力。

2015年，卫生计生委等9部门联合印发《关于推进医疗卫生与养老服务相结合的指导意见》，对基层医疗卫生服务机构为社区老年人提供健康管理服务提出要求，强调要为老年人建立健康档案，并为65岁以上老年人提供健康管理服务，鼓励为社区高龄、重病、失能、部分失能以及计划生育特殊家庭等行动不便或确有困难的老年人，提供定期体检、健康管理等服务。此外，还对基层医疗卫生机构与老年人家庭签约、为老年人提供连续性的健康管理服务提出了要求。

老年人保健和慢性病管理成为国家基本公共卫生服务项目，医疗卫生和养老服务开始结合，标志着老年健康管理政策在这个时期取得了实质进展。在此阶段，老年健康管理的政策理念更加明晰，在多项政策中对于老年预防保健都明确使用了老年健康管理的表述。此外，政策的着力点也实现了从建立健全以社区卫生服务为基础的老年医疗保健服务体系向大力发展以基层医疗卫生服务机构为依托的老年健康管理服务的转变。

3. 巩固提升阶段（2016年至今）

2016年召开全国卫生与健康大会，习近平总书记在讲话中明确了健康服务的综合性、连续性特征，强调"让广大人民群众享有公平可及、系统连续的预防、治疗、康复、健康促进等健康服务"。他还对重视重点人群健康提出了明确要求，强调"为老年人提供连续的健康管理服务和医疗服务"。同年，国务院印发《"健康中国2030"规划纲要》，对老年健康管理作出了更为明确的部署，不仅提出了到2030年实现全人群、全生命周期的慢性病健康管理的目标，还要求"加强老年常见病、慢性病的健康指导和综合干预，强化老年人健康管理"。

《"十三五"国家老龄事业发展和养老体系建设规划》不仅提出了65岁以上老年人健康管理率达到70%的目标，还开辟了"健全健康支持体系"专章，并在健康支撑体系中纳入较多健康管理的内容。不仅要求"基层医疗卫生机构为辖区内65周岁以上老年人普遍建立健康档案，开展健康管理服务。加强对老年人心脑血管疾病、糖尿病、恶性肿瘤、呼吸系统疾病、口腔疾病等常见病、慢性病的健康指导、综合干预"，还强调要加强预防，指出要"研究推广老年病防治适宜技术，及时发现健康风险因素，促进老年病早发现、早诊断、早治疗"。《"十三五"健康老龄化规划》将加强老年健康公共卫生服务工作、提高老年健康管理水平作为一项主要任务。

2019年印发的《健康中国行动（2019—2030年）》明确提出老年健康促进行动。同年，国家卫健委等八部门联合印发《关于建立完善老年健康服务体系的指导意见》，对加强预防保健作出详细部署，老年健康管理成为老年健康服务体系的有机组成部分。

2021年印发的《关于加强新时代老龄工作的意见》是指导新时代老龄工作发展的纲领性文件，该意见将提高老年人健康服务和管理水平作为完善老年人健康支撑体系的具体举措。《"十四五"国家老龄事业发展和养老服务体系规划》对完善老年健康支撑体系进行具体部署，要求加强老年健康教育和预防保健。还就信息化与老年健康管理的融合发展提出要求，强调利用大数据方便老年人的健康管理，"完善电子健康档案和电子病历数据库,加强疾病预测预警,提供老年人健康管理的个性化服务"。2021年,国家卫健委等部门印发《关于全面加强老年健康服务工作的通知》,从做实老年基本公共卫生服务、加强老年人功能维护、开展老年人心理健康服务等多个方面,对做好老年健康管理服务提出要求。

《"十四五"健康老龄化规划》提出了65岁及以上老年人城乡社区规范化健康管理服务率≥65%,中医药健康管理率≥75%的目标,将完善身心健康并重的预防保健服务体系作为主要任务之一,从提高基本公共卫生服务促进老年人健康的能力、完善老年人预防保健服务体系、开展老年人心理关爱服务、推进体卫融合四个方面进行部署。此外,也对发展中医药健康管理服务,以及健康管理智慧养老服务提出了要求。

2016年以后,老年健康管理相关政策密集出台,老年健康管理成为老年健康服务体系的有机组成部分。政策的变化反映出政府相关部门对老年健康管理认识的不断深化,具体表现为政策中老年健康管理内容的不断拓展,既有对作为基本公共卫生服务的老年健康管理的巩固提升,又有新健康管理内容的纳入,老年健康管理服务趋于体系化,体系的构成也更加清晰。此外,老年健康管理的发展与信息化时代的结合更加紧密,表现为政策对老年健康管理与信息化融合发展的推动,以及对于利用信息化为老年健康管理赋能的强调。

五、老年健康管理的实践模式

(一)作为基本公共卫生服务的老年健康管理

2009年,为了落实医改提出的逐步实现人人享有基本医疗卫生服务的要求,卫生部、财政部和人口计生委联合印发《关于促进基本公共卫生服务逐步均等化的意见》,明确将老年人保健纳入9项国家基本公共卫生服务项目之一,具体服务内容包括"对辖区65岁及以上老年人进行登记管理,进行健康危险因素调查和一般体格检查,提供疾病预防、自我保健及伤害预防、自救等健康指导"。

为了规范国家基本公共卫生服务项目管理，我国先后印发了三版《国家基本公共卫生服务规范》。根据现行的《国家基本公共卫生服务规范（第三版）》，老年健康管理的服务对象为辖区内 65 岁及以上常住居民，服务内容为每年提供 1 次健康管理服务，包括生活方式和健康状况评估、体格检查、辅助检查和健康指导。与《国家基本公共卫生服务规范（2009 年版）》相比，自 2011 年版开始，就在健康状况评估中增加了老年人生活自理能力评估的内容。与 2009 年版相比，现行第三版对生活方式和健康状况评估、体格检查、辅助检查和健康指导这些方面的具体内容进行了进一步的完善，且增加了老年人中医药健康管理服务的内容。老年人中医药健康管理服务针对辖区内 65 岁及以上老年人每年提供一次服务，内容包括中医体质辨识和中医药保健指导。

健康管理服务的覆盖人数和覆盖率是作为国家基本公共卫生服务项目的老年人健康管理实施效果的重要评价指标。2020 年，老年人中医药健康管理率达 68.4%[1]。2021 年，在基层医疗卫生机构接受健康管理的 65 岁及以上老年人数达到 11941.2 万人[2]。为了使老年人健康管理基本公共卫生服务惠及更多的老年人，我国提出了到 2025 年，65 岁及以上老年人城乡社区规范化健康管理服务率达到 65% 以上，65 岁及以上老年人的中医药健康管理率达到 75% 以上的发展目标，为老年人健康管理和中医药健康管理服务进一步扩面提质指明了方向。

（二）老年健康体检

随着国民健康意识的提高，自 2001 年我国首家健康管理公司在

---

[1] 资料来源：《"十四五"健康老龄化规划》。
[2] 资料来源：《2021 年我国卫生健康事业发展统计公报》。

北京注册后,以健康体检为主要形式的健康管理服务大量兴起,与之相伴的是大批健康体检机构的产生,其中既包括公立健康体检机构,也包括民营健康体检机构。基于省、市、县的374家健康体检机构的调查数据显示,健康体检机构的年体检量由2010年的1.81万人次,增长到2019年的5.08万人次[①],数据的变化反映出我国健康体检机构近年来快速发展的态势。从北京市的情况来看,无论是体检机构数量还是体检人数都呈现快速增长趋势。2012—2016年北京市健康体检机构数量由187家增长到220家,增长了17.6%,年增长率为3.3%。健康体检人数从约297万人次增长到约370万人次,增长了24.5%,年增长率为4.5%[②]。虽然没有老年体检人数的具体数据,但随着物质生活条件的改善,老年人对健康需求的增加,越来越多的老年人养成了定期体检的习惯已是不争的事实。

体检机构普遍将老年人视为主要服务对象之一,大多数健康体检机构专门针对老年人的健康特点,设置了专门的老年体检套餐,常见的有心脑血管体检套餐、肿瘤筛查体检套餐、代谢疾病筛查体检套餐等。定期进行体检,能够帮助老年人及时、全面地了解自身的健康状况。对2010—2014年在中山大学孙逸仙纪念医院体检中心进行健康体检的16 056名老年人的体检结果进行分析,发现广州市老年体检人群常见病发病率较高,在老年人常见疾病的组成中,代谢相关性疾病所占比例较高,定期开展健康体检对早期发现隐匿性疾病有重大意义[③]。

---

① 高向阳,吴非,楚俊杰,等.2010—2019年我国健康体检机构体检量和收入发展趋势研究[J].中华健康管理学杂志,2023,17(2):96–101.
② 张静波,刘雅茜,杨建国,等.2012—2016年北京市健康体检机构变化趋势分析[J].中国医院,2018,22(7):52–54.
③ 陈晓彤,甘小玲,陈锦武,等.广州市老年体检人群健康状况[J].中国老年学杂志,2017,37(13):3321–3322.

目前,健康体检是市场化的老年健康管理服务的主要实践形式。体检是老年健康管理的重要环节,但目前大多数体检机构甚至是已经更名为健康管理中心的体检机构仍然只停留在提供身体检查服务的阶段,并不能提供检查、评估、干预的连续性健康管理服务。

(三)社区老年健康管理

社区是老年人生活的主要场所,老年人的大部分时间是在社区度过的,因此社区也是实施老年健康管理的重要场所。

目前,我国的社区健康管理模式主要有厦门的"三师共管"模式、上海的闵行模式、PDCA循环社区健康管理模式和"4CH8"模式[①]。其中,社区慢性病健康管理模式包括管理家庭医生签约居民,由专科医生根据患者的情况制定治疗和干预方案、全科医生实施方案并根据情况进行监控、健康管理师负责与患者进行沟通与健康宣教的厦门"三师共管"模式和针对心脏病术后康复人群开展的,由心血管医师、心内科护士以及心理咨询师合作对社区医师提供饮食、生活习惯、情绪、运动等方面专项指导的上海闵行模式。而社区全生命周期全疾病的健康管理模式包括针对社区签约居民开展的,运用PDCA循环结合社区健康管理服务,签约全科医生和健康管理师,从生活习惯、睡眠健康、心理状况、慢性疾病、运动、营养、体质等7个方面开展健康干预的PDCA循环模式,以及针对全人群,结合健康管理服务环节建立老人、妇女、儿童、慢性病等4个健康关爱家园,提供血压监测、血糖监测、体质量监测、人体成分分析、骨密度检测、眼视光检测、心理干预、中医综合评估8个模块服务的"4CH8"模式。

这些模式均在一定范围内进行了实践,并被证明对改善老年人的

---

① 杨萧含,刘影,景汇泉.我国老年人慢性病共病健康管理策略研究[J].中华健康管理学杂志,2023,17(1):58-62.

健康状况具有较好的效果,但在更大范围内的有效性仍有待进一步检验。此外,如何将这些模式在更大范围内推广应用,也需要在实现机制方面进行突破和创新。

(四)机构老年健康管理

养老机构具有能够提供较为专业化服务的优势,特别是在近年来国家积极推动养老机构实现医养结合的背景下,机构养老成为一部分老年人的选择。为了满足入住机构老年人的健康需求,在实践中也形成了机构老年健康管理模式。

目前,仅有一些较为高端的养老机构开展了健康管理的实践。泰康之家是泰康保险集团股份有限公司旗下的高端养老社区,在健康管理方面,每位老年人入住泰康之家时,都会进行入住体检和健康评估,建立专属健康档案,制订健康促进计划。老年人入住期间,家庭医生团队将围绕老年人常见的多种慢性疾病进行用药指导、定期监测、健康总结,同时联动护理、营养、运动康复等团队共同参与,通过科学规律的主动健康管理方式来帮助老年人维持平稳的身体状态。远洋集团旗下国际化高品质健康养老服务品牌椿萱茂长者社区,明确设置了健康管理的服务内容,并具体开展了保持健康、管理慢病和防控风险三方面服务。保持健康包括健康指导、健康监测和由科学运动、合理膳食、健康心理及健康活动构成的健康行动;管理慢病包括疾病知识普及、自我管理指导、慢病干预计划和合理用药指导;防控风险包括风险筛查和风险防控,风险防控涉及环境风险、健康风险、疾病风险、用药风险和服务风险五大方面。

除了这些高端养老机构外,大多数中低端养老机构并未开展健康管理服务。在这些机构中,主要提供的是与疾病直接相关的刚需性质的老年健康服务,预防性的健康管理服务普遍还没有得到机构管理者的关注。

（五）智慧健康管理模式

智慧健康管理模式是在信息化全面而深入地改变我们的生产生活方式的背景下产生的新型健康管理模式。它是一种基于信息技术和健康管理理论及技术的健康管理模式，旨在通过数字化手段和数据分析，为老年人提供更加精准、个性化、高效的健康管理服务。智慧健康管理模式能够利用数字化手段实现对老年人健康数据的采集和分析，并依托智慧数据平台在相关主体间实现数据信息的互通共享，最终根据健康数据分析结果，制订个性化的健康管理计划。智慧健康管理模式往往并不是一种单独的健康管理模式，而是与社区健康管理、机构健康管理等其他健康管理模式结合使用。

目前，我国在智慧健康管理模式方面已有较多的实践探索。北京市丰台区方庄社区卫生服务中心在打造智能化社区慢性病管理平台的基础上，与首都医科大学附属北京天坛医院（以下简称北京天坛医院）通过云平台实现患者医疗信息共享、远程预约就诊，打通双向转诊通道。结合智慧家庭医生优化协同模式（Intelligent Family Doctors Optimized Coordination，IFOC），同样推出了"医院—社区—居家"三方联动延续照护服务模式，即北京天坛医院将患者就诊信息和住院病历上传至云平台，并进行远程指导[①]。方庄中心医护团队在康复、随访、干预等医疗过程中使脑卒中患者及其家庭获得一对一的持续性照护服务，截至2021年3月已为291例脑卒中患者提供了双向转诊服务，并根据患者出院医嘱开展三方联动延续照护服务。在此基础上，为满足老年人多样化、多层次的健康服务需求，方庄中心针对脑卒中居家患者开展了基于北京市卫生健康委员会发布的《北京市社区老年健康服务规范》，老年综合评估（CGA）及多学科健康管理的社

---

① 张莹，王丽，刘宇，等.社区老年健康服务模式在脑卒中患者居家健康管理中的应用[J].中国护理管理，2022，22（3）：334-338.

区老年健康服务模式，即以健康管理团队为核心，发挥团队成员优势，规范团队服务内容及流程，在构建老年健康服务体系、推进业务融合发展、提升家庭医生服务团队工作质量和效率等方面取得了一定效果。

智慧健康管理模式的优点在于，能够为老年人提供更加精准、个性化、高效的健康管理服务，优化健康管理效果，降低疾病风险，提高生活质量。同时，智慧健康管理模式也能够有效地节约医疗资源，提高医疗资源的利用率。

六、老年健康管理理论、政策、实践间的交互影响

（一）三者的相互协同

理论、政策和实践是老年健康管理的三个不同维度，三者的相互协同推动老年健康管理快速有序发展。

1. 老年健康管理的理论探讨为政策制定和实践发展奠定了思想基础

关于健康管理和老年健康管理的理论探讨促使老年健康管理理念深入人心，既得到了政府部门认可被转化为政府决策，又在实践层面转化为努力回应老年人健康管理需求的有形服务形式和内容，并成为健康服务产业中新兴的分支产业。更为重要的是，关于老年健康管理流程、手段、模式等方面的理论探讨具有鲜明的理论指导意义，不仅为政策制定指明了方向，还为实践发展提供了思路和路径。此外，老年健康管理理论的不断完善，推动了政策制定和实践发展不断提升。随着健康管理概念专家共识的形成，中医"治未病"成为我国健康管理的理论指导，此后，中医药老年健康管理被写入相关政策，中医药老年健康管理基本公共卫生服务广泛开展就是一个例证。

2. 老年健康管理的政策倡导促使理论探讨进一步深入，并为实践发展提供了制度保障

老年健康管理政策经历了从无到有，不断发展完善的过程，在不

同的发展阶段政策层面老年健康管理的内涵与理论层面老年健康管理内涵的异同、政策层面老年健康管理的中国特色等问题都引发了较多的关于老年健康管理的理论探讨，促使理论探讨朝更加深入的方向发展。在实践层面，无论是作为基本公共卫生服务的老年健康管理和中医药老年健康管理，还是市场化的老年健康管理服务，无论是躯体方面的健康管理，还是心理方面的健康管理，都有相应的制度支持和保障，这与老年健康管理政策在老年健康政策体系中地位的提升，以及政策层面老年健康管理内容的不断拓展是分不开的。

3. 老年健康管理的实践发展推动理论政策创新

老年健康管理在实践中探索形成了很多不同种类的模式，这些基于实践的经验总结有助于推动理论的创新发展。此外，老年健康管理在实践中遇到的困难和挑战，如老年人健康管理意识不强、健康管理效果不佳、信息化技术与传统老年健康管理技术的有效融合等问题需要理论做出解释，并提供解决问题的思路，这也会推动理论的反思和创新。老年健康管理涉及众多环节、众多方面，发展时间尚短，当前仍有较多环节和方面缺乏政策的支持，由此形成了推动政策创新的强大动力。

（二）三者的相互掣肘

老年健康管理的理论、政策和实践之间也存在一些互相制约或牵制的问题，需要我们及时发现并予以解决。

1. 理论的超前与滞后并存

相对实践而言，老年健康管理理论的超前主要表现在关于老年健康管理已有大量的理论探讨，但很多只停留在理论层面，与实践结合时往往因为实践层面存在的意识缺乏、机制不畅等主客观原因而无法用于指导实践，理论和实践脱节的问题仍然普遍存在。老年健康管理理论滞后主要表现在老年健康管理的理论探讨在很大程度上囿于健康管理的理论视角和框架，但结合老年健康特点和需求的思考不足，使得在理论和实践层面老年人健康管理的需求之间出现偏差和错位，理论滞后于实践的需求，在指导实践方面显得乏力。与目前老年健康管理的概念内涵和外延相比，前文述及的椿萱茂长者社区提供的健康管理服务的内容明显超出了前者范围，对环境风险、服务风险的防控都是目前理论层面的老年健康管理不涉及的，但的确是老年人所需要的，这就对进一步在理论层面完善老年健康管理的概念内涵和外延提出了要求。此外，目前老年健康管理在理论层面上仍较为偏重生理方面的健康管理，而对心理、社会方面的健康管理重视程度不够。

2. 政策对实践的保障作用有待加强

随着理论和实践的发展，与老年健康管理相关的政策数量不断增加、内容不断拓展，老年健康管理的发展方向已经基本明确。但是沿着政策方向具体如何推进、如何实现既定的政策目标，仍缺乏明晰的路线图。也就是说，虽然政策框架已经基本搭建起来，但现有政策在精细化及可操作性方面仍显不足，无法有力保障老年健康管理实践的发展。老年健康管理应该是全人的、整合的服务体系，在政策制定中需要相关政府部门协同配合，建立从各自主管业务视角出发合力推动老年健康管理的良性机制，而目前老年健康管理政策的政策主体主要集中于卫健部门和老龄部门，因此政策内容也主要与其主管业务相关，在一定程度上制约了政策对老年健康管理实践的支持和保障作用的发挥。

3. 实践效果偏离理论预期和政策目标

无论在理论层面还是政策层面，老年健康管理的出发点都在于帮助老年人预防疾病、延缓疾病进程、提升健康水平，但从实践效果来看，与这一出发点是存在差距的。一方面，尽管在理论层面已充分论证了将老年健康问题的防控关口前移、做好老年健康管理的重要性，但在实践中重视疾病治疗而轻视健康管理的情形仍普遍存在，基本公共卫生服务之外的老年健康管理服务较少开展。另一方面，即便国家大力推动，目前覆盖面最广的老年健康管理基本公共卫生服务，也存在服务利用率较低、服务效果欠佳等突出问题。无论城乡，这些问题都是较为普遍的[①]。这些问题的产生，原因是多方面的，既有老年人健康管理意识薄弱、健康素养较低的原因，也有基层医疗卫生服务机构专业人员匮乏、服务规范缺失等方面的原因。

七、促进老年健康管理理论、政策与实践协同发展的政策建议

（一）加强老年健康管理学科建设

健康管理学作为医学新学科，在中国走过了近20年的发展历程[②]。老年健康管理学是健康管理学的分支学科，目前仍处于发展的起步阶段，但加强老年健康管理学科建设是适应人口老龄化形势和健康中国建设需要的必然要求。

一是要加强理论体系建设。既要借鉴西方的理念，又要立足国情，形成能够对老年健康管理实践中出现的问题作出解释，且能够对相关服务主体开展老年健康管理服务实践予以指导的有中国特色的老年健康管理理论体系。要重视基础理论研究，充分借鉴和吸收老年健康、健康老龄化的相关理论成果，聚焦老年人功能的维护和促进，进一步丰富和深化老年健康管理的概念内涵，并在此基础上拓展研究议题，使老年健康管理的理论成果能更好地服务于政策制定，也能更好地满足实践的需求。

二是要探索行之有效的新方法。要在一般性健康管理方法的基础上，探索与老年人的身心特点更加吻合的新方法和新技术。要结合信

[①] 王蕾，崔颖.农村地区老年人卫生服务利用情况及满意度[J].中国老年学杂志，2014，34（15）：4293-4295；温秀芹，赵洁，曾庆奇，等.德胜社区老年人基本公共卫生服务利用及影响因素研究[J].中华疾病控制杂志，2015，19（4）：334-337.

[②] 白书忠，田京发，吴非.我国健康管理学的发展现状与展望[J].中华健康管理学杂志，2020，14（5）：409-413.

息化社会的时代背景,探索适用于老年健康管理的信息化技术和数字化手段,积极构建和完善智慧老年健康管理模式。

三是要加强多学科的融合。老年健康管理是一门涉及多个学科的综合性学科,需要医学、公共卫生、社会学、心理学、营养学、运动学等多个领域的知识和技能,要打破目前老年健康管理以医学为主导的局面,鼓励和引导各个相关学科的专业人员运用专业知识参加老年健康管理学科建设,合力推动学科的融合发展。

(二)完善老年健康管理政策体系

我国的老年健康管理政策经历了起步探索、加快发展期,目前已经进入巩固提升的新阶段。这一发展过程反映出党和政府对老年健康管理重视程度的提高,是我国健康治理理念从以治病为中心向以健康为中心转变在老年健康领域的体现。加强老年健康管理,需要进一步完善老年健康管理政策体系,更好地发挥政策对老年健康管理的保障和支持作用。具体来说,需要从以下三个方面着力。

一是出台老年健康管理的专门性政策。老年健康管理是老年健康服务体系的有机组成部分,随着以健康为中心理念的进一步深入,健康管理在老年健康服务体系中的重要性将更加凸显,出台老年健康管理的专门性政策,全面、深入、系统地为老年健康管理的发展做出制度性安排,是老年健康管理政策发展的必然趋势。

二是推动老年健康管理政策更加精细化、更具操作性。从目前的老年健康管理政策来看,虽然还不完善,但需要做些什么已经基本明确,未来需要针对老年健康管理不同方面的服务内容进一步明确、细化实施路径,使政策更具操作性、对实践更具指导性。特别是要加强组织实施、保障机制方面的制度安排,使政策能够真正落地见效。

三是加强老年健康管理政策制定和执行中的部门协同。在大健康理念在全社会广泛传播的背景下,老年健康管理也应秉持"大老年健康管理"的理念，构建相关部门协同配合、齐抓共管的工作格局。卫生、体育、社会工作、住建、财政等部门作为老年健康管理的重要政策主体，要加强协同、紧密合作，在履行好各自部门主体责任的同时，积极配合其他部门做好政策的制定和执行工作，形成助推老年健康管理实践发展的强大政策合力。

（三）推动老年健康管理实践提质增效

增加老年健康管理服务供给，推动老年健康管理实践提质增效是加强老年健康管理，实现老年健康管理目标的关键举措。一方面，要继续推动老年健康管理基本公共服务高质量发展，提高服务的可及性、利用率和满意度；另一方面，要大力发展老年健康管理产业，鼓励和引导健康体检机构、养老机构、医养结合机构、商业健康保险等市场主体参与提供规范化的老年健康管理服务，更好地满足老年人多样化、个性化的健康管理需求。做好上述两个方面，需要采取更加具体的举措。

一是要加强专业人才的培养。老年健康管理实践的开展需要具备医学、公共卫生、社会学、心理学、营养学、运动学等专业领域知识和技能的专业人才，要加强这些领域专业人才的培养，为老年健康管理服务实践的开展提供人才支撑。同时，也应该对目前老年健康管理实践领域的从业人员进行上述专业知识和技能的培训，提升其专业能力和水平。

二是要加强服务标准、操作规范、管理规范等标准规范的制定和实施，提升老年健康管理服务的规范化水平。老年健康管理相关专业人员应充分了解和掌握相关标准规范的内容，并严格执行标准规范，政府相关部门应加强对标准规范执行情况的监督。

三是广泛应用智能穿戴设备、数字化健康管理平台、远程医疗等信息技术手段，为老年人提供更加高效、精准、个性化的健康管理服务，助推老年健康管理服务提质增效。

老龄数据资源发展初探

辛涛[①]

一、引言

(一)研究背景

随着信息化、大数据、云计算等技术的快速发展,数据资源在社会发展中扮演着越来越重要的角色。这些技术的应用逐渐渗透到社会生活、经济活动的方方面面。党的十八届五中全会提出了实施网络强国战略和国家大数据战略,以拓展网络经济空间,促进互联网和经济社会的融合发展,并支持基于互联网的各类创新。党的十九大提出,推动互联网、大数据、人工智能和实体经济的深度融合,建设数字中国和智慧社会。2019年10月,党的十九届四中全会首次将数据确立为一种生产要素,标志着数据已成为我国新时代最具发展潜力的生产要素之一,也是我国宝贵的基础资源。

2020年4月,《中共中央 国务院关于构建更加完善的要素市场化配置体制机制的意见》,将数据与土地、劳动力资本、技术并列为生产要素,并提出加快培育数据要素市场。2021年3月发布的《中华人民共和国国民经济和社会发展第十四个五年(2021—2025年)规划和2035年远景目标纲要》[②]中提到"加快数字化发展建设数字中国",提

[①] 辛涛,男,北京人,毕业于清华大学公共管理学院,硕士研究生。现任中国老龄科学研究中心老龄统计调查研究所高级工程师,主要研究领域包括养老服务信息化和老年统计调查等。

[②] 中华人民共和国国家发展和改革委员会."十四五"规划和2035年远景目标纲要[EB/OL].(2021-03-13).[2022-10-12]. https://www.gov.cn/xinwen/2021-03-13/content_5592681.htm.

出迎接数字时代激活数据要素潜能,推进网络强国建设,加快建设数字经济、数字社会、数字政府,以数字化转型整体驱动生产方式、生活方式和治理方式变革。《2022年政府工作报告》[①]提出,要促进数字经济发展,加强数字中国建设的整体布局,更强调了数据要素建设的重要性,提出要释放数据要素潜力,提高应用能力,更好地赋能经济发展、丰富人民生活。习近平总书记在党的二十大报告中明确要求,加快建设数字中国。加快发展数字经济,促进数字经济和实体经济深度融合,打造具有国际竞争力的数字产业集群。

与此同时,积极应对人口老龄化已成为国家战略,对老龄问题的精准研判和科学决策日益成为迫切需要解决的问题。老龄数据资源能够为党和政府了解老年人口的生活状况、老年群体的需求、老龄产业的发展情况,提供重要的参考依据和决策支撑。

我国是老年人口大国,同时也是老龄数据大国,党和国家高度重视老龄数据工作。《"十三五"国家老龄事业发展和养老体系建设规划》中第十一章"强化工作基础和规划实施保障"第一节"强化工作基础保障"中要求,推进信息化建设。落实促进大数据发展行动纲要,在切实保障数据安全的前提下,着力推动各有关部门涉及老年人的人口、保障、服务、信用、财产等基础信息分类分级互联共享,消除信息孤岛。在此基础上推动搭建全国互联、上下贯通的老龄工作信息化平台,加强涉老数据、信息的汇集整合和发掘运用。建立基于大数据的可信统计分析决策机制。支持各地积极推进为老服务综合信息平台在城市全覆盖、在农村地区扩大覆盖,推进信息惠民服务向老年人覆盖、数据资源向社会开放,更好地服务于保障改善老年人民生和大众创业、万众创新。"十四五"国家老龄事业发展和养老服务体系

---

① 中华人民共和国国务院.政府工作报告——2022年3月5日在第十三届全国人民代表大会第五次会议上[EB/OL].(2022-03-13).[2022-10-12]. https://www.gov.cn/premier/2022-03/12/content_5678750.htm.

规划中,也有独立章节对数据资源提出明确要求,健全数据支撑。统筹养老服务领域政务和社会数据资源,加强部门间涉老数据信息共享,依托国家人口基础信息库等,汇聚老年人社会保障、养老服务机构、养老从业人员等基本数据集,建设公众需求牵引、政府监督管理、社会力量参与的全国养老数据资源体系。2022年发布的《中共中央 国务院关于加强新时代老龄工作的意见》中明确提出,要推进跨领域、跨部门、跨层级的涉老数据共享。这些文件规划对我国老龄数据资源的发展提出了明确要求。这就需要大力发展老龄数据资源、充分挖掘老龄数据资源的潜力、充分释放数据要素价值、构建与社会经济发展相匹配的老龄数据资源体系。

我国的老龄数据资源快速发展,一方面得益于信息技术的飞速发展,我国出现了大量的结构化老龄数据(如老年人健康数据、出行数据、消费数据及产业数据等),另一方面我国的统计调查工作也在不断完善和进步,产生了大量高质量的调查数据,从而形成了不同层级、不同对象、不同特征的老龄数据资源。但是由于老龄数据涉及面广,我国的老龄工作又分散于不同的职能部门,老龄数据资源目前存在资源分散、标准不一、条块分割的情况。随着我国人口老龄化的不断加速,老龄事业和产业都在快速发展阶段,其中对老龄数据的需求和供给也存在供需错位的情况。总的来看,我国老龄数据资源还在探索发展阶段,在国家政策的引导下,老龄事业与产业相关人员都在依托对老龄数据资源的认知与需求,推动数据资源的收集和应用,在数据基础设施建设、数据采集与标准、数据共享与开发、数据应用与成果转化等层面不断探索,推动老龄数据资源不断全面、科学、规范地发展。

(二)研究的目的及意义

在我国人口老龄化进程中,产生并积累了大量的基础数据和科学数据,这些宝贵的数据资源是我国推动老龄事业科学发展和创新模式的重要保障。党的二十大报告中提出了我国要建设网络强国、数字中国的宏伟目标，因此，加强老龄数据资源发展是适应我国数字中国、数字社会建设的新要求，也是创新社会治理方式、形成数字治理新格局、推进老龄化社会治理体系和治理能力现代化的重要举措。

发展老龄数据资源也是推动数字经济高质量发展的重要手段。随着人口老龄化的持续深入，促进银发经济与数字经济有机结合，积极推进老龄数据资源的建设、开发、共享和转化，对推动我国经济进入双循环转型具有重大现实意义。

发展老龄数据资源也是提升老年群体福祉的重要措施。通过对老龄数据资源的开发利用，能够智能精准地获取老年人服务需求及产品需求的数据资源，为老年人提供多样个性化服务，让每一名老年人都能公开透明、公平普惠地享有老龄数据资源的红利，从而提升老年群体的福祉水平。

因此，发展老龄数据资源，加大对老龄数据资源的开发与利用，用科学的数据带动老龄事业的活力，以数据价值促进老龄产业的发展，已成为支持我国老龄事业发展的必然趋势。

二、文献回顾

（一）数据资源相关定义

数据是对客观事物进行记录并存储在媒介物上的可鉴别符号，是对客观事物性质、状态及相互关系等进行记载的物理符号或物理符号的组合。国际数据管理协会（DAMA）对数据的定义为：数据是以文字、数字、图形、图像、声音和视频等格式对事实进行表现。在数据积累到一定规模后，除了自身原有的反映所记录事务信息的功能，还具有进一步挖掘更高价值的可能，此时便形成了数据资源。数据资源可以通过数据交易、数据赋能等形式实现其价值。数字经济是继农业经济、工业经济之后的主要经济形态,是以数据资源为关键要素,以现代信息网络为主要载体,以信息通信技术融合应用、全要素数字化转型为重要推动力,促进公平与效率更加统一的新经济形态[①]。

(二)数据资源的类型

按照数据生成来源进行分类,数据资源可以分为公共数据、企业数据和个人信息数据[②]。其中,公共数据是指各级政府部门、企事业单位在依法行政履职或提供公共服务过程中产生的数据。这些"依法行政履职"或"提供公共服务"的政府部门与企事业单位都是生产和持有公共数据的主体[③]。公共数据来源包括政府、科研机构、医疗机构等。

从数据结构上划分,老年数据资源可以分为结构化数据、半结构化数据和非结构化数据。结构化数据通常是利用数据库系统记录的数据,各个数据元素相互独立。半结构化数据主要指没有经过结构化处理的文本数据,如问卷调查中的开放式问题。非结构化数据通常是指语音、图片、视频等格式的数据。按照数据的专业分类,老年数据资源包括人口学信息数据、经济数据、家庭信息数据、医疗健康数据、社会参与数据等。总的来说,老年数据资源的类型多种多样。

(三)数据资源相关研究

通过在中国知网以"数据资源"为关键字进行检索,相关研究文

---

① 中国政府网.国务院关于印发"十四五"数字经济发展规划的通知[EB/OL].(2021-12-12). http://www.gov.cn/gongbao/content/2022/content_5671108.htm.

② 中国政府网.中共中央 国务院关于构建数据基础制度更好发挥数据要素作用的意见[EB/OL].(2022-12-19). http://www.gov.cn/zhengce/2022-12/19/content_5732695.htm.

③ 国家发展和改革委员会.构建数据分类分级确权授权机制[EB/OL].(2022-12-20). https://www.ndrc.gov.cn/xxgk/jd/jd/202212/t20221219_1343664_ext.html.

献超过 2 万篇，研究主要集中在以下几个方面。第一，数据资源、数据资产相关流程的研究，如数据资源的加工处理技术，数据规范及标准化，数据资源的确权、开发利用、开放共享、整合管理以及数据资源的流通交易等；第二，针对不同应用场景的行业数据资源研究，如政务数据资源、农业数据资源、交通数据资源、企业数据资源、医疗数据资源等；第三，研究数据资源的相关政策、数据资源平台的管理及数据资源安全等。而搜索"老龄数据资源"没有直接对应的相关研究。

三、老龄数据资源的现状

（一）老龄数据资源的来源

我国老龄数据资源来源广泛，主要包括政府职能部门、科研机构、高等院校、相关企业和国际组织等。

1. 政府职能部门

政府职能部门负责老龄工作事务，从国家层面到基层组织，掌握最多的宏观老龄数据资源。1999 年 10 月，经党中央、国务院批准成立了全国老龄工作委员会，办公室设在民政部。全国各地也纷纷在民政系统内设立老龄办主管老龄工作。这些老龄办在日常工作中积累了大量的老龄基础数据信息，并通过系统内部汇总、加工，形成老龄专题研究报告、老龄事业发展公报等丰富的研究成果。2018 年 3 月，根据第十三届全国人民代表大会第一次会议批准的国务院机构改革方案，将全国老龄工作委员会办公室的职责整合，组建了中华人民共和国国家卫生健康委员会，并保留全国老龄工作委员会，日常工作由国家卫生健康委员会承担。

机构改革后，民政部和国家卫生健康委员会从不同的角度参与老龄工作，其数据资源也各有侧重。民政部组建了养老服务司，承担老年人福利工作,包括拟订老年人福利补贴制度,养老服务体系建设规划、政策和标准,指导养老服务、老年人福利和特困人员救助供养机构管理工作。这些工作的相关数据都由民政系统管理,其中部分数据资源通过民政统计公报或民政统计年鉴对外公开。此外,民政部建立了全国养老服务信息系统,实现了养老数据的填报、报送、更新、统计分析等功能。截至2021年6月,该系统已经在全国范围内采集更新了15 000余家养老机构的信息,并完成了7000余家的开展备案登记。

国家卫健委组建了老龄健康司,负责组织拟订并协调落实应对老龄化的政策措施,组织拟订医养结合的政策、标准和规范,并建立和完善老年健康服务体系。原来由基层老龄办承担的工作职能转到了老龄健康司,原有的老龄事业公报等相关统计数据资源也划归卫健委管理。同时,卫健委从卫生健康的角度开展老龄数据资源的建设工作,制定了老年健康管理数据的相关标准,并开展了老年健康素养监测和老年健康服务年报等项目。在卫健委的信息系统中,如全国卫生服务统计调查及居民卫生服务监测等项目中产生了大量的老龄数据资源。此外,国家统计局等政府部门在周期性大型调查中也会涉及老年人及老龄事业等数据。

2. 科研机构和高等院校

我国的老龄统计调查工作起步较晚,主要是因为人口老龄化也是近20年才出现的。自1999年进入人口老龄化社会以来,我国开始进行老年人专题调查。随着人口老龄化研究热度的不断上升,逐渐出现了由大学研究机构组织的研究性质的老龄统计调查项目,以及老龄职能部门的专项调查,如高龄老年人调查、失能老年人调查、老年人健康素养调查等。

中国老龄科学研究中心是我国最早开始人口老龄化研究的科研机构之一。早在1991年,该中心就开展了中国老年人供养体系的调查研究，遵循"经验分层整群抽样"的原则，在全国12个省市的95个调查点进行问卷调查，调查对象为60岁及以上老年人口，总有效样本为20 083个。1999年，我国正式进入人口老龄化社会后，为全面反映老年人的生活状况、了解存在的问题，并为制定老龄政策提供科学依据，中国老龄科学研究中心于2000年启动了"中国城乡老年人口状况一次性抽样调查"项目。这是第一次由国家拨专款并以政府名义进行的全国性老年人口状况调查。调查得到了各级政府、相关部门的高度重视和支持，获得了丰富的研究资料。随后在2006年和2010年，中国老龄科研中心又组织开展了两次追踪调查，获得了宝贵的老年人口生活状况的纵向数据。2015年，第四次中国城乡老年人生活状况抽样调查升级为国情调查，样本量大幅增加至22万人，成为全球最大规模的老年人专项调查。2021年，第五次抽样调查顺利完成；该调查项目已经开展20余年，收集了我国进入人口老龄化以来最真实的老年人生活状况数据，积累了大量宝贵的数据资源。除了这项大型调查，中国老龄科学研究中心还实施了多项专项调查，如失能老年人调查和老龄协会调查等。同时，中国老龄科学研究中心还建立了老年信息共享服务平台（研究文献平台）和数据共享云服务平台，存储了大量老龄数据资源。

在高等院校方面，北京大学和中国人民大学在老年数据资源方面具有明显优势。北京大学中国社会科学调查中心主持的"中国家庭追踪调查"（China Family Panel Studies, CFPS）和"中国健康与养老追踪调查"（China Health and Retirement Longitudinal Survey, CHARLS）以及中国人民大学中国调查与数据中心主持的"中国老年社会追踪调查"（China Longitudinal Aging Social Survey, CLASS）都积累了大量高质量的老龄数据资源。

3. 其他来源

国内数据库企业CSMAR利用各类统计年鉴以及国家统计局、民政部、世界银行等网站的公开数据,通过数据抓取和关联匹配,形成了人口老龄化研究数据库。世界银行和OECD等国际机构的官方网站也提供了相关成员国的数据资源,其中包括老龄数据资源。

(二)老龄数据资源的特点

1.数据总量庞大

据《国家数据资源调查报告(2021)》显示,2021年我国数据产量达到6.6ZB,近三年数据产量年均增长30%左右。第七次人口普查数据显示,我国60岁以上老年人口已达2.64亿人,预计到2050年左右,老年人口规模将达到总人口的1/3。由于老龄数据资源源自老年人个体及其相关行为产生的数据,因此我国的老龄数据资源总量庞大,并且随着大数据技术及自动化采集技术的应用,将产生海量的实时数据资源,老龄数据资源将呈现指数级增长。

2.数据内容丰富

老龄数据资源内容广泛,涵盖老年人相关数据、老龄产业相关数据、老龄事业相关数据及相关支撑数据。老年人的数据资源包括老年人口数据、居民收支数据、社会保障数据、医疗卫生及养老服务需求数据等。根据中国老龄科学研究中心编写的《中国老龄产业发展及指标体系研究》,老龄产业的数据资源包括老龄金融产业、老龄制造产业、老龄服务产业和老龄宜居产业等多个领域的大量需求侧和供给侧数据。老龄事业的数据资源包括政府统计报表数据和科研院所的统计调查数据,还包括涉老法律法规、相关研究论文和图书等大量支撑数据。

3.数据结构复杂、类型多样

随着互联网和信息技术的发展,大数据技术、移动终端和各类传感器的应用使得老龄数据资源的数据类型越来越多样,数据结构也越来越复杂。从数据结构的角度来看,老龄数据资源包括大量结构化数据（如大型电商掌握的老年消费数据、医疗机构掌握的老年人健康数据等）、半结构化数据（需要通过自然语言处理技术进行结构化操作才能方便利用的数据）和非结构化数据（如纸质文档、录音、图片及视频等）。从数据结构分类来看，这些数据按时间维度可分为时间序列数据和截面数据，按描述事物的角度则分为状态类数据、事件类数据和混合类数据。这些数据的复杂性和多样性对数据资源的开发和利用提出了更高要求。

（三）老龄数据资源平台建设及开发利用情况

目前，我国老龄数据资源平台相对分散。一方面，政府职能部门根据分管业务的不同建立了相应的数据资源平台或信息化平台，如民政部建立的全国养老服务信息系统、卫健委建立的国家全民健康信息平台等，但这类数据资源平台属于工作平台，通常不对社会开放。另一方面，科研机构也建立了老龄数据资源平台，如中国老龄科学研究中心的数据云服务平台、老年信息共享服务平台、老龄科学研究基础数据库，以及北京大学中国社会科学调查中心和中国人民大学中国调查与数据中心等。这类数据平台一般只包括本单位通过统计调查完成的数据资源，能够实现不同方式的数据资源共享。例如，中国老龄科学研究中心的数据云服务平台可以通过签订协议实现在线分析功能，其他高校则是在签订协议后允许下载脱敏后的原始数据。

四、老龄数据资源发展存在的问题

（一）数据资源分散独立，缺乏规划统筹

我国老龄工作分属不同业务部门管理，条块分割导致老龄数据资源相对分散独立，这对我国老龄数据资源的发展产生了一定的阻碍。在各类统计调查数据资源中，同样存在类似问题：各个研究机构开展独立的调查研究,导致数据内容重复甚至相互矛盾,这从侧面反映了目前老龄数据资源及平台缺乏兼容性和规范性,难以形成合力,也无法满足老龄事业与产业快速发展对老龄数据资源的需求。

(二)数据资源相对封闭,缺少共享机制

尽管高校的数据资源相对开放,使用者在实名注册并签订协议后可以无偿使用相关数据资源,但从老龄数据资源整体来看,仍然存在数据资源封闭、缺少共享机制的情况。目前,我国最主要的老龄数据资源集中在政府部门,而政府部门对相关数据的使用限制严格,一般情况收集的老龄数据资源仅能在本系统内向单位提出申请才能有限使用。大量老龄数据资源在耗费大量公共资源被收集后,未能得到充分利用,这类公共数据资源只有开放共享,数据才能流通到需要的地方发挥其实际价值。

(三)数据资源标准规范不统一

由于缺少顶层规划,在老龄数据资源的建设早期,各个部门机构引入了不同的信息化建设,建立了独立的信息化系统,产生了不同的数据资源标准。长期以来,老龄数据资源在指标体系、数据采集、数据加工、数据处理、数据分析、数据管理等过程中存在标准和规范不统一的现象。这导致各个职能部门之间、各个数据资源之间难以互通,存在大量重复和冗余的情况。此外,由于缺少统一的标准和规范,一些老龄数据资源的数据质量不高,限制了数据资源的实际应用。

(四)数据深度加工及开发利用不足

目前,老龄数据资源的使用大多停留在表面的数据描述,对数据资源的深度开发和挖掘不足,数据与场景结合不够紧密,数据应用领域也比较狭窄。一方面,数据建模、机器学习、决策支撑等新技术

在当前的应用较少,限制了数据开发的深度。另一方面,现有的数据资源没有能够根据需求场景开发出适用的产品,限制了数据资源的传播、应用和转化。此外,现有的老龄数据资源与宏观数据和其他行业数据资源缺乏关联,难以融合形成完整的数据体系,影响了最终老龄数据资源"生态"的发展。

五、政策建议

(一)强化顶层设计,制定老龄数据资源发展规划

基于当前老龄数据资源发展的现状及其特性,应充分发挥老龄工作体制的优势,做好老龄数据资源的整体规划。首先,以全国老龄工作委员会为中心,强化老龄数据资源的相关制度建设,从制度层面推动数据资源的科学发展。确保老龄数据资源的采集、开发和利用,有法可依、有章可循。其次,要结合我国老龄工作的职能特点,厘清当前老龄数据资源的问题与机遇,明确发展战略,在此基础上制定整体的数据资源发展规划。最后,应坚持统筹管理、统一部署的原则,建立由政府部门牵头,科研机构、企业和社会共同参与的老龄数据资源体系。明确各个参与主体的目标与责任,发挥各自的特点及优势,确保数据资源建设的质量与效率。

(二)编制老龄数据资源标准规范

标准规范是数据资源实现共享利用的基本条件,也是老龄数据资源融入数据经济发展的重要前提。规范的数据标准使老龄数据资源可以参与到整体数字化标准之中,也是破解老龄数据"孤岛"问题的有效手段。应该积极推动老龄数据资源中元数据标准的建设,通过元数据标准规范现有老龄数据平台的交换和转换,实现老龄数据资源的互联互通,推动老龄数据资源的整合利用。同时,要着力推动老龄信息

化中的硬件平台及存储系统的标准化建设,制定完善的老龄数据体系软硬件标准。

(三)构建老龄数据资源协调管理与共享机制

由于我国老龄工作的参与部门众多,老龄数据资源分散于各个职能部门,导致数据资源的利用面临横向和纵向的协调难题。为了实现跨层级、跨系统、跨部门的老龄数据资源共享利用,建立老龄数据资源协调和共享机制显得尤为必要。这一机制应突破单一主体界限,构建老龄工作职能部门与其他社会主体之间的协同机制。在此基础上,我们可以依托"中国城乡老年人生活状况抽样调查"的数据平台,通过建立共享平台、制订数据共享计划和形成数据会商制度,逐步实现分类数据共享。这样不仅有利于提高数据利用效率,还能促进各部门之间的协作与配合,为老龄事业的发展提供有力的数据支持。

(四)引入大数据技术,加强数据挖掘与应用

将大数据技术引入老龄数据资源的发展与建设,是提升数据应用与落地效果的关键举措。当前,老龄数据资源的采集、开发等环节仍依赖传统技术方法,导致数据采集规模有限、效率不高,限制了数据挖掘和应用的范围与场景。然而,随着人工智能、大数据、机器学习等技术的不断发展,将这些前沿技术引入老龄数据资源的实际应用中,可以实现老龄领域知识与数据的深度融合。通过应用新技术,我们可以提高数据采集的效率和内容丰富度,从而扩大老龄数据资源的规模。此外,新技术的应用还能深化老龄数据资源的挖掘层次,拓宽其应用领域,将数据资源转化为更有价值的内容。这不仅有助于提升老龄数据资源的转化能力和利用效率,还能催生更多样化的数据应用和产品服务,为社会带来更大的经济效益。

(五)完善老龄数据资源系统平台

完善老龄数据资源系统平台是促进数据资源发展的关键。为了构建这一平台,我们需要统一逻辑、统一接口、统一架构,确保信息平台的稳定性和可扩展性。通过制定数据采集和交换标准,我们可以整合现有资源,构建统一的老龄数据共享平台。这一平台将提供标准化的老龄数据公共服务,进一步推动老龄事业的发展。同时,我们不能忽视老龄数据资源的安全问题。由于涉及大量个人敏感信息,数据资源的分散管理存在安全隐患。因此,建立统一的数据安全防范机制和数据保护体系至关重要。这需要规范数据平台管理的主体责任,明确数据服务最终出口,以确保老年人的个人隐私得到充分保护。

老年人肌少症发病机理、现状和预防措施研究

王菲菲①

一、前言

（一）课题目的

通过对国内外老年人肌少症的发病机理和流行病学特征的汇总和分析，结合我国老年人肌少症的调查数据，评估我国老年人肌少症的风险，并提出延缓肌少症发生、延长健康预期寿命的可行性策略。

（二）研究主要内容

收集并分析国内外老年人肌少症的临床特点、流行病学特征、诊断标准和评估方案。

分析2010年和2015年中国城乡老年人口状况调查数据和2023年北京市的调研结果，从肌肉力量、运动功能和跌倒发生率三个方面评估我国老年人的肌肉状况。

---

① 王菲菲，女，医学博士，现任中国老龄科学研究中心老龄信息与数据研究所副研究员，她的研究领域包括老年人健康管理、老年人大数据、产业信息化以及老年人肌少症和跌倒等方面，并对食品、药品、生物制品、保健食品等方面的研究工作也十分熟悉。工作期间发表论文38篇（以第一作者身份发表2篇英文论文、20篇中文核心论文和6篇报纸杂志），获得一项国家发明专利。她曾参与录制中央广播电视总台老年之声《健康之家》专题节目，并因此受到广泛好评。她曾参与"十四五"期间科技部主动健康课题和发展改革委员会的相关课题，主持和参与多项横向课题研究，完成并获批准国家药监局补充检验方法6项。在社会兼职方面，她是中华中医药学会中药调剂与合理用药分会的青年委员、中国合格评定国家委员会实验室评审员，被北京市场管理局聘为检验检测机构资质认定的实验室评审员。

根据我国老年人的特点，提出预防肌少症的建议。

（三）研究的思路和方法

通过文献检索等方式，收集国内外老年人肌少症的临床特点、流行病学特征、诊断标准和评估方案。

统计分析中国城乡老年人口状况调查数据（2010年和2015年），2010年获得1.999万人份（北京市995人份），2015年获得22.368万人份（北京市3362人份），对全国和北京老年人肌少症风险进行评估。

根据我国国情特点，通过营养饮食和科学锻炼延缓老年人肌少症、延长健康预期寿命的可行性策略。

（四）创新点

针对我国老年人肌少症基础研究数据不足的问题，利用本中心丰富的老年基础数据，拟研究2010年至今我国和北京市老年人肌少症的风险状况。

通过数据分析，预测我国及北京市老年人肌少症风险的趋势。

提出通过良好的生活习惯、营养饮食和科学锻炼，延缓老年人肌少症、延长健康预期寿命的可行性策略。

（五）结题报告内容

肌肉衰减综合征（Sarcopenia），简称肌少症，由美国塔夫茨大学教授Irwin Rosenberg于1989年首次提出。1998年，德尔莫尼科（Delmonico）等人首次提出使用双能X线吸收仪测量肌肉质量，并据此提出肌肉质量低于同种族同性别年轻人群2个标准差者为肌少症。

肌少症是一种渐进性和全面性的骨骼肌流失及力量减退的综合征，可能导致机体残疾、生活质量下降甚至死亡的不良后果。2010年，欧洲老年肌少症工作组将其定义为：一种伴随年龄增长的骨骼肌质量和力量的减少,以及躯体功能下降的综合征。肌少症按严重程度分为三个等级:① 肌少症前期,仅有肌肉质量减少,而肌肉力量和肌肉功能仍处于正常状态;② 肌少症,肌肉质量减少,伴有肌肉力量或肌肉功能下降;③ 严重肌少症,指肌肉质量、肌肉力量和肌肉功能均下降。

肌少症是一种在老年人群中发病率较高的疾病。根据不同的诊断标准,肌少症在不同人群中的患病率各不相同。在60周岁及以上的社区人群中,患病率为1%~30%;在80周岁及以上的老年人中,患病率高达50%。

据报道,在美国,60~70周岁的老年人肌少症的患病率为5%~13%,而在80周岁及以上的老年人中,患病率为11%~50%。亚洲国家采用亚洲肌少症工作组2014年的标准进行流行病学研究的结果显示,肌少症的患病率为5.5%~25.7%,其中男性的患病率(5.1%~21.0%)高于女性(4.1%~16.3%)。在四项涉及超过1000名参与者的大型研究中,肌少症的患病率为7.3%~12.0%。

近年来,中国人群肌少症的流行病学调查研究结果显示,60周岁及以上的老年人肌少症的患病率为5.7%~23.9%,不同地区和性别之间的患病率存在明显差异,东部地区的患病率显著高于西部地区,且随着人口老龄化的加剧,增龄相关疾病的患病率显著增加。社区人群的患病率通常低于医院或养老院的人群,而农村地区的患病率显著高于城镇。

肌少症的临床表现包括:体重下降、低蛋白血症导致的抵抗力下降、功能丧失、致残率高;自理能力及生活质量下降;跌倒、骨折等意外事件增加;并发症增多;死亡率增加;再入院率升高;治疗和手术的预后不佳;医疗费用增加等。据统计,我国65周岁以上老年人因跌倒导致的死亡率为58.3/10万,占该年龄段全部伤害致死率的34.8%,排名第一。

目前，全球约有 5000 万人罹患肌少症，随着人口老龄化的不断加剧，预计到 2050 年全球患病人数将达到 5 亿人。我国对肌少症的研究起步比较晚，但近年来针对肌少症的研究受到广泛的重视。本课题通过对肌少症的发病机理、检测方法进行综述，结合中国城乡老年人口状况调查数据（2010 年和 2015 年）对我国老年人肌少症风险进行分析，并提出我国老年人肌少症的预防策略。

二、肌少症的发病机理

随着年龄的增长，肌肉量不可避免地开始下降，导致一系列与衰老相关的病症随之出现，人们称之为"老龄三部曲"（见图 5.1）。人体肌肉在 30 岁时到达顶峰，随后开始减少。从 40 岁开始，骨骼疏松症状开始显现，随着更年期的到来，内科疾病也接踵而至。到了 80 岁以后，肌肉减少的速度明显加快，骨质疏松和内科疾病不断加剧，最终导致老年人身体逐渐虚弱。

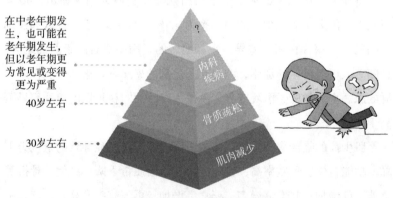

图 5.1 "老龄三部曲"示意图

资料来源：作者自绘。

肌少症是一组与年龄相关的疾病，其病理改变以 II 型肌纤维减少为主，是环境与遗传因素共同作用的复杂疾病，主要成因包括年龄老化造成的生长激素分泌下降、肌肉细胞的自我凋零增加、肌纤维横截面积减少、降解蛋白质的基因表达增加等因素。当肌肉量流失达到一定程度后，就会影响肌肉的力量以及身体活动的表现，最终可能会降低人们的运动能力，进而减少身体活动量，形成恶性循环，影响身体健康，增加老年人跌倒、骨折、失能或者死亡的风险。

（一）先天性因素

先天性因素主要包括：① 性别：女性比男性更容易受到影响；② 低体重婴儿成年后罹患肌少症的风险更高；③ 遗传因素：研究表明，低肌肉量具有很强的遗传倾向，且其遗传概率在50%以上。然而，导致低肌肉量的基因仍待细致深入的研究。

（二）增龄相关因素

1. 肌肉流失增加

随着年龄的增长，老年人的热量和蛋白质摄入减少，体内炎症水平升高，机体分解代谢增强，合成代谢减弱，导致蛋白质分解加剧。

2. 某些激素分泌改变

例如胰岛素、生长激素、雌激素和雄激素等，可能导致骨骼肌量下降，最终导致肌少症。肌少症的发生可能与胰岛素抵抗有关，骨骼肌是人体最大的胰岛素靶器官，并且已经有实验证实老化的肌细胞受到胰岛素作用以后，其蛋白质的生长能力会明显降低。骨骼肌衰老的影响因素包含激素、生长因子、细胞因子的改变。糖皮质激素参与了增龄性肌萎缩的发生，这些激素会干扰其他合成激素如胰岛素或胰岛素样生长因子-1（IGF-1）的作用。在衰老过程中，生长因子如 IGF-1 的合成显著下降。一些细胞因子，如 IL-1、TNF、IL-15 和 CNTF，对肌蛋白质合成和分解有显著影响。此外，钙的稳态失衡和

1.25（OH）$_2$VitD$_3$的减少也是导致肌少症的因素之一。

3. 炎症及细胞因子

随着年龄的增长，炎性因子如肿瘤坏死因子a（TNF-a）、白细胞介素-6（IL-6）和C反应蛋白（CRP）的表达增加，活性氧生成增多。这些因素通过胞质钙依赖的钙蛋白酶或者丝裂原活化蛋白激酶系统或NF-kB信号通路促进蛋白质分解，抑制蛋白质合成，最终导致骨骼肌质量减少。

4. 神经肌肉系统退行性改变

线粒体DNA的氧化损伤是自由基引起的衰老的分子基础。随着老化线粒体功能衰退，释放促凋亡因子进入细胞质，引发肌细胞凋亡，最终导致肌肉萎缩。此外，骨骼肌神经支配的改变（包括去神经支配和恢复神经支配、运动单位重塑和丢失）也会影响纤维类型的组成。

（三）生存状态和生活方式的影响

生存状态和生活方式对肌少症的影响包括：饥饿和营养缺乏；不良生活习惯，如酗酒和吸烟；蛋白质摄入不足；活动减少。

（四）肠道菌群异常

随着肠道微生物领域的迅猛发展，有研究者提出"肠—肌肉轴"的假说。与年龄有关的肠道微生物群组成的变化是众所周知的，饮食驱动的肠道微生物改变可能影响老年人的健康，包括营养吸收、肌肉性能和结构。

（五）疾病相关因素

进展性脏器功能衰竭，如心力衰竭、呼吸衰竭和慢性炎症疾病导致的慢性炎症状态，恶性肿瘤导致的机体消耗，内分泌疾病如糖尿病导致的胰岛素抵抗，都会导致肌肉合成—代谢失衡。此外，其他慢性疾病（如认知功能受损、情绪异常、肝肾功能异常、骨质疏松、慢性疼痛、长期用药不良反应等）也是影响肌肉功能的重要因素（见图5.2）。

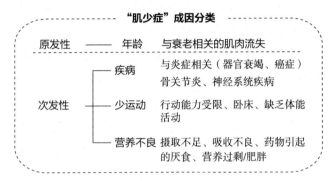

图5.2　肌少症患病的成因分类

资料来源：《肌少成疾》陈昭蓉，凯信企管出版社。

三、肌少症引发跌倒的可能原因和系统性衰老

自从首次提出肌少症问题，无论是在医学、运动、健康领域还是在长期照顾等相关领域，都引起了广泛的重视。肌少症在老年群体中较为常见，在康复门诊、老年科、居家或者长期接受照料的人群中，能找到许多病例。研究表明，肌少症和许多不良的健康事件（如跌倒、功能退化、住院、失能以及死亡）具有高度相关性。这些疾病一般不能以单一器官系统来解释，高龄族群各种生理系统及机能的退化及多重危险因子和疾病间的相互作用，十分容易产生非典型的临床症状，进而产生后续不良的健康事件，形成恶性循环。

（一）肌少症导致跌倒的生物力学分析

在跌倒实验中，老年人跌倒所处的状态大体分为两种，即运动稳定状态或不稳定状态。此处将引入运动力学支撑面和重心线的概念进

行分析。支撑面通常是指身体与地面的接触部分，其面积越大，运动稳定性越强。重心线是指穿过人体重心的垂直线，只要穿过中心的垂直线能够落入支撑面的范围内，人体就可以保持自身的平衡。重心线与支撑面中心点的距离越近，人体的稳定性就越强；反之，重心线越是靠近支撑面的边缘，人体的稳定性就越差。

在站立时，肌肉的牵张反射有助于通过维持适当的肌张力控制姿势，并且能够在肌肉伸展时迅速做出反应，以防止受伤。这使我们无须有意识地努力就能保持站立。在人开始不自觉地向前倾斜时，会发生以下一系列事件来恢复平衡：① 个体不自觉地向前倾；② 腓肠肌因拉长而被激活，引发牵张反射；③ 腓肠肌收缩，将身体拉回到站立位。

人体在行走或跑步运动时，并不总是需要将重心线保持在支撑面内。随着脚部的移动，人体的重心会暂时偏离支撑面，身体也会从稳定变为不稳定状态。当双脚落地后，重心会移回双脚之间，再次回到稳定状态。可见，人体在运动过程中是由稳定到不稳定再到稳定状态的循环，当人体处于不稳定状态时，肌肉通过反射作用帮助身体保持平衡，免于跌倒。

由此可见，人体在运动时大多保持动态稳定性（移动中的稳定性）的状态，而肌肉通过牵张反射、深层肌腱反射和肌肉收缩、舒张等多种模式防止跌倒。

（二）生物张拉整体和机体的同步衰老

汤姆·迈尔斯（Tom Myers）在2001年出版的《解剖列车》一书中对"生物张拉整体学说"进行了生动的描绘：人体有别于非生物结构（如汽车和楼房，它们需要螺栓、螺丝和杠杆）。人体源自一个受精卵，通过卵裂产生大量细胞，细胞不断分裂并定向分化，细胞按所在位置执行的功能不同，分化为神经、消化组织、收缩组织、眼球、肝脏和其他"零件",每个细胞既是整体的一部分,也是整体中不可分割的一部分。

"生物张力整体"理论认为,人体是一个由连续肌筋膜构成的预紧张(自我紧张)的整体网络,骨骼作为非连续的压缩支柱存在其中。这种生物结构是低能量消耗的开放模型,由具有非线性行为的柔软黏弹性材料构成。骨骼以这种装配方式成为压缩枢纽,参与复杂而连续的由结缔组织、筋膜、韧带和肌群构成的张力网络。这种肌筋膜张力网络结构与运动系统中的软组织一致,软组织和骨骼作为一个整体共同工作。这解释了当人体的肌肉力量和功能开始衰退时,关节、软骨和骨骼也会随之衰退。

四、肌少症的诊断方法

(一)肌少症的诊断参数

目前,用于诊断和评估肌少症的主要参数为肌肉量、肌肉力量和躯体功能,每种参数有其相应的有效测量方法适用于临床实践或科学研究(见表 5.1)。

表 5.1 用于诊断和评估肌少症的主要参数

参数	临床使用	科研使用
肌肉量	生物抗阻分析(BIA)或双能 X 射线吸收测定法(DXA)测量附肢肌肉质量(ASM)	BIA 或 DXA 测量 ASM
	小腿围	通过计算机断层扫描 CT 或磁共振成像(MRI)测量大腿中部或腰部的横截面积,或者使用超声测量局部肌肉大小和厚度
肌肉力量	握力	握力

续表

参数	临床使用	科研使用
肌肉力量	起坐试验（5次）	利用起坐试验（5次）测量膝关节屈伸力量、肌肉力量和肌肉量的比例，使用超声评估肌肉结构和脂肪浸润程度，使用CT、MRI或MRS评估局部肌肉超微结构和脂肪浸润程度
躯体功能	步速	步速
	TUG量表：简单快速的平衡能力评估方法	该测试通过记录受试者从椅子上站起来、行走3米、转身并返回椅子坐下的时间来评估其行走能力和平衡能力
	SPPB量表：简单运动状态量表	该量表包含三个部分：站立平衡测试、速度步行测试和椅起立测试

资料来源：刘娟，丁清清，周白瑜，等.中国老年人肌少症诊疗专家共识（2021）[J].中华老年医学杂志，2021，40（8）：10.DOI:10.3760/cma.j.issn.0254-9026.2021.08.001.

（二）肌少症的评估方法

1.肌肉量测量

手指测量法 将双手的食指与拇指圈成一个圆，放在小腿最粗的地方。如果这个圆不能完全圈住小腿，表示肌少症的风险较低；若是圆圈起来还有空隙，则可能存在肌少症的风险（见图5.3）。

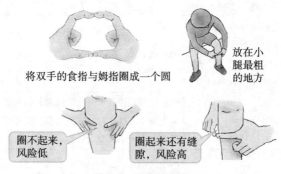

图5.3 手指测量法

资料来源：《肌少成疾》陈昭蓉，凯信企管出版社。

皮尺测量法　使用软尺测量小腿最粗的部位，如果男性的测量值低于34厘米，女性的测量值低于33厘米，就要考虑肌少症的风险。

2. 肌肉力量测量

握力测试　双脚打开与肩同宽，用左右手分别用力握住握力器测量数值。优势手自然下垂握住握力计，用最大力气握两次取最大值。如果男性的握力小于26.0千克，女性的握力小于18.0千克，可能存在肌少症的风险（见图5.4）。

图5.4　握力测试

资料来源：《肌少成疾》陈昭蓉，凯信企管出版社。

5次起坐测试　双手抱在胸前，重复5次站起坐下动作。如果完成时间大于等于12秒，可能存在肌少症的风险（见图5.5）①。

双手抱在胸前，重复5次站起坐下动作，时间大于等于12秒。
有肌少症风险！

图5.5　5次起坐测试

资料来源：作者自绘。

---

① 关节不好会影响测试结果，活动不便者最好在家人陪伴下进行。

3. 肌肉功能测量

肌肉功能测量指可以客观测评得到全身性躯体运动功能。它不仅涉及肌肉功能，也涉及神经系统功能，是一个多维性的概念。

步速测量 在直线上正常步速行走 6 米，记录所需时间，计算步速。如果步速小于等于 0.8 米/秒，可能患有肌少症（见图 5.6）。

图 5.6 步速测试

资料来源：作者自绘。

五、肌少症检测方法分析

（一）社区肌少症筛选和评估步骤

根据肌少症的诊断参数，结合我国肌少症研究实际情况，《肌少症共识》给出了我国老年人肌少症的筛选和评估步骤：① 进行步速测试，若步速小于等于 0.8 米/秒，则进一步评测肌肉量；若步速大于 0.8 米/秒，则进一步评测手部握力。② 若静息状况下，优势手握力正常（男性握力 >25 千克，女性握力 >18 千克），则排除肌少症；若握力低于正常，则要进一步测评肌肉量。③ 若肌肉量正常，则排除肌少症；若肌肉量减少，则诊断为肌少症（见图 5.7）。

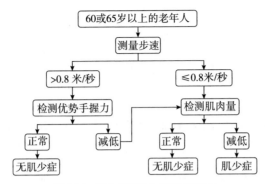

图 5.7 肌少症筛查与评估流程图

资料来源：刘娟，丁清清，周白瑜，等.中国老年人肌少症诊疗专家共识（2021）[J].中华老年医学杂志，2021, 40（8）: 10.DOI:10.3760/cma.j.issn.0254-9026.2021.08.001.

（二）实验室具备的条件分析

实验室需配备三台握力器、一套步速测量设备、一套肌肉功能测量设备、一套人体数据采集设备以及其他人体特征收集装置。

六、我国老年人肌少症调研结果

（一）肌少症的调查方式

本课题主要采用肌少症简易五项筛查方法（见表5.2），从肌肉力量、步行能力、座椅站立试验、爬楼梯和跌倒五个方面进行评估，得分总数≥4分者即可预测为肌少症患者。

表 5.2 肌少症简易五项评分问卷

项目	问题	选项
肌肉力量	您拿起或搬起10磅（约4.5千克）的物品会感到困难吗？	没有困难（0分） 有一些困难（1分） 很困难/无法完成（2分）

续表

项目	问题	选项
步行能力	您在房间内来回走动会感到困难吗?	没有困难(0分)
		有一些困难(1分)
		很困难/无法完成(2分)
座椅站立试验	您从床或椅子上起身会感到困难吗?	没有困难(0分)
		有一些困难(1分)
		很困难/无法完成(2分)
爬楼梯	您走上十级台阶会感到困难吗?	没有困难(0分)
		有一些困难(1分)
		很困难/无法完成(2分)
跌倒	过去一年中您跌倒过几次?	没有跌倒过(0分)
		1~3次(1分)
		多于4次(2分)

资料来源:《肌少成疾》陈昭蓉,凯信企管出版社。

(二)研究对象

2010年(第三次)中国城乡老年人口状况调查数据代表2010年12月我国大陆20个省份(自治区、直辖市)60周岁及以上老年人。有效总样本为19 986人,其中城镇10 032人,农村9954人。社区有效问卷共计2863份;北京市有效问卷为995份[1]。

2015年(第四次)中国城乡老年人口状况调查数据代表2015年8月我国大陆31个省份(自治区、直辖市)和新疆生产建设兵团60周岁及以上老年人。样品规模为22.368万份,抽样比约为1.0‰;北京市有效问卷为3362份[2]。

(三)结果

实验通过对不同年龄段和不同性别人群的肌肉各项指标百分比分

---

[1] 资料来源:2010年中国城乡老年人口状况追踪调查。
[2] 资料来源:2015年中国城乡老年人口状况追踪调查。

数进行计算，对老年人的肌肉能力进行评估。

1. 调查人群结构

根据 2010 年和 2015 年中国城乡老年人口生活状况数据和国家统计局公布的中国人口普查结果进行计算，得到两次老年人口调查的基本情况（见表 5.3）。被访人员男女比例基本一致，女性略高于男性。在 2015 年，城镇地区高龄老人的比例较 2010 年有所上升，超过当年农村地区的高龄老人比例约为 2.2%。北京市的高龄老年人人数在 2010 年和 2015 年调查中均高于全国平均水平。

表 5.3　2010 年和 2015 年全国和北京市老年人抽样调查数据基本情况

（单位：%）

年份	调查地区	男性（万人/%）	女性（万人/%）	调查对象	60~64 岁	65~69 岁	70~74 岁	75~79 岁	80 岁及以上
2010	全国	8704/49.0	9055/51.0	人口结构	33.0	23.2	18.6	13.4	11.8
				城镇地区	33.3	22.9	18.9	13.5	11.4
				农村地区	32.9	23.4	18.3	13.4	12.0
2010	北京	491/49.3	504/50.7	—	26.6	14.8	23.4	18.5	16.7
2015	全国	106 998/47.8	117 068/52.2	人口结构	31.1	24.0	17.0	13.3	14.6
				城镇地区	30.5	23.5	16.8	13.6	15.6
				农村地区	31.7	24.6	17.3	13.0	13.4
2015	北京	1556/46.3	1806/53.7	—	29.5	21.1	13.6	15.2	20.6

资料来源：内部调研数据。

2. 老年人肌肉状况分析

表 5.4 通过肌少症简易五项筛查对老年人肌肉状况进行对比，展现了 2010 年和 2015 年全国及北京市 60 岁以上老年人的肌肉状况。

由数据可知，2010 年和 2015 年全国和北京市老年人肌肉各项指标占比情况基本一致。在 2010 年，对于提起 10 千克重物的肌肉力量测评中，有 50% 的老年人表示存在困难或无法完成，其中女性肌肉力量较男性弱。有超过二成的女性老年人感到上下楼梯存在困难。超过八成的老年人在一年间并未发生跌倒，超过九成的老年人室内行走和自主上下床没有困难。

表 5.4　2010 年和 2015 年全国和北京市老年人肌肉状况统计表

（单位：%）

测试项目	内容	难易程度	2010 年			2015 年		
			男	女	北京	男	女	北京
肌肉力量	提起 10 千克重物	不费力	64.57	43.50	55.3	—	—	—
		存在困难	20.17	30.82	20.7			
		无法完成	14.83	25.07	23.6			
步行能力	在室内走动	不费力	93.96	92.37	91.0	95.9	94.6	95.2
		存在困难	3.89	4.99	7.0	2.5	3.3	3.0
		无法完成	1.79	1.92	1.8	1.6	2.0	1.8
座椅站立试验	自己上下床	不费力	93.86	93.36	92.8	96.0	94.8	95.7
		存在困难	4.43	4.58	5.8	2.4	3.4	2.5
		无法完成	1.35	1.43	1.3	1.5	1.8	1.8
爬楼梯	自己上下楼	不费力	79.44	71.07	72.3	—	—	—
		存在困难	15.64	22.22	18.6			
		无法完成	4.54	6.11	8.4			
跌倒	一年跌倒几次	没有跌倒	88.22	82.37	85.3（未填）	89.1	84.3	86.1
		1~3 次	10.87#	16.99#	13.0	10.9#	15.7#	13.4
		多于 4 次			1.7			

\# 表示一年内至少跌倒一次。
资料来源：内部调研数据。

3. 北京市问卷结果分析

根据肌少症简单五项评分问卷开展调查问卷，研究对象为 50 周岁以上北京社区中老年人，年龄分布在 51~90 岁。在简单五项评分问卷的五个问题的基础上，增加了受测者的性别和年龄。从 2022 年 11 月开始，通过微信问卷星进行调研，共收到 82 份问卷，均为有效问卷。其中，女性人数占比61%，男性人数占比39%。有肌少症风险的为4人，均为80岁以上（见图5.8）。

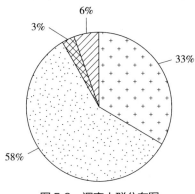

图5.8　调查人群分布图

资料来源：内部调研数据。

通过调查发现，有58%的人从60周岁开始就逐渐显现肌肉力量下降的各种症状。而到了80岁，有4位老年人均患有不同程度的肌少症（见图5.9）。

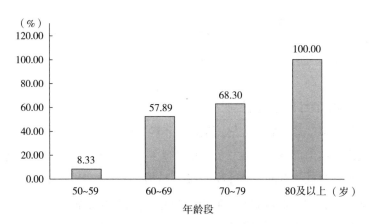

图5.9　老年人肌肉量降低年龄段柱状图

资料来源：内部调研数据。

在肌肉功能分析中,"走上十级台阶会感到困难"和"从床或椅子上起身会觉得困难"所占人数最高,达到20%以上。对于肌肉力量测试中的提起重物感到困难的也占15%左右(见图5.10)。

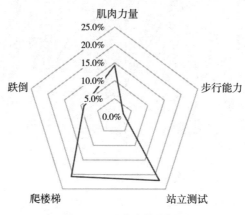

图5.10　肌肉功能分析图

资料来源:内部调研数据。

七、预防老年肌少症的有效措施

目前还没有特效药物能治疗肌少症,只能推荐通过健康的运动、饮食和生活习惯来减缓肌少症的发生。

(一)科学锻炼可有效防治肌少症

为了减缓老年肌少症的发生,从年轻开始就应该增加体育活动储存肌肉。肌肉量越多,关节负担相对越少,退行性关节炎发生的概率也会随之降低,有助于慢性病的预防。肌肉含量少,相对地脂肪含量就会过多,容易造成肥胖(肌少性肥胖),引起糖尿病、高血压、高血脂等内科疾病,从而导致关节提早退化。

常见的有氧运动可以帮助人们提高新陈代谢水平,具有减缓压力、减少脂肪堆积和预防慢性疾病的作用。但是在增加肌肉力量方面，还需要配合阻力运动，才能达到改善人体肌肉状态的目的。适合老年人的阻力训练器械包括油压阻力运动器械和弹力带等。老年人参加阻力运动时，要特别坚持适量的原则，如果有慢性疾病的老年人，想要开始从事阻力运动训练，建议先经过医生或专业人员的评估后再进行。

针对老年人设计运动计划时，应注意以下几个方面。

1. 循序渐进的原则

即从轻负荷开始，逐渐增加重量；从少量重复次数起步，逐渐增多；运动时间也应逐步延长。

2. 兼顾安全性和趣味性

安全是运动的前提，此外训练内容要能够引起老年人的兴趣，使他们能够在运动中找到乐趣，从而长期坚持。

3. 注意运动后的休息

老年人在训练时，肌肉会积累较多的乳酸和其他代谢产物。因此，运动后要适当休息，让堆积的乳酸得到充分代谢，减少运动后肌肉酸痛的产生，降低潜在的风险。

4. 合理补充运动前后的营养

建议在运动前后1小时内适当补充谷物和蛋白质，以帮助修补训练产生的肌肉损伤，促进肌肉质量及力量提升。

适量运动可以有效维持肌肉力量、保持身体健康。对于平时不常运动的老年人，建议从对身体负担小且简单的运动方式做起，如散步、慢跑、游泳等，逐步增加肌肉对氧气的需求。结合有氧运动及无氧运动，如举哑铃、俯卧撑等，可以帮助抵抗肌肉流失并增强肌肉力量。老年人可以在阳光较为温和的情况下进行户外运动，帮助身体合成足量的维生素 D_3，并在增加抗阻训练的同时补充不饱和脂肪酸和其他营养物质，从而有效预防肌少症。深海鱼油和海产品等都富含 $\omega-3$ 多不饱和脂肪酸。

(二)注重营养物质的摄入

老年人应当注重均衡膳食,特别是增加优质蛋白质的摄入。"营养金字塔"被视作从均衡饮食中摄取营养的优质方案。谷物类的摄入是均衡膳食中的重要组成部分,建议每日摄入量为250~400克。同时,饮食中要注重搭配蔬菜和水果,建议每日摄入量为250~450克。

1. 蛋白质可有效促进肌肉合成

由于在运动期间,高强度的刺激会导致肌肉受损,因此在运动后的恢复期要补充足够的蛋白质及氨基酸来修复肌肉并促进其再合成。运动后,建议可以多补充优质蛋白质,如鲑鱼、鸡胸肉和鸡蛋等。老年人应在日常饮食中多补充优质蛋白质和钙,适量进食肉类、鱼类、蛋类和乳制品等蛋白质,建议每日摄入量为300克。

2. 其他营养元素

除了蛋白质,还有六大营养元素对身体肌肉合成有帮助(见表5.5)。

表5.5 六大营养元素及其功效和代表食物

营养元素	效用	代表食物
碳水化合物	提供基础能量	米饭、面条、面包、饼干等
脂肪	维持体内的激素平衡	芝士、蛋类、橄榄油等
钙质	预防骨质疏松,促进肌肉收缩及神经传递	芝麻、无花果、黑豆、海带等
维生素D	促进钙质吸收,维持肌肉功能	黑木耳、油脂较高的鱼类、真菌类等
维生素B	提高免疫力	花生、麦芽、杏仁等
钾	帮助肌肉正常收缩	香蕉、葡萄干、奇异果等

资料来源:《肌少成疾》陈昭蓉,凯信企管出版社。

此外,多种维生素和矿物质的补充也是有必要的,如维生素D有助于维持良好的肌肉力量,维生素C具有抗氧化和维持肌肉收缩等功能,β-胡萝卜素参与人体多功能调节。脂肪可以有效维持体内的激素平衡，钾离子可以帮助肌肉正常收缩。以上各种微量元素，均可以从天然食物中摄取。老年人应每天保持饮食多样性，适量摄入多种颜色的食物，若确有需求，也可以选择服用少量营养补充剂。

（三）中医药预防肌少症

在中医理论中，长期脾胃虚弱会导致肌肉松弛和肌力下降。根据中医经典《黄帝内经·素问·痿论》所述，"脾主身之肌肉"。肌肉依赖脾胃运化的水谷精微而获得营养和滋润。如果脾气健运，那么肌肉就会丰盈而有活力；如果脾气虚弱，则可能导致皮肤松弛、肌肉力量下降。因此，老年人在日常饮食中应多食用一些健脾祛湿的食物，如白扁豆、红豆、山药、鲫鱼等，这有助于提升脾胃功能，改善肌肉状态。

中国传统体育运动项目，如太极拳、八段锦和五禽戏等，是老年人强身健体的选择。这些运动动作比较舒缓，难度适中，通过坚持锻炼，不仅可以促进气血通畅，还能帮助身体提高免疫力，起到预防疾病、延年益寿的作用。尤其是患有冠心病、高血压、高血脂等慢性疾病的人群，更适合通过打太极来控制血压和血脂，减少心脏病发作的风险。

在中华传统文化中，人们对于长生不老的追寻源远流长，从《搜神记》中的"荔枝记"、《山海经》中的"蓬莱岛"，到《西游记》中的"蟠桃""长生果"，无不体现了这种向往。中医经典《黄帝内经》更是对"天人合一"的养生思想的具体体现。面对当今社会的人口老龄化挑战，我们应当从古人的智慧中汲取灵感，探索出一条符合中国国情的老年健康之路。

我国老年人跌倒伤害调研与预防措施初步研究

王菲菲

一、研究背景

习近平总书记指出，健康是促进人的全面发展的必然要求，是经济社会发展的基础条件，是民族昌盛和国家富强的重要标志，也是广大人民群众的共同追求。2024年伊始，国务院办公厅印发了《关于发展银发经济增进老年人福祉的意见》，指出老年人多元化、差异化、个性化的需求以及对于美好生活的向往，都需要健康的体魄作为基础保障。2016年10月25日，中共中央 国务院发布了《"健康中国2030"规划纲要》（以下简称《纲要》），为未来15年推进健康中国建设提供了行动纲领。《纲要》强调"立足全人群和全生命周期两个着力点"，分别解决提供"公平可及"和"系统连续"健康服务的问题，特别关注妇女、儿童、老年人、残疾人、低收入人群等重点人群的健康工作，强化对生命不同阶段主要健康问题及主要影响因素的有效干预，惠及全人群、覆盖全生命周期，实现更高水平的全民健康。随着我国人口老龄化的加剧，跌倒伤害成为关乎2.8亿中国老年人的重大问题，或将成为"人生最后一摔"！《纲要》明确将减少老年人意外跌倒作为重要任务。

根据世界卫生组织2021年4月的统计，跌倒伤害（跌伤）在全球非故意伤害死亡中排名第二，仅次于道路交通伤害。据估计，全球每年约有68.4万人因跌倒导致死亡，其中80%以上发生在低收入和中等收入国家，西太平洋区域和东南亚区域占60%。在跌倒受伤的人群中，60周岁以上成年人所占比例最高。即使跌倒没有导致死亡，每年仍约有3730万例由于跌倒引起的医疗救治。据不完全统计，全球每年因跌倒导致的非正常减寿年数超过 3800 万年，这一数字超过了交通伤害、溺水、烧伤和中毒减寿的总年数①。

跌倒是指突发的、不自主、非故意的体位改变，倒在地上或更低的平面上。与跌倒有关的伤害可以是致命或非致命的伤害，但大多数是非致命的伤害。例如，在中国儿童中，每 1 例跌倒致死的儿童对应 4 例永久性残疾，13 例需要住院治疗 10 天以上，24 例需要住院治疗 1~9 天，690 例需要医治或缺勤/缺课。儿童因跌倒致死导致的非正常减寿年数占全球跌倒导致非正常减寿年数的 40%。虽然老年人由于剩余预期寿命较少，可能无法准确反映跌倒造成的伤害，但不可否认的是，老年人因跌倒导致的长期护理和进入养老院的风险将大大增加。此外，跌倒对老年人的心理和社会影响也十分显著，包括跌倒恐惧、失去平衡信心和活动受限。在芬兰和澳大利亚，65 岁及以上者每一例跌伤的平均卫生系统费用分别为 3611 美元和 1049 美元。

随着人口老龄化的加剧，以及大部分老年人选择居家养老的现实，护理人员的需求量日渐庞大。2011 年，英国约有 650 万名护理人员，预计到 2037 年将增加到 900 万名。在美国，估计有 3420 万名护理人员为 50 岁以上的人提供无偿护理。无薪照顾者通常需要依靠家人或朋友提供日常照护，他们将花费大量时间和精力照料居家老人。在亚洲的许多国家，孩子照顾父母是一种文化规范，2000—2014 年，新加坡至少有一名 65 周岁及以上成员的三代同堂家庭数量从 62 800 个增加到 82 100 个。若居家的老年人发生跌倒，将大大增加老人和护理人员的身心负担。首先，老人可能由于害怕再次跌倒而不愿活动，护理人员也因照顾跌倒的老人从而无力从事其他家务。随着时间的推移，护理人员发现虚弱的老人越来越依赖照顾者，这也导致护理人

---

① World Health Organization. Falls [EB/OL]. (2021-04-26). http://www.who.int/zh/news-rooml/fact-sheets/detail/falls.

员更加疲劳和超负荷工作。其次，跌倒和老年痴呆症有着千丝万缕的联系，很多护理机构为了防止患有老年痴呆的患者走失或者跌倒，限制他们的活动区域。虽然这种做法似乎降低了跌倒的风险，实际上却极大地增加了老年人的依赖性，并不利于他们身体各项功能的维持[①]。

　　南非前总统纳尔逊·曼德拉曾说："人生最大的荣耀不在于从不跌倒，而在于每一次跌倒后都能爬起来。"诚然，无论年龄、性别和健康状况如何，都可能发生跌倒，而且每个人跌倒后受伤的程度会有很大的差异。年龄是跌倒的主要风险因素之一，老年人因跌倒而死亡或受伤的风险最高，年龄越大，风险越高。例如，在美国，跌倒的老年人中有20%~30%遭受中度至重度的伤害，如擦伤、髋部骨折或头部创伤。这种风险的增加是由于身体、感官和认知功能的衰退，同时环境也未能满足人口老龄化的需求。无论在哪个年龄段或地区，男女都有跌伤的风险。在一些国家，男性死于跌伤的风险更大，女性则多为非致命的跌伤。老年妇女和幼童尤其容易跌倒，且伤势往往更为严重。在世界范围内，男性的死亡率和残疾调整生命年的损失一贯较高，这可能与男性冒险行为较多和职业危险程度更高有关。本文将从老年人跌倒的主要原因、危害、风险评估、预防措施、自救措施以及我国老年人跌倒风险调查等多个方面，对老年人跌倒的成因和预防措施进行系统梳理。

二、老年人为什么容易跌倒？

　　随着年龄的增长，人体的各种机能会出现不同程度的下降，导致老年人较年轻时候更容易跌倒。跌倒分为内部原因和外部原因：内部原因包括步态异常和平衡障碍、衰老相关因素、疾病相关因素等；外部原因

---

① ANG S G M, O' BRIEN A P, WILSON A. Carers' concern for older people falling at home: an integrative review [J]. Singapore medical journal, 2019, 61 (5): 272–280.

包括药物相关因素、使用辅具不当、室内外环境不佳以及鞋子不合适等。

（一）导致步态异常和平衡障碍的因素

步态异常和平衡障碍是老年人跌倒的主要原因之一。随着年龄的增加，老年人的本体感觉减弱，行走步态改变，骨关节出现退化和关节炎，体位性低血压以及一些疾病引起的步态异常，都增加了老年人在行走或者起立时跌倒的风险。

本体感觉减弱　老年人对自身肌肉和关节的位置感觉、身体感觉和运动感觉的支配功能下降。这使得老年人在即将跌倒时，神经系统和肌肉的反应速度减缓，身体不易恢复平衡。

步态改变　老年人在行走时，上臂摆动减少、身体前倾、步宽变化，可能伴有蹒跚的步态。他们抬脚高度的降低也增加了被绊倒的风险。

退行性骨关节炎　这是一种中老年人群中的常见慢性退行性骨关节疾病，与衰老、肥胖、创伤等因素有关。它会导致关节肿胀、疼痛、畸形和功能障碍，严重者可能出现关节不同程度的残疾，增加跌倒的风险。

体位性低血压　老年人在由卧位转为站位时，容易导致血压下降。服用利尿剂和降压药也会出现血压降低，这些都是增加老年人跌倒风险的因素。

疾病导致的步态异常　老年痴呆患者容易跌倒，在疾病早期，会出现行动迟缓、目光呆滞、视力障碍等症状。到了晚期，锥体系和锥体外系运动的痉挛会导致步态不协调、肌肉僵直等问题。

偏瘫步态　患侧上肢呈内收、旋前、屈曲，患侧下肢膝关节僵硬，迈步时向前屈曲减少，骨盆代偿性抬高，髋关节外展外旋，下肢呈画圈样步态。

帕金森步态　表现为慌张步态，行走时躯干弯曲向前，起步慢、止步难，转身困难，小步擦地而行，向前冲状，易跌倒，上肢协同摆动消失。

小脑共济失调 步态可能表现为跌跌撞撞、蹒跚、摇晃和前后倾斜，类似醉酒状态，或行动缓慢，宽基步，步幅缩短。

（二）药物因素

随着人体衰老的加剧，呼吸系统、关节病变和心脑血管疾病都是老年人常见的慢性疾病。据《衰老研究评论》（*Ageing Research Reviews*）期刊报道，2000年1月至2023年10月对中国成年人多重疾病的流行病学特征进行了研究。结果显示，中国中老年人（年龄≥45岁）的多重疾病患病率为30.4%，而在60岁及以上人群中，这一比例上升至35.1%。在性别差异调查中，男性参与者的汇总患病率为26.3%，女性为25.7%。然而，在60岁及以上的人群中，女性的患病率高于男性，分别为37.6%和33.4%。在2016—2022年研究期间，农村地区、北方地区和中西部地区的女性多重疾病患病率高于男性。在地区差异调查中，城市居民的患病率高于农村居民，华北地区高于华南地区，东部和中部地区高于西部地区。此外，研究揭示了中国60岁及以上人群多重疾病患病率的地理分布。其中，福建省、上海市和湖北省的患病率超过50%，广东省、北京市、浙江省和山东省在40%~50%。四川省的综合估计最低（13.5%）。在发病模式研究中，患有两种慢性病的人占多重患病病例的大多数，占比为65.6%［95%（53.0%、78.2%）］。根据数据估计，约24.3%的参与者患有涉及三种慢性病的多重疾病。

近年来，多重疾病的总体患病率呈上升趋势，且存在明显的地区差异。最常见的多重患病模式包括高血压伴听力障碍［10.4%（4.3%，16.5%）］、血脂异常［8.9%（4.1%，13.6%）］、糖尿病8.7%［（3.7%，13.8%）］、眼部疾病［8.4%（3.4%，13.4%）］和肥胖［7.4%（0%，32.2%）］。由于不同年龄组的多重患病率存在显著差异，各年龄组的主要患病模式也有所不同。对于45岁及以上人群，最常见的多重患病模式依次为高血压伴慢性疼痛［11.0%（95% CI：7.3%，

14.7%)]、糖尿病［10.9%（5.3%,16.6%）］、听力障碍［10.4%（4.3%,16.5%）］、骨病［10.3%（6.1%,14.5%）］和血脂异常［8.9%（4.1%,13.6%）］；对于60岁及以上人群，常见的多重患病模式依次为高血压伴血脂异常［13.1%（4.1%,22.2%）］、糖尿病［11.9%（7.8%,15.9%）］、慢性疼痛［11.0%（7.3%,14.7%）］、听力障碍［10.4%（4.3%,16.5%）］和骨病［10.3%（6.1%,14.5%）］。多重疾病导致患者需要同时使用多种药物，而很多药物具有镇静和肌松等作用，这可能会增加老年人跌倒的风险（见表6.1）。

表6.1 常见的老年人跌倒高风险药物及其风险

药物	类型	代表药物	风险
镇静催眠药物	苯二氮卓类	地西泮、劳拉西泮、氯硝西泮、艾司唑仑、硝西泮、三唑仑	导致肌松，使老年人头晕。老年人在服用催眠类药物后，夜间起夜时可能会引起跌倒
抗抑郁焦虑药物	三环类	丙米嗪、阿米替林、氯米帕明、多塞平	增加跌倒的风险
利尿药 泻药 降压药 扩张血管药	—	氢氯噻嗪 硫酸镁、乳果糖 沙坦类、地平类 酚妥拉明、硝酸甘油	引起血容量和血压的改变，尤其是老年人在合并体位性低血压的时候，更容易跌倒
治疗前列腺增生药物	α1-受体阻滞剂	哌唑嗪、特拉唑嗪、多沙唑嗪、曲马唑嗪	容易导致老年人直立性低血压，增加跌倒的风险
治疗精神病药物	—	氯丙嗪、多巴胺D2受体阻断剂	具有镇静、肌强直和体位性低血压等作用
降糖药物	磺脲类	格列本脲、格列吡嗪、格列齐特、格列喹酮、格列美脲	刺激胰岛素分泌，会增加低血糖的风险，从而引起老年人身体不适和心慌

资料来源：洪一仁，廖慧伶，李明辉. 药物与老人跌倒［J］. 医学与健康期刊，2013，2（1）：9-17.

（三）引起老年人跌倒的疾病

常见的脑卒中后遗症、周围神经病变、足部疾病或者畸形以及视力或听力受损都是导致老年人跌倒风险升高的原因。

1.脑卒中后遗症导致的老年人跌倒

根据2019年《全球疾病负担研究》和《中国脑卒中防治报告》显示，我国脑卒中的负担呈爆发式增长趋势，防治工作面临重大挑战。跌倒是脑卒中最常见的并发症之一，在脑卒中后急性期，14%~65%的患者曾经历跌倒，在出院后的6个月内该比例上升至73%。脑卒中后跌倒会导致老年人恐惧行走、骨折、住院时间延长、残疾甚至死亡等，严重影响老年人脑卒中后的生活独立性和生活质量，给社会和家庭带来了沉重的医疗负担。根据文献报道结果显示，脑卒中后患者的跌倒率是非脑卒中者的1.5~2.1倍。也有少量短期研究（平均随访6个月）指出，神经功能严重受损的脑卒中后患者跌倒率未必低于非脑卒中老年人，可能是因为严重的神经功能损害降低了他们的活动能力，从而掩盖了跌倒风险的增加。

脑卒中后患者跌倒通常是多种因素共同作用的结果。肌肉无力或痉挛、感觉缺失、忽视、视野缺损、平衡功能障碍、注意力下降以及视空间障碍均可能增加跌倒的风险。前循环脑卒中后患者跌倒大多是因为锥体束损害导致的肌肉无力，而后循环脑卒中后患者则是因为小脑或前庭功能不全而出现眩晕、位置感丧失和协调性障碍。前循环脑卒中还会影响感觉通路出现浅感觉缺失和本体感觉障碍，从而导致姿势控制障碍。下肢不稳定且上肢运动功能差的患者更容易跌倒，因为患者在接近跌落时无法利用上肢自救[1]。

2.周围神经病变导致老年人跌倒

周围神经病变是老年人常见的影响平衡和步态的疾病。因此，帕金森病中的姿势失衡和步态困难可能不仅源于原发性神经退行性病

---

[1] 罗雯怡，唐妍敏.脑卒中后跌倒风险评估及综合干预专家共识[J].临床内科杂志，2022，39（1）：63-68.

变,还可能与年龄相关的医学合并症有关。研究表明,周围神经病变与更多的跌倒显著相关(50% VS 14%,$p = 0.043$),出现更短的步幅($p = 0.011$)和更大的步幅长度变异性($p = 0.004$),导致在水平行走时步速较慢($p = 0.016$)。下肢周围神经病变与帕金森患者的跌倒和步态困难显著相关。因此,临床医生和研究人员在评估帕金森患者的轴向运动障碍时,应该考虑和评估导致跌倒和步态表现的重要因素。治疗这种神经病变可以减少帕金森患者的跌倒并改善步态表现[1]。

三、跌倒的危险

相较于年轻人,老年人跌倒更容易引起骨折、颅内损伤以及康复后的跌倒恐惧(FOF)。首先,老年人由于增龄引起的骨骼脆性增加和肌肉量下降,都会增加骨折的风险。骨折后的卧床休息减少了运动量,加重了老年人的肌肉流失,常伴随一系列并发症,如肺部感染、泌尿系统感染、谵妄、血栓、衰弱和压疮等,这是导致老年人失能和死亡的重要原因之一。其次,跌倒更容易造成颅脑损伤,形成硬膜下血肿,具有较高的致残致死风险。FOF 会明显影响老年人的功能状态和生活质量,导致他们降低活动意愿,从而使看护成本不断上升。

四、跌倒的筛查和评估

前瞻性识别老年人跌倒风险因素是有效实施跌倒预防和干预措施的前提,因此,选择信度、效度、灵敏度及特异度高的风险评估工具极为重要。根据评估目的的不同,跌倒风险评估可分为以下四类:综

---

[1] BEAULIEU M L, MULLER M L, BOHNEN N I, et al. Peripheral neuropathy is associated with more frequent falls in Parkinson's disease [J]. Parkinsonism & Related Disorders, 2018 (54): 46-50.

合评估、心理评估、躯体功能评估及环境评估。

（一）综合评估

综合评估常用于跌倒风险的快速筛查，通过评估生物学、行为、环境及经济社会危险因素，对老年人跌倒风险进行快速判定。常用的跌倒风险综合评估工具有 Morse 跌倒风险评估量表（MFS）、托马斯跌倒风险评估工具（STRATIFY）及老年人跌倒风险评估量表（FRQ）等。不同评估工具的评估对象及应用场景存在差异：MFS 主要用于从跌倒史、疾病诊断、辅助器具、静脉输液、步态及精神状态等方面综合判定住院患者的跌倒风险；FRQ 包含跌倒史、跌倒心理、用药等 12 个条目，常用于社区老年人的自我评估。

（二）心理评估

跌倒风险评估应涵盖跌倒相关的心理问题，以 FOF 为主。FOF 在我国社区老年人中的发生率为 41%~65%。目前，FOF 的评估主要有两种方法：一种是通过单条目问题"您害怕/担心跌倒吗？"进行评估；另一种是通过量表测量，常用量表包括国际版跌倒效能量表、图像版跌倒效能量表、特异性平衡信心量表，这些量表均在老年人群中表现出良好的心理测量特性。

（三）躯体功能评估

跌倒与老年人躯体功能状况密切相关，肌力、步态和平衡功能是躯体功能的重要方面，其测试是跌倒风险评估的重要组成部分。肌力测试主要包括上肢肌力测试和下肢肌力测试两个方面，上肢肌力测试以握力为代表，可使用握力器测量；下肢肌力测试可通过 5 次起坐测试（FTSST）评估。步态和平衡功能可通过计时起立—步行测验（TUGT）、Berg 平衡量表（BBS）、Tinetti 步态和平衡量表（TPOM）测量。

（四）环境评估

跌倒的发生是内、外风险因素共同作用的结果，环境是主要的外在因素之一。据报道，30%~50% 的跌倒是由于环境因素导致的，湿滑、不平坦的路面，障碍物，楼梯，照明不均等环境因素会增加老年人跌倒的风险。常采用居家危险因素评价工具（HFHA）对老年人居住内外环境中的地面、照明等九个方面进行评估。

五、跌倒的预防

（一）科学膳食

按照膳食金字塔的建议（见图 6.1），日常饮食应以谷物类为主，并多吃蔬菜和水果。在此基础上，老年人应多进食优质蛋白质，建议每日优质蛋白的摄入量应不少于总蛋白摄入量的一半，如瘦肉、鱼类、蛋类和奶制品等均为优质蛋白。可通过日晒、食物摄取或遵医嘱服用维生素等方式补充维生素 D。

图 6.1　膳食金字塔

资料来源：https://baike.baidu.com/item/%E8%90%A5%E5%85%BB%E9%87%91%E5%AD%97%E5%A1%94/5740645。

（二）坚持运动

增强肌肉力量、提高柔韧性、加强平衡能力锻炼和进行康复训练都可以有效降低跌倒发生率。

在保证安全的前提下，老年人应坚持有氧运动、抗阻运动和全身协调运动。每周进行 2 次有氧耐力运动可提高心肺功能；进行 3~5 次运动，可使心肺达到最大适应水平。每次运动的时间应根据个人能力控制在 20~60 分钟。

（三）减少多重用药

随着年龄的增长，老年慢性病带来的多重用药和用药后的副作用是导致跌倒的因素之一。在日常生活中，应在医生的指导下定期进行药物核查，以减少由于多重用药带来的跌倒风险。

（四）适老化居家环境改造

为了保障老年人的安全，应采取以下措施进行居家环境的适老化改造（见表 6.2）。

表 6.2　适老化居家环境改造

配备呼叫器		楼梯应设有固定的扶手，台阶不要太高	
使用带有大图标的手机		沙发和座椅的高度应适中，不要太软，以便于老年人起身	
配备大按键的电子设备		卧室应设有夜灯，床边应配有台灯以方便老年人起夜	

续表

资料来源：网络 AI 绘图。

六、中国老年人跌倒现状调研情况

（一）厦门、郑州老年人体质与跌倒风险测试报告[①]

为了积极应对人口老龄化，预防老年人跌倒，我中心老年人体工

---

① 中国老龄科学研究中心：老年人体质与跌倒风险测试报告。

效学实验室与集美大学王向东老师的研究团队合作，于2022年10月在厦门、郑州两地对477名老年人进行了测试，测试结果如下。

1. 测试项目和指标

结合老年人的身体状况及测试现场条件，本次测试选取了七项能够较为全面且省时的国际通用测试方法。具体的测试项目及指标如下（见表6.3）。

表6.3 测试项目及指标一览表

测试项目	测试指标		
身体形态	腰围（厘米）	臀围（厘米）	
身体成分及骨强度	体重（千克）	体脂率（％）	身体质量指数
	全身肌肉量（千克）	跟骨定量超声骨强度	
肌肉力量	握力（千克）	5次坐起（秒）	
平衡能力	睁、闭眼单足站立（秒）	3米计时起立行走（秒）	功能性前伸（厘米）
反应能力	声音、灯光反应时（秒）		
视觉功能	视觉对比度		
步态分析	6米步行测试		

资料来源：《老年人体质与跌倒风险测试报告》，中国老龄科学研究中心。

2. 老年人基本情况

本次测试共有477位参与者，包括156名男性和321名女性。按年龄划分，60~64岁组有152人，其中男性36人，女性116人；65~69岁组有155人，其中男性54人，女性101人；70~74岁组有121人，其中男性44人，女性77人；75~79岁组有49人，其中男性22人，女性27人。在所有受测者中，402人无听力问题，75人有听力问题；397人未感觉躯体不适，80人感觉躯体不适；402人无足部疾病，75人患有足部疾病；154人患有高血压，57人患有心脏病，32人患有糖尿病。在477名老年人中，433人有运动习惯，44人无运动习惯，分别占总人数的90.1％和9.9％。此外，在过去一年内有7名男性和37名女性老年人曾发生跌倒事件，分别占总测试人数的1.5％和7.8％。

3.老年人身体形态及成分指标分析

（1）身体形态指标分析

①腰围指标分析

通过对比各年龄段老年人的腰围可以发现，女性老年人在60~64岁、65~69岁和70~74岁三个阶段的腰围随年龄增长而增加（见图6.2）。腰围与腹部脂肪质量呈正相关，是跌倒的独立危险因素之一，即腰围越大，跌倒风险越大。

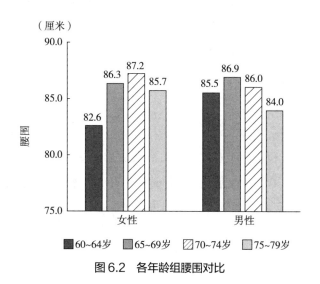

图6.2 各年龄组腰围对比

资料来源：《老年人体质与跌倒风险测试报告》，中国老龄科学研究中心。

②腰臀比指标分析

通过对比各年龄段老年人的腰臀比可以发现，女性老年人在60~64岁、65~69岁和70~74岁三个阶段的腰臀比随年龄增长而增加（见图6.3）。腰臀比是评价向心性肥胖的重要指标，肥胖程度的增加会降低老年人姿势稳定性，进而增加跌倒风险，即腰臀比越大，跌倒风险越大。

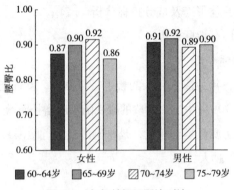

图6.3 各年龄组腰臀比对比

资料来源:《老年人体质与跌倒风险测试报告》,中国老龄科学研究中心。

(2)身体成分指标分析

①体脂率指标分析

对比各年龄组老年人的体脂率可以发现,男性老年人在60~64岁、65~69岁和70~74岁三个阶段的体脂率随年龄增长而增加(见图6.4)。体脂含量的增加往往和体重增加有关,体脂含量过高会导致老年人日常行动能力下降,一旦出现跌倒事故,容易造成更为严重的损伤。

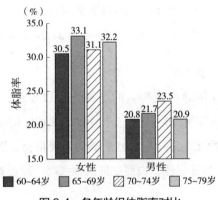

图6.4 各年龄组体脂率对比

资料来源:《老年人体质与跌倒风险测试报告》,中国老龄科学研究中心。

② 躯干肌肉量指标分析

通过对比各年龄组老年人的躯干肌肉量可以发现，女性老年人的躯干肌肉量随年龄增长而下降，男性老年人在65~69岁、70~74岁和75~79岁三个阶段的躯干肌肉量随年龄增长而下降（见图6.5）。骨骼肌减少会导致老年人的敏捷性和灵活性下降，从而增加其跌倒风险。

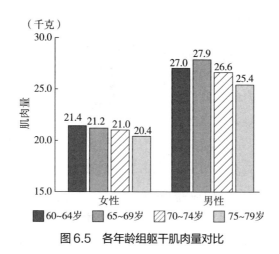

图6.5　各年龄组躯干肌肉量对比

资料来源：《老年人体质与跌倒风险测试报告》，中国老龄科学研究中心。

4. 老年人身体功能及素质指标分析

（1）视觉功能分析

通过对比各年龄组老年人视觉功能指数可以发现，女性老年人在75~79岁时视觉功能指数最小，男性老年人在60~64岁、65~69岁和70~74岁三个阶段的视觉功能指数随年龄增长而下降（见图6.6）。视觉障碍会降低老年人的平衡控制能力、分散老年人对周围环境的注意力并导致其对环境评估不准确，进而增加跌倒风险。

（2）肌肉力量分析

① 上肢肌肉力量

通过对比各年龄组老年人握力数值可以发现，四个年龄阶段的女性老年人握力未随年龄增长而显著下降，男性老年人在75~79岁阶段的握力最小（见图6.7）。握力是衡量老年人肌力水平的一种简单且可靠的方法，也是反映老年人身体健康状态及身体功能的关键指标。握力很大程度上代表了个人整体力量水平，肌力衰退会导致老年人平衡能力下降，诱发跌倒。

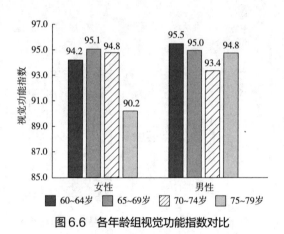

图6.6　各年龄组视觉功能指数对比

资料来源：《老年人体质与跌倒风险测试报告》，中国老龄科学研究中心。

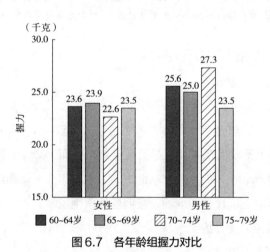

图6.7　各年龄组握力对比

资料来源：《老年人体质与跌倒风险测试报告》，中国老龄科学研究中心。

②下肢肌肉力量

通过对比各年龄组老年人3米计时起立行走用时可以发现，女性老年人在65~69岁时3米计时起立行走用时最长，男性老年人在60~64岁、65~69岁和70~74岁三个阶段的3米计时起立行走用时随年龄增加而增加（见图6.8）。3米计时起立行走测试常用于评价老年人的下肢肌肉力量、敏捷性和平衡性。随着年龄的增长，老年人下肢肌肉力量会随之下降，从而增加跌倒风险。

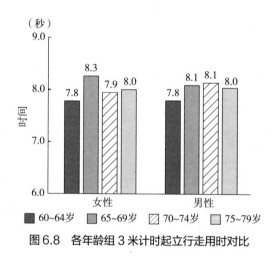

图6.8 各年龄组3米计时起立行走用时对比

资料来源：《老年人体质与跌倒风险测试报告》，中国老龄科学研究中心。

（3）平衡能力分析

①静态平衡

通过对比各年龄组老年人睁眼单足站立时间可以发现，女性老年人的站立时间随年龄增长而减少。同时，在闭眼单足站立测试中，女性老年人在60~64岁、65~69岁和70~74岁三个阶段的闭眼单足站立时间逐渐减少，男性老年人在75~79岁时闭眼单足站立时间最短（见图6.9）。单足直立检查法是一种评估静态平衡的简易方法，揭示了跌倒风险与静态平衡能力的下降有关，静态平衡能力越差，跌倒风险越大。

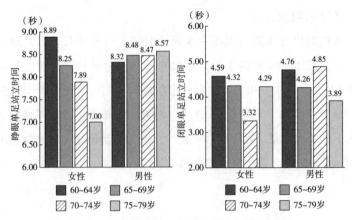

图6.9 各年龄组睁、闭眼单足站立时间对比

资料来源：《老年人体质与跌倒风险测试报告》，中国老龄科学研究中心。

②动态平衡

通过对比各年龄组老年人功能性前伸距离可以发现，女性老年人在60~64岁、65~69岁和70~74岁三个阶段的功能性前伸距离逐渐缩短，男性老年人在75~79岁时功能性前伸距离最短（见图6.10）。功能性伸展是常用的动态平衡评估方法，其结果显示平衡能力随年龄增长而下降，从而增加老年人跌倒的风险。

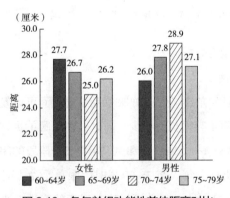

图6.10 各年龄组功能性前伸距离对比

资料来源：《老年人体质与跌倒风险测试报告》，中国老龄科学研究中心。

（4）步态分析

①步长、步速指标分析

通过对比各年龄组老年人步长可以发现均无显著性差异（见图6.11）；通过对比各年龄组老年人步速可以发现，男性老年人在65~69岁、70~74岁和75~79岁三个阶段的步速随年龄增长而下降（见图6.12）。步速不仅能反映身体系统工作状态，还是预测跌倒风险的重要指标。临床研究表明，老年人步速下降会增加其跌倒风险。

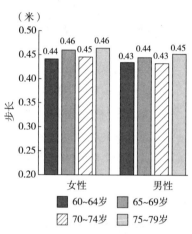

图6.11 各年龄组步长对比

资料来源：《老年人体质与跌倒风险测试报告》，中国老龄科学研究中心。

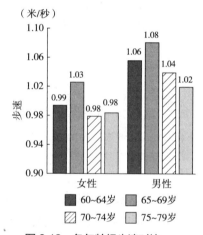

图6.12 各年龄组步速对比

资料来源：《老年人体质与跌倒风险测试报告》，中国老龄科学研究中心。

②步时、步态周期指标分析

对比各年龄组老年人步时发现，女性老年人在65~69岁、70~74岁和75~79岁三个年龄段的步时随年龄增长而增加，男性和女性老年人均在75~79岁时步时达到最大（见图6.13）。对比各年龄组老年人步态周期发现，女性老年人在65~69岁、70~74岁和75~79岁三个年龄段的步态周期随年龄增长而延长，男性和女性老年人均在75~79岁时步态周期时间最长（见图6.14）。有高跌倒风险的老年人可能会为了保证步行的稳定性而试图延长步态周期,但这会导致脚与地面接触的时间增加,从而提高行走的能量消耗,使疲劳感提前出现,从而增加其跌倒风险。

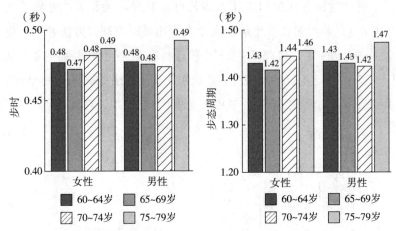

图6.13 各年龄组步时对比

资料来源:《老年人体质与跌倒风险测试报告》,中国老龄科学研究中心。

图6.14 各年龄组步态周期对比

资料来源:《老年人体质与跌倒风险测试报告》,中国老龄科学研究中心。

③下肢关节及躯干活动范围分析

对比各年龄组老年人髋关节活动范围发现,女性老年人在75~79岁时髋关节的活动范围较其他三个年龄组小,男性老年人髋关节活动范围随年龄增长而减小。对比各年龄组老年人膝关节活动范围发现,男女老年人膝关节活动范围未随年龄增长而呈现显著性变化。对比各年龄组老年人踝关节活动范围发现,女性老年人在75~79岁阶段踝关节活动范围最小,男性老年人在65~69岁、70~74岁和75~79岁三个年龄段踝关节活动范围随年龄增长而缩小。对比各年龄组老年人躯干活动范围发现,男女老年人躯干活动范围均随年龄增长而增大(见图6.15)。

在衰老过程中,老年人的髋关节和踝关节的活动范围逐渐减少,躯干变得僵硬,胸部和骨盆活动范围缩小均可能导致肌肉功能下降和步态异常,进而增加老年人跌倒的风险。

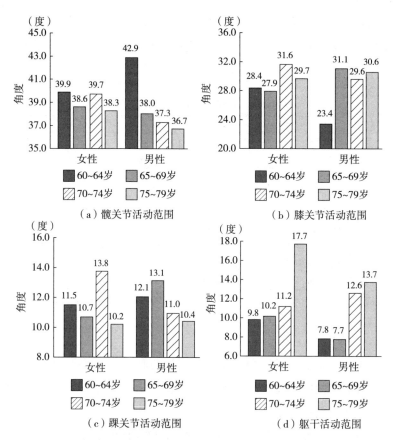

(a)髋关节活动范围　　(b)膝关节活动范围
(c)踝关节活动范围　　(d)躯干活动范围

图6.15　各年龄组下肢关节及躯干活动范围对比

资料来源:《老年人体质与跌倒风险测试报告》,中国老龄科学研究中心。

5. 老年人跌倒风险因素筛选

以12秒内完成5次坐起测试的用时作为跌倒风险的界值,即用时大于等于12秒为高跌倒风险组,反之为低跌倒风险组。采用二元逻辑回归分别筛选与老年人跌倒风险高度相关的体质因素。

回归结果显示,腰围、腰臀比、握力、反应时、睁眼单足站立时间、3米计时起立行走用时、视觉功能指数、髋关节和踝关节活动范围是老年人跌倒的主要因素(见表6.4),即腰围增大、握力下降、反应时延长、睁眼单足站立时间缩短、3米计时起立行走用时增加、视觉功能指数下降、髋关节和踝关节活动范围下降均会增加老年人跌倒的风险。

表6.4 老年人跌倒风险因素汇总

指标	回归系数	标准误差	显著性	优势比
腰围（厘米）	0.037	0.015	0.013	1.04
腰臀比	3.72	1.696	0.028	41.28
握力（千克）	−0.04	0.017	0.017	0.96
反应时（秒）	2.035	0.975	0.037	7.65
睁眼单足站立时间（秒）	−0.094	0.047	0.044	0.91
3米计时起立行走用时（秒）	1.037	0.137	<0.001	2.82
视觉功能指数	−0.062	0.023	0.008	0.94
髋关节活动范围（度）	−0.061	0.031	0.048	0.941
踝关节活动范围（度）	−0.06	0.031	0.049	0.94

资料来源：《老年人体质与跌倒风险测试报告》，中国老龄科学研究中心。

6. 结论

患病人数占比前三位的疾病分别为高血压、足部疾病和躯干不适；随着年龄的增长，骨质疏松人数随之增加；女性老年人跌倒人数占比较男性老年人高。

女性老年人骨强度指数和平衡能力均随年龄的增长而下降；男性老年人下肢肌肉力量随年龄增长而下降。

男性老年人在65~69岁、70~74岁和75~79岁三个年龄段的步速和踝关节活动范围均随年龄增长而缩小。

肥胖、反应速度下降、平衡能力下降、肌肉力量衰退、视觉功能下降、走路时髋关节和踝关节活动范围过小会增加老年人跌倒的风险。

（二）北京市老年人跌倒情况调查

分析2010—2023年北京市老年人肌肉状况变化情况，为改善老年人肌肉状况和减少跌倒发生频率提供数据支撑。采用中国城乡老年人口状况调查数据（2010年和2015年）以及2023年北京市中老年人肌肉情况调查问卷，从肌肉力量、运动功能和跌倒发生率三方面进行分析。抽样调查数据显示，2010年获得1.999万人份（北京市995人份），2015年获得22.368万人份（北京市3362人份），2023年北京市获得242人份。

1. 调查人群结构和问卷填写情况分析

2010年、2015年和2023年三次问卷调研被访人员均为60周岁及以上老年人，其中年龄最小的为60周岁，最大的为98周岁。被调查老年人男性占比为46.3%~49.3%，女性占比为50.7%~52.8%，女性略高于男性（见表6.5）。

表6.5 老年人抽样调查数据基本情况 （单位：%）

年份	城市	男（人数/%）	女（人数/%）	年龄段				
				60~64	65~69	70~74	75~79	≥80
2010	北京	491/49.3	504/50.7	26.6	14.8	23.4	18.5	16.7
2015		1556/46.3	1806/53.7	29.5	21.1	13.6	15.2	20.6
2023		408/47.2	503/52.8	34.7	19.8	8.4	14.6	22.5

资料来源：课题调研数据。

在肌肉状况调查中，问卷针对提起重物（5~10千克）、室内走动、上下床、上下楼和跌倒频率等项目展开。除了2010年的"跌倒频率"和2015年的"提起5千克重物"和"上下楼梯"填写比例低于15.0%，其他项目的填写比例均在95.0%以上（表6.6）。

表6.6 肌肉状况调查表填写情况 （单位：%）

项目	2010年			2015年			2023年		
	男	女	平均数	男	女	平均数	男	女	平均数
提起5~10千克重物	99.6	99.6	99.6	10.0	9.9	10.0	99.8	99.8	99.8

续表

项目	2010年			2015年			2023年		
	男	女	平均数	男	女	平均数	男	女	平均数
室内走动	99.8	99.8	99.8	100.0	99.9	100.0	100.0	100.0	100.0
上下床	100.0	99.8	99.9	100.0	100.0	100.0	100.0	100.0	100.0
上下楼梯	99.4	99.2	99.3	10.0	9.9	10.0	99.5	99.6	99.6
过去一年的跌倒频率	10.8	18.5	14.7	99.4	99.5	99.5	98.5	95.3	96.8

资料来源：课题调研数据。

2. 老年人肌肉状况分析

表6.4比较了2010年、2015年和2023年北京市60周岁以上老年人的肌肉状况。在涉及的5个问题中，提起重物是三次调查中老年人完成率均较低的项目，分别有55.3%（2010年）、64.9%（2015年）和54.4%（2023年）的被访老年人表示不费力，分别有23.6%、17.3%和9.6%的被访老年人表示无法完成。2010年和2015年被访的北京老年人在步行能力、坐立能力、爬楼梯能力和跌倒频率等方面结果的统计无显著差异。其中，男性被访者在肌肉力量、爬楼梯能力和跌倒频率等方面的结果优势明显高于女性被访者。将2010年和2015年数据与2023年统计数据对比可知，老年人在步行能力、起坐能力、爬楼梯能力和跌倒频率这四项的完成情况较前两次调研结果有明显下降，具有显著性差异（$P<0.05$）。在2023年调研数据中，男性受访者在肌肉力量和肌肉功能方面的调查数据与女性相比没有显著优势（见图6.16）。

2023年仅49.1%的被访老年人表示自己上下床不费力，较2010年下降43.7%，较2015年下降46.4%，是下降最为显著的一项。步行能力测试中的在室内走动次之，2023年有64.9%的被访老年人选择不费力，较2010年下降26.1%，较2015年下降30.3%。在爬楼梯能力调查中，2023年有49.1%的被访老年人选择不费力，较2010年下降23.7%，较2015年下降30.3%。在跌倒频率统计中，2023年有62.1%的被访老年人在一年内没有发生跌倒，较2010年下降23.2%，较2015年下降24.4%。

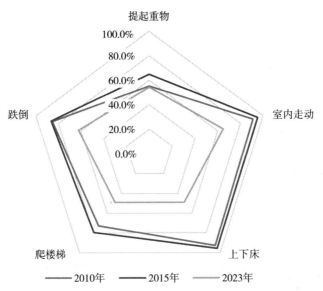

图6.16　三次调研老年人肌肉力量、肌肉功能和跌倒频率完成率

资料来源：课题调研数据。

3. 老年人跌倒发生情况

我们将三次调研的数据按年龄段和跌倒发生频率进行统计（见图6.17），结果表明，随着年龄的增长，跌倒发生比例逐渐增高。2010年和2015年老年人年龄与跌倒发生率趋势无显著差异。2023年的数据显示，60~64岁年龄组的老年人跌倒发生率与前两次基本一致，均为10%左右。但随着年龄的增长，老年人的跌倒比例明显增加，80岁及以上的老年人在一年内跌倒的比例高达69.0%，明显高于2010年和2015年的调研结果（$p<0.05$）。

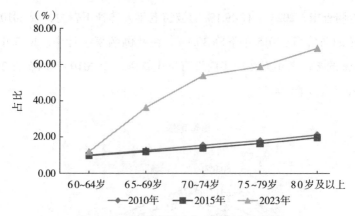

图 6.17 不同年龄段老年人跌倒率关系图

资料来源：课题调研数据。

2010年和2015年全国和北京地区被访老年人肌肉调查指标无显著差异。2023年，北京市有近50%的老年人在"手提4.5千克重物""自己上下床""自己上下楼梯"方面感到有困难或者无法完成，有近40%的老年人在一年内跌倒，显著高于前两次调研平均值。没有扶手、光线昏暗，以及厕所、浴室不好用是导致其跌倒的主要原因。

4. 小结

随着年龄的增长，老年人肌肉力量和肌肉功能呈现下降趋势，也是诱发老年人肌少症风险和跌倒的重要诱因之一。通过调研发现：第一，2023年北京市老年人肌肉功能较2010年和2015年调研结果有所下降；第二，2023年男性对比女性在肌肉力量和肌肉功能所展现出的优势在不断降低；第三，肌肉力量和上下楼梯能力是反映大多数老年人肌肉状况的重要指标。不同老年人肌肉状态下降的表现存在差异，关注老年人肌肉健康状况可有效降低老年人跌倒风险。

综合上述两项研究可以发现：第一，老年人跌倒风险与年龄呈正相关；第二，肌肉力量下降，特别是下肢肌肉力量下降是老年人跌倒的主要因素之一。

七、如何预防老年人跌倒

重视预防跌倒的宣传教育 全社会应广泛开展预防跌倒的宣传活动，普及老年人跌倒风险意识。对存在高风险的老年人和家属，提供健康教育并进行相关训练，增强他们的防范意识。

增加运动量 鼓励老年人多参加体育活动，增强肌力，减轻肌肉萎缩，减缓许多年龄相关性的肌肉骨骼系统和心血管系统功能减退。

积极治疗疾病 针对早期帕金森病、认知障碍、脑卒中等疾病的积极治疗，能有效减少跌倒发生。对高血压、糖尿病等慢性病患者，除其基础疾病外，还应特别注意其晕厥史。对患有骨关节肌肉疾病的老年人来说，应进行功能性锻炼，提高骨关节的灵活性，防止肌肉萎缩无力和骨质疏松。

监测多重用药和药物不良反应 对于服用多种药物和有明显不良反应药物的患者，应在医生的指导下确定是否需要更换或停药，以避免对平衡和注意力的负面影响。

建设环境友善型社会 老年人大部分时间待在家里，保障生活环境的安全非常重要。老年人的活动场所应平整、干爽、没有障碍物，在厕所、浴缸及楼梯两旁安装扶手，家庭照明也应改善。社区道路应该平整，上下台阶处也应配置扶手。

老年人心理健康服务体系的探索与分析

何亚楠[①]

一、研究背景及意义

(一)研究背景

根据第七次全国人口普查数据显示,目前我国60岁及以上老年人口数量达到2.6亿人,占总人口的18.7%。[②] 我国人口老龄化的程度还在不断加深。预计到2025年,我国每5个人中,将会有1名老年人;到2050年左右,我国每3个人中,将会有1名老年人。[③] 实现健康老龄化已经成为实施健康中国战略的一个重点课题。家家有老人,人人都会老,老年人的健康是家庭的财富,万千老年人的健康是国家的财富,在践行健康中国的道路上一个都不能少,特别是老年人这一特殊群体,更是不能掉队。

老年人的健康不仅包括身体健康,还包括心理健康。心理健康在

---

① 何亚楠,中国老龄科学研究中心老龄宜居环境研究所助理研究员,中级统计师,工信部认证高级数据分析师,医学硕士研究生。研究方向为老龄数据、老龄服务、老龄宜居。曾参与中国城乡老年人生活状况抽样调查相关工作,参与问卷设计、调查培训、调查实施、数据清理、报告撰写全链条工作,担任全国调查培训讲师,培训指导上万名督导员和访问员。曾参与科技部国家重点科研专项课题"多主体融合式智慧医养结合服务模式构建与推广",参与撰写了《"多主体"智慧医养结合建设标准》、编写了《"多主体"融合式智慧医养结合服务标准》《"多主体"融合式智慧医养结合服务标准编制说明》。参与编撰了多部学术相关书籍,发表了多篇学术论文。

② 国家统计局. 第七次全国人口普查主要数据情况 [EB/OL].(2021-05-11). http://www.stats.gov.cn/sj/xwfbh/fbhwd/202302/t20230203-1901080.html.

③ 中国政府网. 到2050年老年人将占我国总人口约三分之一 [EB/OL].(2018-07-19). http://www.gov.cn/xinwen/2018-07/19/content_5307839.htm.

老年人的生活中起着重要作用，它与身体健康相互影响，共同决定着老年人的整体健康状况。心理压力、焦虑、抑郁等负面情绪会对免疫系统和身体机能产生负面影响，增加患病风险。相反，积极的心理状态和良好的心理健康有助于提高免疫力，增强身体的抵抗力。心理健康的老年人有更加积极的生活态度和情绪状态，更能适应生活的变化和挑战。他们更愿意参与社交活动、保持社交联系，享受更多的支持和关爱，从而提高生活满意度和幸福感。此外，心理健康对老年人的认知功能和记忆能力也有重要影响。研究表明，心理健康状况良好的老年人更容易保持较好的认知能力和注意力，延缓认知衰退的速度。

2016年，原国家卫生计生委等22个部门联合印发《关于加强心理健康服务的指导意见》（国卫疾控发〔2016〕77号）的部署，国家卫生健康委于2018年牵头发布了《全国社会心理服务体系建设试点工作方案》，其中明确指出：要回应空巢、丧偶、失能、失智、留守老年人等重点人群心理健康服务需求[1]；逐步建立健全社会心理服务体系，将心理健康服务融入社会治理体系、精神文明建设，融入平安中国、健康中国建设[2]。

新冠疫情的暴发更加凸显了老年人心理服务的重要作用。疫情期间，老年人获取外界信息的渠道有限，部分老年人不会使用智能手机浏览网络信息，大部分信息都来自电视媒体，一些老年人缺乏辨别信息真实性的能力，听信一些不实的谣言，引起强烈的情绪反应，伤身又伤心。老年人长期待在家中，无法适当地释放情绪，容易烦躁、焦

---

[1] 中国政府网.22个部门联合印发《关于加强心理健康服务的指导意见》强调发挥社会工作专业作用［EB/OL］.（2017-01-24）.https://www.gov.cn/xinwen/2017-01/24/content_5162861.htm#1.

[2] 疾病预防控制局.关于印发全国社会心理服务体系建设试点工作方案的通知［EB/OL］.（2018-12-04）.http://www.nhc.gov.cn/jkj/s5888/201812/f305fa5ec9794621882b8bebf1090ad9.shtml.

虑，严重者会影响睡眠质量，还会产生一系列过激反应，甚至加重原来就有的高血压、心脏病等基础疾病，而这些过激反应可能会给老年人的身心带来长期的负面影响。

此时，实施恰当的心理服务介入在很大程度上缓解了老年人的心理压力，让老年人释放了负面情绪，帮助老年人度过了疫情困难时期，取得了很好的干预效果。实施恰当的心理服务介入不仅能够缓解老年人的心理压力，还能提供情感支持和心理教育，帮助他们应对困境，并促进心理健康。在疫情困难时期，很多老年人面临孤独、焦虑、抑郁等心理问题，而心理服务介入为他们提供了一个安全、开放的空间，让他们能够表达内心的困扰和情感。通过心理服务介入，老年人有机会与专业心理健康工作者进行面对面的沟通，可以获得情感的理解和支持，同时也能获得针对个体需要的心理教育。这些心理教育包括应对焦虑、保持积极心态、建立社交关系等方面的知识和技能。这些知识和技能的学习，可以帮助老年人更好地应对困境，增强他们的心理韧性和抗逆能力。

随着社会的发展，老龄化问题日益突出，老年人心理健康问题也逐渐引起了广泛关注。关注老年人心理状况，体现了整个社会的人道主义关怀，构建科学可行的老年人心理健康服务体系不仅有助于预防和减少心理健康问题的发生，维护老年人的全面健康，还能促进社会和经济的可持续发展，构建一个充满关爱和尊重的社会环境。随着我国精神文明建设不断进步，我们应该关心并尊重老年人的权益和需求。老年人经历了一生的辛劳和付出，他们应当享有幸福的晚年。关注老年人的心理状况，关心他们的内心世界，是对他们付出的一种回报，也是人道主义责任的具体体现。

高质量的老年人心理服务有助于预防和减少老年人群体心理健康问题的发生。老年人常常面临身体功能的退化、社会角色转变和亲友离世等问题，这些变化可能会对他们的心理健康产生负面影响。通过专业的老年人心理服务，我们可以及早发现并应对潜在的心理问题，防止其恶化。及时的心理支持和帮助不仅可以帮助老年人更好地适应生活变化，还能增强他们的心理韧性和适应能力。

高质量的老年人心理服务也有助于维护老年人的全面健康。心理健康与身体健康密不可分，二者相互影响、相互促进。心理健康问题会影响老年人的生活质量和自我管理能力，进而对身体健康产生负面影响。关注老年人的心理健康状况，提供心理咨询和心理干预等服务，可以帮助他们建立积极的情绪和心态，促进身心的平衡和健康。

老年人是社会的重要资源和力量，健全高质量的心理服务体系有助于挖掘和发挥他们的潜能，使其继续为社会发展做出贡献。同时，老年人心理健康问题会增加医疗资源的压力，加重社会养老负担。通过关注老年人的心理健康状况，可以预防和减少心理健康问题的产生，减轻医疗资源的压力，促进社会和经济的可持续发展。

综上所述，构建高质量心理服务体系体现了人道主义责任，有助于预防和减少心理健康问题的产生，维护老年人的全面健康，促进社会和经济的可持续发展，构建一个充满关爱和尊重的社会环境，为他们提供必要的心理支持和服务帮助，让他们在晚年拥有幸福、健康和有意义的生活。让每个老年人都感受到自己的价值和尊严。

（二）研究意义

《"健康中国 2030"规划纲要》指出，要加强心理健康服务体系建设和规范化管理，加大对重点人群心理问题早期发现和及时干预力度[1]。关于健康老龄化，国家给出了各种方向性的方针政策，鼓励老年人心理健康服务体系建设。同时，随着大众健康意识的提高，老年

---

[1] 中国政府网．中共中央 国务院印发《"健康中国 2030"规划纲要》[EB/OL]．(2016-10-25)．http://www.gov.cn/zhengce/2016-10/25/content_5124174.htm.

人的心理服务需求持续增长，更应加强心理服务供求双方的匹配度。

随着年龄的增长，老年人面临许多心理健康问题，如孤独感、抑郁、焦虑、记忆力减退等。这些问题不仅给老年人自身带来困扰，还对家庭和社会产生了负面影响。尽管政府和相关机构已经采取一些措施应对老年人心理健康问题，但现有的老年人心理健康服务体系仍然存在一些不足。首先，对老年人心理健康问题的认知程度普遍较低，缺乏足够的关注和重视。其次，现有的心理健康服务体系覆盖范围有限，主要关注年轻人和成年人，而对老年人的专门服务相对不足。再次，老年人心理健康服务体系缺乏整合性和连续性，形式单一，服务内容和方式不够多样化和个性化，服务质量和效果不稳定，无法满足老年人多样化的需求和特点。最后，老年人心理健康服务体系的建设和发展缺乏科学的理论指导和有效的实践经验。

因此，为了更好地关注和解决老年人心理健康问题，本研究旨在探索和分析老年人心理健康服务体系，以期为提升心理健康服务和更好地满足老年人的需求提供有益的经验和建议。通过对老年人心理健康服务体系的研究，我们可以更深入地了解老年人心理健康问题的现状和特点，分析现有服务体系的不足之处，为政府和相关机构提供参考，提出改进和发展措施，提高老年人的心理健康水平，减少社会成本，并探索创新的服务模式，以满足老年人多样化的个性化需求。

二、基本概念界定

（一）心理服务

心理服务是基于专业的心理学知识和技术，为个体或群体提供心理支持和辅导的服务。它旨在帮助人们解决心理问题，提高心理健康水平，并促进个人的成长和发展。

心理服务的目标是通过与个案的交流和合作，帮助他们更好地认识和理解自己的内心世界,解决心理困扰和障碍,改善情绪和行为问题,提升自尊和自信,提高应对压力和逆境的能力,以及改善人际关系和提高生活质量。

心理服务可以包括以下方面。

心理咨询:通过与心理咨询师的面对面或在线交流,客户可以倾诉自己的困扰和问题,咨询师会倾听和理解并提供专业的建议和指导。

心理评估:通过使用心理测试和评估工具,心理专业人员可以对个体的心理状态、智力水平、人格特征等进行全面的评估,从而更好地理解和帮助客户。

心理治疗:通过不同的治疗方法和技术,帮助客户处理心理问题和困扰。常见的治疗方法包括认知行为疗法、解决问题疗法、催眠疗法等。

心理教育和培训:向公众提供心理知识和技能的教育和培训,帮助人们更好地了解和应对心理问题,提升心理健康水平。

心理服务可以在学校、医疗机构、社区心理健康中心等地提供,也可以通过在线平台进行远程服务。它适用于各年龄阶段的人群,包括儿童、青少年、成年人和老年人。心理服务的目的是帮助人们提高生活质量和幸福感。

(二)服务体系

服务体系是指由多个组成部分相互关联和相互作用而形成的一种整体结构,用于提供特定服务的系统。它包括各种资源、机构、流程和技术的组合,旨在满足客户需求,实现服务的有效交付和优质体验。

服务体系的关键组成部分包括以下方面。

服务提供者:提供具体服务的个人、团队或机构。他们可能是专业人员、企业、政府机构、非营利组织等，具备相关知识和技能，能够满足客户需求并提供相应的服务。

服务需求者：需要特定服务的个人、群体或组织。他们可能是消费者、患者、客户、企业等，对服务有一定的需求，并期望得到满足。

服务资源：用于提供服务的各种资源，包括人力资源、物质资源、技术资源等。这些资源可以支持服务提供者进行服务交付，并满足客户需求。

服务流程：服务提供者根据服务需求者的要求和标准所制定的操作流程和规范。服务流程包括服务的设计、实施、监控和改进等环节，以确保服务的高效和质量。

服务技术：利用科技手段和工具来提升服务质量和效率的各种技术和方法。例如，互联网技术、智能设备、数据分析等可以被应用于服务过程，提供更便捷、个性化和增值的服务体验。

服务体系的目标是通过整合和优化各种资源和过程，提供高质量的服务，满足客户需求，提升客户满意度和忠诚度。它在各个行业和领域都有应用，如教育、医疗、金融、旅游、零售等。一个健全的服务体系可以提升服务提供者的竞争力，促进经济发展和社会进步。

（三）心理服务体系

心理服务体系是一个由多个组成部分相互关联和作用而形成的整体结构，用于提供心理服务的系统。它包括服务提供者、服务需求者、服务资源、服务流程和服务技术等要素。

服务提供者：包括心理咨询师、心理治疗师、心理评估师、心理教育师等专业人员，他们通过专业的心理学知识和技术为个体或群体提供心理支持和辅导。

服务需求者：需要心理支持和辅导的个体或群体，包括个人、家庭、学校、企事业单位等。

服务资源：包括物质资源和人力资源。物质资源指为提供心理服务所需要的设备、场地、材料等；人力资源指具备专业知识和技术的心理服务提供者。

服务流程：心理服务的整体运作流程，包括服务需求的识别和评估、服务计划的制订、服务实施和跟进等环节。

服务技术：心理学领域的专业技术和方法，包括心理咨询技术、心理治疗技术、心理评估技术、心理教育技术等，用于提供具体的心理支持和辅导。

心理服务体系的目标是提供高质量服务，满足客户需求，促进个体的心理健康和社会的稳定发展。通过建立健全的心理服务体系，可以提供及时的心理支持和辅导，帮助个体解决心理问题，提高生活质量和工作效能。

（四）老年人心理服务体系

老年人心理服务体系是为满足老年人心理需求而建立的一个由多个组成部分相互关联和相互作用而形成的整体结构，旨在提供专门针对老年人的心理支持和辅导服务。它包括以下要素。

服务提供者：包括专门从事老年心理服务的心理咨询师、心理治疗师、社工人员、老年护理人员等专业人员。他们具备专业的心理知识和技术，能够有效地理解和应对老年人的心理问题。

服务需求者：主要是老年人群体，包括独居老人、养老院居民、社区老年人等。这些老年人可能面临失去亲人、身体健康问题所引起的忧虑，退休后的心理适应等多种心理压力和困扰。

服务资源：包括为老年人提供心理服务所需要的物质资源和人力资源。物质资源包括设备、场地、资金等；人力资源包括具备专业知识和技术的心理服务提供者、社工人员、志愿者等。

服务流程：老年人心理服务的流程包括需求评估、个体化服务计划制订、心理支持和辅导实施、定期跟进和评估等环节。服务流程应根据老年人的特点和需求进行定制化，以满足他们的心理健康需求。

服务技术：针对老年人心理服务的技术包括认知行为疗法、情绪调节技巧、社交技能培训、咨询技巧等。这些技术有助于帮助老年人解决心理问题，提高他们的心理健康水平。

老年人心理服务体系的目标是提供及时、专业的心理支持和辅导，帮助老年人解决心理问题，提升他们的生活质量和幸福感。通过建立健全的老年人心理服务体系，可以促进老年人的心理健康，减少心理疾病的发生，提高老年人的幸福指数。

三、研究的可行性和必要性

（一）研究的可行性分析

首先，该课题在学术支持方面具备可行性。心理健康领域一直是学术界的研究重点之一，已经有大量的研究成果和理论框架可以支持这个课题的深入探索。通过对现有研究的梳理和分析，可以为老年人心理健康服务体系的构建提供学术支持。

其次，数据收集与分析具有可行性。通过文献查询、访谈、实地调研等方法，可以收集到来自相关机构、专家和从业人员的意见和建议。通过对这些数据进行整理和分析，可以得出关于老年人心理健康服务体系的实际需求和可行性的结论。

再次，在社会需求方面，老年人心理健康问题日益受到关注，因此，建立一个完善的心理健康服务体系对于满足老年人的需求和提升他们的生活质量具有重要意义。社会上对于老年人心理健康服务的需求迫切，这也为本研究的可行性提供了保证。

最后，在实践应用方面，通过研究老年人心理健康服务体系，可以为相关机构和从业人员提供指导和参考,帮助他们更好地开展工作。同时,研究的成果也可以为政府制定相关政策和法规提供依据,推动老年人心理健康服务的发展。

综上所述,老年人心理健康服务体系的探索与分析是一个具备可行性的研究课题。通过文献研究、数据收集与分析、社会需求和实践应用等方面的考量,可以推动这个课题的研究,并为老年人心理健康服务的发展做出贡献。

(二)研究的必要性分析

随着人口老龄化的不断加剧,老年人口数量不断增长。根据统计数据,全球老年人口在不断增加,预计到2050年将达到22亿人。这意味着老年人心理健康问题将成为一个日益突出的社会问题。因此,研究老年人心理健康服务体系的必要性日益凸显。

老年人面临诸如孤独、抑郁、焦虑、失眠等心理健康问题。这些问题可能对老年人的生活质量和幸福感造成负面影响。通过研究老年人心理健康服务体系,可以提供专业的心理支持和辅导,帮助老年人更好地应对这些问题,提升他们的心理健康水平。目前,我国老年人心理健康服务体系相对薄弱。很多地区缺乏专业的心理服务机构和心理服务从业者,导致老年人难以及时获得专业的心理支持和治疗。

研究老年人心理健康服务体系,可以为政府和相关机构提供政策建议和资源配置方案,促进专业心理服务的发展,满足老年人心理健康需求。老年人心理健康服务需求与现有资源之间存在不匹配的情况。有限的服务资源无法满足老年人的广泛需求。通过研究老年人心理健康服务体系,可以深入了解老年人的需求,分析资源分配的合理性,提出改进方案,实现需求与资源的匹配。

老年人心理健康服务体系的建设不仅关乎老年人个体的幸福感和生活质量,也关系到社会的稳定和经济的发展。促进老年人的心理健康，可以减少医疗资源的消耗，降低社会成本，提高老年人的生活满意度和社会参与度，从而促进社会进步和经济发展。

总之，老年人心理健康服务体系的研究对于解决老年人心理健康问题、提升他们的生活质量、促进社会进步和经济发展具有必要性。通过建立健全的服务体系，可以为老年人提供及时、专业的心理支持和辅导，提升老年人的心理健康水平，满足他们的需求。

四、研究目标

本课题旨在探索和分析老年人心理健康服务体系的现状和问题，研究老年人心理健康服务的需求和满足程度，深入了解老年人心理健康服务的提供模式、服务质量和效果，探索和提出改进老年人心理健康服务体系的策略和措施。具体包括以下几个方面。

一是分析老年人心理健康服务的现状。通过调查和研究，了解目前老年人心理健康服务的现状，包括服务的范围、形式、覆盖率等，并探讨存在的问题和不足之处。

二是探索老年人心理健康需求。通过问卷调查、深度访谈等方式，了解老年人的心理健康需求，包括心理问题的种类、发生原因、影响因素等，探讨老年人心理健康问题的特点和趋势。

三是分析老年人心理健康服务的有效性。评估现有的老年人心理健康服务项目和措施的有效性，分析其在预防和干预心理问题方面的效果，探讨存在的问题和改进的空间。

四是探索老年人心理健康服务的改进策略。基于对现有服务体系的分析和评估，提出改进老年人心理健康服务的策略和措施，包括加强心理健康教育、建立专业团队、提供个性化服务等，以提高老年人的心理健康水平。

五是根据老年人心理健康服务的现状提供建议。综合以上研究结果,提出建立完善的老年人心理健康服务体系的建议和方案,包括政策支持、资源配置、机构设置等,以确保老年人能够获得及时、有效的心理健康服务。

通过以上的研究目标的实现,我们希望为老年人心理健康服务的改进和提升提供科学依据和指导,为社会和政府制定相关政策和措施提供参考,促进老年人心理健康的全面发展。

五、研究对象

本次课题研究对江苏省南京市、扬州市、苏州市的老年人心理服务情况进行深入调研,内容涉及老年人心理健康服务的现状、老年人心理健康服务体系基本情况、存在的问题及发展趋势等。

与此同时,本课题还对老年人心理服务的业内相关人士进行深度调研访谈,包括心理咨询师、社区工作者、心理咨询机构从业者、老年人心理医学专家,以及提供心理健康服务的机构和组织,如医院、社区服务中心、老年活动中心等。访谈具体内容涉及老年人心理服务发展现状及存在的问题、老年人心理服务体系的构建、老年人心理服务体系未来发展趋势等。

通过对老年人心理健康服务体系的研究,可以为提高老年人心理健康水平提供科学依据和指导,促进老年人幸福感和生活质量的提升,为社会构建一个关注老年人心理健康的良好环境。

六、研究方法

(一)实地调研法

亲自前往提供心理健康服务的机构和组织,如医院、社区服务中心、老年活动中心等,通过观察研究对象的环境、设施等直接获取信息，深入了解心理健康服务机构的现状和特征。以第三者视角观察服务留存的观察记录、采访录音、摄影、视频等数据，帮助课题获取翔实的信息，并支持后续的数据分析和研究结论。

（二）文献研究法

通过文献研究等方式获取关于老年人心理健康问题的相关数据和信息。对收集到的资料进行分析，包括心理健康问题的类型、程度和影响因素等方面，以揭示老年人心理健康问题的现状。根据本课题明确的研究目标和问题，通过国家及各级政府相关政策文件、学术数据库、网络搜索、新闻报道等渠道收集与老年人心理健康服务体系相关的文献资料。根据研究目标和问题，对收集到的文献进行筛选和评估。筛选标准可能包括文献的可靠性、研究方法、样本规模等。只有符合研究需要的文献才会被纳入研究范围。再将入选的文献进行分类整理，汇总同类文献后进行综合分析，寻找共同点和差异点，并提炼出关键观点和结论。

（三）访谈研究法

根据课题研究安排访谈老年人心理服务相关从业者，包括心理咨询师、社区工作者等专业人士。通过与从业者进行访谈，可以了解他们对老年人心理健康服务的看法、经验和观点，从而深入探索老年人心理健康服务的现状和问题以及改进策略。对已有的老年人心理健康服务模式和案例进行研究和比较，包括相关政策、机构设置、服务内容等方面。分析成功案例的关键因素和可借鉴之处，为创新解决方案提供参考。

在访谈从业者的过程中，采用半结构的访谈方式，事先准备一份访谈指南，包含一些关键问题和话题，用于引导访谈内容。这些问题可以涵盖老年人心理健康服务需求、服务带来的挑战、服务体系的问题和改进建议等方面。

在访谈过程中,提问要保持中立和开放的态度,尊重从业者的意见和观点,鼓励他们自由表达。同时,研究者需要灵活调整访谈流程,根据从业者的回答深入探索相关问题,以获取更全面和深入的信息。

访谈从业者的优势在于能够获得专业人士对老年人心理健康服务的专业见解和经验。他们对服务的需求和问题有着深入了解,可以提供有关服务质量、服务流程、专业培训和支持等方面的观点和建议。通过与从业者的访谈,可以更好地了解他们对老年人心理健康服务的认知、态度和行为,以及他们对服务体系的期望和需求。

七、研究主要内容

(一)老年人心理服务体系现状

了解我国现有老年人心理服务体系的基本情况,包括探索老年人心理健康需求(如心理问题的种类、发生原因、影响因素等)和心理健康问题的特点和趋势。通过文献研究结合实地调研,了解老年人心理健康服务的现状,包括服务的范围、形式、覆盖率等,并探讨存在的问题和不足之处。

(二)老年人心理服务体系现存问题

剖析我国现有老年人心理服务体系的现存问题,包括老年人心理服务存在的问题及发展阻碍,探讨老年人心理服务体系该如何科学合理地构建才能真正精准干预老年人心理健康。基于对现有服务体系的分析和评估,提出改进老年人心理健康服务的策略和措施,包括加强心理健康教育、建立专业团队、提供个性化服务等,以提高老年人的心理健康水平。

（三）老年人心理服务体系构建发展建议

分析我国老年人心理服务体系的构建及发展趋势，包括老年人心理服务体系下一步的发展趋势及该如何构建等内容。

八、研究成果

（一）我国老年人心理健康问题的现状

1. 老年人的生理和心理特征

（1）老年人的生理特征

新陈代谢减缓、机体器官功能下降：随着年龄的增长，老年人的器官功能逐渐下降。例如，心脏的泵血能力减弱，肺部的呼吸功能减退，肾脏的排泄功能减弱，等等。老年人身体机能逐渐衰退后，肌肉力量和灵活性减弱，耐力和平衡能力降低，免疫系统功能下降，容易患上各种疾病。此外，随着老年人身体代谢减慢，消化吸收能力减弱，对药物和饮食的反应也有所变化。这些生理上的变化可能导致老年人更容易疲劳，身体抵抗力下降，容易出现慢性疾病。

慢性病健康问题增加：老年人较其他年龄层次群体面临更多的慢性病健康问题。常见的健康问题包括高血压、糖尿病、关节炎、骨质疏松等。此外，老年人更容易受到感染和疾病的侵袭，导致免疫系统功能下降，出现感冒、肺炎等疾病。

特殊生理需求增加：老年人在生活的一些基本需求方面有特殊的要求。例如，老年人更容易感到寒冷，需要保暖措施；饮食需求可能有特殊限制，需要控制钠盐摄入和增加蛋白质等；睡眠质量可能下降，需要更多的休息时间。

（2）老年人的心理特征

自身身份角色的转变：随着年龄的增长，老年人经历了从工作和家庭责任的角色转变到退休和家庭中的不同角色。这种角色转变可能导致老年人对自身价值的认同感降低,需要老年人适应新的身份和角色。

社交圈变小,孤独感产生:老年人常常面临社交圈子缩小,亲友离世以及子女独立生活等问题,导致他们更容易感到孤独和社交孤立。这种孤独感可能对心理健康产生负面影响。

易抑郁和焦虑:研究表明,老年人更容易出现抑郁和焦虑的情绪问题。这可能与生活变化、身体健康恶化、社会支持减少等因素有关。老年人的抑郁和焦虑需要受到重视,应被及时干预。

认知功能下降:老年人的认知功能也会随着年龄的增长而发生变化。例如,记忆力可能下降,思维灵活性减退,处理信息的速度减慢等。然而,老年人在经验和智慧方面可能会有所积累,他们可以运用自己的经验解决问题并做出决策。

2. 我国老年人心理健康现状及常见问题

(1)我国老年人心理健康现状

课题组收集大量相关文献和老年人心理健康调查数据,汇总分析我国老年人心理健康现状。老年人普遍面临心理问题的挑战,其中最常见的是抑郁和焦虑。许多老年人经历生活转变和亲友离世,这些变化可能导致他们感到孤独、失落和无助,从而影响心理健康。老年人面临认知机制的改变,如记忆力下降、注意力不集中和思维速度减慢。这些认知问题可能影响老年人的日常生活和心理健康。老年人面临社会交往改变、社交圈子变小和孤独感增加等问题。失去同伴、朋友和亲人的经历可能导致老年人感到孤独和社交隔离,对心理健康产生负面影响。

(2)我国老年人心理健康常见问题

在中国,老年人的心理健康问题普遍存在,并且具有一些常见的特点。以下是一些常见的老年人心理健康问题。

① 抑郁

抑郁是老年人常见的心理问题之一。退休、生活孤单等因素都可能导致老年人感到失去目标和意义，从而陷入抑郁情绪。老年人抑郁是指年龄较大的人群中普遍存在的一种心理健康问题。抑郁症是一种严重的心理疾病，会导致情绪低落、兴趣减退、精力不足、注意力不集中等一系列身体和心理上的症状。老年人抑郁症的发生原因是多方面的，包括生理、心理、社会等方面因素。

老年人抑郁的生理原因包括脑部化学物质的不平衡。例如，血清素和多巴胺等神经递质的异常，以及慢性疾病、药物副作用等身体健康问题的影响。心理原因方面，老年人面临许多生活变化和挑战。例如退休、子女独立、社交圈子缩小等，这些变化可能导致他们感到失落、无助和缺乏目标感，从而增加抑郁的风险。社会因素也对老年人抑郁起着重要作用。老年人往往面临社会孤立、缺乏家庭支持、丧偶、子女不在身边等问题，这些都可能导致他们感到孤独、无助和被忽视，进而诱发抑郁情绪。

② 社交隔离与孤独感

老年人常常面临社交圈子缩小的问题，特别是在失去配偶、子女独立等情况下，导致社交支持减少，容易感到孤独和无助，增加了孤独感和社交隔离的风险。老年人与社会交往和参与的机会减少，缺乏社会支持和互动。老年人可能由于身体健康问题、行动不便、交通限制等，无法参与社交活动，与朋友、家人和社区的联系逐渐减少。这种社会隔离使老年人感到孤独、无助和被忽视，对他们的心理健康产生负面影响。孤独感是老年人在社会隔离的基础上产生的一种主观感受，是指老年人主观上感到缺乏与他人的联系和支持，情感上感到孤独、失落和无助。孤独感会导致老年人的心理健康出现问题，如抑郁、焦虑、自卑、自杀倾向等。

③ 焦虑

老年人面临的生活变化和健康问题可能引发焦虑情绪。担心疾病、经济问题、社会关系等都可能导致老年人感到紧张和不安。老年人焦虑是指老年人在面对各种生活和身体变化时所经历的一种紧张和不安情绪。老年人焦虑可能源于多种因素,包括健康问题、社交隔离、失去亲人和朋友、经济担忧、退休后的身份转变等。

身体健康问题是老年人焦虑的主要因素之一。随着年龄增长,老年人面临各种慢性疾病和身体功能下降的挑战,这可能导致其对未来健康的担忧和恐惧。老年人可能担心自己的身体状况会影响他们的独立性和生活质量,这种焦虑可能影响他们的日常生活和情绪状态。

社交隔离也是导致老年人焦虑的一个重要因素。随着年龄增长,老年人可能面临社交圈子缩小、亲友离世或迁走的情况,从而感到孤独和失去支持。缺乏社交互动和情感支持可能使老年人感到焦虑和无助。

退休后的身份转变也可能引起老年人焦虑。退休后,老年人可能面临失去工作角色和社会地位的挑战,他们可能感到无所适从和不知所措。失去了日常工作的忙碌和目标感,老年人可能感到焦虑和无聊。

④ 认知功能衰退

老年人认知功能会出现减退,主要表现是思维、记忆、注意力和理解等认知能力逐渐降低。这种衰退是正常的老化过程的一部分,但也可能是神经退行性疾病(如阿尔茨海默病)的症状之一。老年人认知功能衰退的主要表现包括老年人可能会出现短期记忆力减退的情况:忘记刚做的事情或约定的时间和地点等;难以集中注意力,容易分散或忽略细节;思维反应变慢,处理信息的速度较以前有所降低;难以理解和运用抽象概念(如难以理解抽象的数学问题或推理推断);容易迷失方向,难以识别地点。老年人认知功能衰退的原因可能是多方面的,包括脑部结构和功能的变化、神经递质的变化、血液供应减少以及慢性疾病的影响等。

⑤ 自我认同问题

老年人经历了角色的转变,特别是在面对身体功能下降、退休或失去社会角色的情况下,从职业身份转变为退休身份,可能导致他们失去自我认同感和目标感,产生自我价值的质疑和困惑。

⑥ 心理压力

老年人可能面临经济压力、子女关系问题、疾病治疗等各种压力,这些压力可能对他们的心理健康产生负面影响。

⑦ 失眠和睡眠障碍

很多老年人面临睡眠问题,包括入睡困难、频繁醒来和早醒等。这些问题可能导致疲劳、精神不佳和情绪波动。

⑧ 忧虑未来,恐惧死亡

老年人忧虑未来和恐惧死亡是常见的心理现象。随着年龄的增长,老年人可能会面临许多不确定的因素,如健康状况的恶化、经济困境、家庭关系的变化等,这些因素都可能导致他们对未来充满担忧。老年人对未来担忧主要包括经济安全、疾病和失能、孤独与无助等方面。他们可能担心自己的养老金是否能够维持生活品质,担心自己是否能够独立生活或者需要依赖他人的照顾,担心亲人是否能够照顾好自己。此外,老年人对死亡的恐惧也是一个常见的心理现象。面对生命的终结,他们可能会对未知的死后状态感到恐惧,对离开亲人和生活感到不舍,对死亡所带来的痛苦和无助感到担忧。

这些问题的出现与老年人身体的变化、社会支持不足、对老年阶段的担忧等因素有关。在应对这些问题时,需要提供相关的老年人心理支持和心理健康服务,包括心理咨询、心理治疗、社交活动和支持网络的建立等。同时,社会也需要加强对老年人的关注和支持,提供多样化的养老服务,以满足老年人的心理需求和提高他们的生活质量。

3. 我国老年人心理健康服务需求

在中国,老年人心理健康服务需求日益增长。首先,老年人面临身体健康问题,如慢性疾病、失能等,这些问题会对他们的心理产生影响。他们需要获得相关的心理支持和指导,以应对身体健康问题带来的负面情绪和心理困扰。

其次,老年人常常面临角色转变,如退休、子女离家等,这些变化可能使他们感到失去了生活的意义和目标,产生孤独感和无助感。他们需要寻找新的角色和活动,以保持积极的心态和对生活的兴趣。

再次,老年人还面临认知特征的改变,如记忆力下降、思维灵活性减退等。他们需要接受认知训练和锻炼大脑的活动,以提高认知功能和延缓认知衰退。

最后,老年人在社会关系方面也有特殊的需求。他们需要建立和维持良好的人际关系,以减少孤独感和社会孤立感。他们也需要社会支持网络,包括家庭支持、社区支持和社会组织的支持,以帮助他们应对生活中的各种困难和挑战。

总之,老年人心理健康服务需求包括身体健康问题的心理支持、角色转变的心理指导、认知功能的促进和社会支持网络的建立等。为了满足这些需求,我们需要加强老年人心理健康服务的提供,包括心理咨询、认知训练、社交活动、社会支持和关怀等。

(二)老年人心理服务体系现状

1.苏州市老年人心理服务体系现状

(1)苏州市老年人心理服务体系模式

2022年,在苏州市养老服务发展指导中心、苏州市慈善总会、苏州市心理健康协会以及街道办事处的共同支持下,苏州市老年人心理健康服务项目正式启动。这是苏州市首次面向全市空巢独居老年人开展的大规模心理健康筛查及干预服务项目。该项目由心理工作者组成专业队伍,以探访、居民家庭心理需求评估与建档、个案及家庭心理咨询工作、社区中小型活动、专题团体心理健康辅导活动等形式，为空巢独居等特殊困难老年人提供专业心理干预和精神抚慰。

（2）苏州市老年人心理服务体系内容

苏州市在街道建立了助老爱老心理健康关爱站，服务重点面向空巢、独居、残疾、计生特殊家庭、生活困难等特殊老年群体。站点配备了心理专家、心理社工师、心理健康讲师等专业人员，定期以站点为中心，通过心理咨询、团体心理辅导、上门心理关怀等多种形式，为周边居民提供专业心理干预和精神抚慰，解决老年人日常生活中的心理问题，帮助特殊老年群体享受幸福生活。

（3）苏州市老年人心理服务体系成效

苏州市老年人心理服务站点模式已经初步建立，形成了一定的老年人心理服务体系，包括相关的机构和专业人员。然而，服务模式仍然处于探索阶段，意味着还需要进一步的研究和实践，以使老年人心理健康体系更快步入正轨。尽管服务路径已经打通，但在实际操作中仍存在一些问题和不确定性。比如，对于不同类型的心理健康问题，可能需要不同的干预措施和服务方式，但这些细节尚未得到充分明确和规范。

另外，服务提供主体之间的协作仍在磨合中，老年人心理服务领域的机构和专业人员之间的合作还需要进一步加强和完善。

2. 扬州市老年人心理服务体系现状

（1）扬州市老年人心理服务体系模式

扬州市老年人心理服务体系多措并举，主张打造"15分钟养老服务圈"。每年由市老龄办牵头，在市区通过面向社会组织购买的方式，启动健康促进、健康养生、心理关爱等老年健康关爱项目。扬州市老年人服务中心定期为老年人组织各种社交和文化活动。

（2）扬州市老年人心理服务体系内容

扬州市老年人服务中心为老年人组织了丰富的社交和文化活动，

包括舞蹈班、书法班、绘画班等，为老年人提供展示才艺和交流的平台，并定期组织健康讲座和体检活动，提供健康管理和咨询服务。这些活动涵盖了心理健康、健康饮食、疾病预防等方面的内容，帮助老年人增强健康意识、提高自我保健能力。为了关注老年人的心理健康，扬州市老年人服务中心还设立了心理咨询室，提供专业的心理健康支持和辅导。老年人可以在此与心理咨询师面对面交流，分享自己的困扰，并得到专业的建议。心理咨询室还定期组织心理健康讲座和小组辅导活动，帮助老年人提升心理素质和应对能力。

疫情期间，扬州市老年人服务中心特别开通了24小时公益心理援助热线，旨在为老年人提供及时的心理援助。这一举措得到了社会各界的广泛支持和关注。公益心理援助热线由专业的心理咨询师志愿者组成，他们能够有效地帮助老年人解决心理困扰。老年人可以通过电话与心理咨询师沟通，分享自己的问题，获得专业的心理支持和援助。疫情期间，老年人面临更多的心理压力和困扰。他们可能因为长时间的居家隔离而感到孤独和无助，也可能因为对疫情的担忧而感到焦虑和恐惧。公益心理援助热线的开通，为老年人提供了一个安全、便捷的渠道，能够及时获得心理援助和支持，减轻心理负担，提高抗压能力。

（3）扬州市老年人心理服务体系成效

扬州市在近几年老年健康关爱系列项目中突出了对老年人心理健康、心理干预的关注，而不仅仅是侧重于老年人生活照料和文体活动，从而引导老年人积极参与社会活动，树立健康老龄观，并将服务范围从社区向家庭和农村延伸。服务过程突出重点对象，主要是为市区失独家庭、空巢独居的老年人提供精神慰藉、生活帮助等服务，特别是为空巢老人提供了多层次、多元化、个性化的精神关爱。

扬州市把老年精神关爱作为新时期养老服务的重要内容，自2017年以来，在市区范围内大力实施老年人精神关爱项目上百个，惠及老年人近3万人,切实提升了广大老年人的幸福感和获得感。

3. 南京市老年人心理服务体系现状

(1) 南京市老年人心理服务体系模式

南京市老年人心理服务体系以社区为依托成立养老综合服务中心,形成多种服务融合综合体,一个中心调配老年人生活所需的所有服务,并结合家庭养老床位服务。

(2) 南京市老年人心理服务体系内容

南京市老年人心理服务体系以社区为依托,成立了养老综合服务中心,旨在为老年人提供多种服务。这个中心不仅满足老年人的生活所需,还结合家庭养老床位服务,为老年人提供更全面的照料和关怀。

养老综合服务中心在南京市各个社区设立了分支机构,以便老年人能够更方便地接受服务。这些分支机构提供包括健康咨询、心理辅导、康复训练、文化娱乐活动等一系列服务。通过这些服务,老年人可以得到身体和心理上的照料,提高生活质量,改善心理健康。

养老综合服务中心还与社区的养老床位服务紧密合作,为那些需要更多照料和护理的老年人提供居家养老服务,如专业的护理人员、康复设施、定期健康检查等,以确保老年人得到全面的关怀和支持。

此外,养老综合服务中心还注重发挥社区资源的作用,将志愿者和社区组织纳入服务体系。志愿者帮助照料老年人的日常生活,提供陪伴和支持;社区组织则组织各种文化娱乐活动,丰富老年人的精神生活。

南京市的养老综合服务中心不仅提供基本的生活照料,还注重老年人心理健康。他们设立了心理辅导师团队,为老年人提供心理咨询和辅导服务。通过倾听和支持,老年人可以解决内心的困扰,减轻心理压力,提高生活满意度。

（3）南京市老年人心理服务体系成效

南京市老年人心理服务体系经过多年实践，已经发展成熟，并取得良好效果。该体系实现了服务提供主体之间的无缝衔接，通过一个中心即可满足老年人多项养老需求。这个服务中心以社区为依托，通过网络化辐射，广泛覆盖城市各个角落。同时，各个服务模块化成熟，确保老年人能够得到精细化和个性化的服务。

此外，南京市老年人心理服务体系还重视社区的参与和支持。他们与社区组织、志愿者团队等建立了紧密的合作关系，共同为老年人提供服务。社区组织可以组织各种文化活动和社交活动，为老年人提供交流和互动的机会，促进社交支持和社会融入。

（三）老年人心理服务体系现存问题

1. 老年人心理服务供给不足

在我国老年人心理健康问题日益突出的背景下，相应的心理服务资源和专业人才匮乏，无法满足老年人的需求。

首先，针对老年人的心理服务机构及人员配置不足。在我国，心理健康服务主要集中于大城市，农村和偏远地区的老年人往往难以获得心理支持。即使在城市地区，专门为老年人设立的心理咨询和治疗中心也相对稀缺，导致许多老年人难以及时获得专业的心理咨询和治疗。

其次，老年人心理服务的专业人才不足。心理健康服务需要心理学、临床心理学和社会工作等多学科背景的专业人才，而这类人才供给不足。由于老年人心理健康问题的特殊性，要求专业人员具备一定的老年心理学知识和实践经验。然而，目前缺乏专门从事老年人心理服务的专业队伍，导致老年人心理服务的质量和效果无法得到保障。

最后，老年人心理服务的资金投入不足也是供给不足的原因之一。心理服务的开展需要一定的经费支持，包括设立机构、培训专业人员、购买设备等。然而，目前我国在老年人心理服务方面的资金投入相对较少，难以满足老年人心理服务的需求。

2. 老年人心理服务主体之间的协作还需要磨合

老年人心理服务主体之间的有效协作是提供全面、高效心理服务的关键。然而，实践中发现，老年人心理服务主体之间缺乏有效的沟通和协调机制，信息共享不畅、工作流程不统一等问题导致协作效率低下。为此，应建立跨机构、跨部门的沟通平台，促进信息共享和资源整合，确保各方在服务老年人时能够高效协作。

老年人心理服务主体之间专业能力和知识体系的差异，可能导致心理服务过程中的不一致。不同机构和人员的专业背景和经验不同，可能导致服务标准参差不齐。为了解决这个问题，需要加强专业人员的培训和交流，提高整体专业水平，达成理念上的统一，以便更好地协同工作，提供一致的服务。

老年人心理服务主体之间缺乏合作共赢的意识。有时，不同机构之间可能存在竞争和利益冲突，会阻碍资源的有效利用和服务质量的提升。为了解决这个问题，需要加强各方的合作意识，建立共享机制，共同制定服务标准和流程，确保老年人能够得到高质量、综合性的心理服务。

3. 老年人心理服务体系缺乏系统性和连续性

老年人心理服务的覆盖范围有限。由于专业人才和服务机构的限制，以及宣传教育不足，许多老年人无法得到心理支持。尤其是农村和边远地区，心理服务资源更加匮乏，老年人面临更大的困难。

老年人心理服务的连续性不足。心理问题往往需要长期的关注和治疗，但现有的老年人心理服务往往只停留在短期咨询和治疗阶段，缺乏后续跟进。这可能导致一些老年人虽然短期内会得到一些帮助，但因缺乏持续的心理支持而使问题复发。

(四)构建老年人心理服务体系的建议

1.增加老年人心理服务供给

为了增加老年人心理服务供给,需要加大对相关机构的建设和投入,特别是农村和边远地区。政府可以提供资金支持和政策扶持,鼓励社会力量参与,增加机构数量,提高质量,满足老年人的需求。同时,要加强对老年人心理服务人员的培训和引进。通过加大对心理专业人才的培养力度,提高他们的专业水平和服务能力,增加老年人心理服务人员的供给量。此外,还需要加强对老年人心理服务的宣传和教育。通过开展宣传活动、举办讲座和培训等方式,提高老年人和社会大众对心理服务的认知和理解,提高老年人对心理服务的需求和接受程度。

增加老年人心理服务供给需要全社会的共同努力。加强机构建设和投入,增加心理服务人员的数量,提高质量,加强宣传教育,这些措施的综合实施可以逐步解决老年人心理服务供给不足的问题,提高老年人的心理健康水平,让老年人享受幸福生活。

2.增强老年人心理服务主体之间的协作

增强老年人心理服务主体之间的协作是提高老年人心理服务质量和覆盖范围的重要手段。在协作中,各个主体可以共享资源和经验,互相支持和补充,形成合力,提供更全面、多样化的服务。建立老年人心理服务主体之间的沟通和合作机制,各级政府部门、社会组织、医疗机构、志愿者团队等相关主体应建立定期的联席会议或协作平台,分享信息、交流经验,协商解决问题,形成统一的工作方向和目标。建立老年人心理服务联合服务团队,这些团队由心理专家、社工人员、医护人员、法律援助人员等不同领域的专业人士组成,共同制订服务计划和方案,提供综合性的心理支持和帮助。推动跨部门合作,整合资源。比如,卫生健康部门可以与社会保障部门合作,共同建设老年人心理服务中心;教育部门可以与社会组织合作,开展老年人心理教育培训；科技部门可以与医疗机构合作，研发老年人心理健康管理的信息化系统等。通过家庭关怀项目、社区活动、志愿者培训等方式，让老年人及其家属参与心理服务，发挥他们的主体作用，共同关注和支持老年人的心理健康。

增强老年人心理服务主体之间的协作，需要建立机制、整合资源、推动跨部门合作，并与老年人及其家属积极互动，共同为老年人提供更好的心理支持和服务。这样才能实现老年人心理服务的全面、连续和有效覆盖。

3. 扩大老年人心理服务的覆盖范围

扩大老年人心理服务的覆盖范围是确保更多的老年人能够获得及时、有效的心理支持和帮助的重要途径。通过各种渠道，向老年人和社会大众普及老年人心理服务的重要性。提高老年人对心理健康的认知，鼓励他们主动寻求帮助。增加老年人心理服务机构的数量并扩大其规模，特别是在农村和边远地区，以缩小城乡差距。同时，加大对老年人心理服务人员的培养和引进力度，提高他们的专业水平和服务质量。通过互联网、手机应用等信息技术手段，提供在线咨询、心理健康教育等服务，方便老年人随时随地获得心理支持。同时，利用远程医疗技术，为偏远地区的老年人提供远程心理咨询服务。鼓励社区建设老年人心理健康服务中心，提供心理咨询、康复训练、社交活动等服务。同时，加强家庭关怀项目，提供老年人心理支持的培训和指导，增强家庭成员对老年人心理健康的关注和支持能力。

4. 增强老年人心理服务体系的系统性和连续性

目前，老年人心理服务体系缺乏系统性和连续性，需要加强公众对老年人心理健康的宣传教育，提高老年人及其家人对心理问题的认知和重视程度。这有助于增强老年人寻求心理服务的意愿，同时也能减少心理问题的发生。

老年人心理服务体系缺乏系统性和连续性，需要增加老年人心理服务机构和专业人员的数量。政府可以加大投入，建设更多的老年人心理服务机构，特别是在农村和边远地区，以扩大心理服务的覆盖范围。同时，也需要加大对专业人员的培养和引进力度，提高他们的专业水平和服务能力。

利用信息技术也是扩大老年人心理服务范围的有效途径。通过互联网平台和移动应用程序，可以提供线上的心理咨询和治疗服务，使老年人可以随时随地获取心理支持。这对于那些身体不便或无法前往实体机构的老年人来说尤为重要。

解决老年人心理服务体系缺乏系统性和连续性的问题，需要全社会的共同努力。加强宣传教育，增加机构和人员数量，加大专业人员的培养和引进力度，以及利用信息技术扩大服务范围，这些措施的综合实施可以逐步扩大老年人心理服务的覆盖范围，让更多的老年人能够获得及时、有效的心理支持和帮助。

九、存在的问题或研究的局限性

（一）研究对象范围有待扩大

受时间和资源限制，课题调研对象的范围受限，确实可能对研究结果的全面性和代表性产生一定影响。由于调研对象均来自江苏省，可能存在一定的同质性，不能完全代表全国老年人的心理服务需求和现状。因此，在今后的相关研究中，应将更多不同属性特点的地区纳入研究范围，以获得更全面、具有代表性的研究结果。

可考虑扩大研究地区范围，将其他省份和地区的老年人纳入调查对象。不同地区的老年人可能面临不同的社会背景、经济条件和文化环境，他们的心理服务需求和现状也可能存在差异。通过扩大研究地区的范围，可以更全面地了解和比较不同地区老年人的心理服务需求和供给情况。

可以进一步细分调研对象，涵盖不同年龄段、不同性别、不同社会经济背景和文化背景的老年人。这样可以更准确地了解不同群体的心理服务需求和现状，有针对性地制定心理服务政策和方案。

可将农村和边远地区的老年人纳入研究范围。农村和边远地区的老年人往往面临更严重的心理健康问题，但由于资源不均衡，他们往往难以获得适当的心理服务。通过深入研究农村和边远地区老年人的心理服务需求和供给情况，可以更好地了解并解决这些地区老年人心理服务的问题。

还可以考虑借助跨学科研究方法，将心理学、社会学、医学等多学科知识和方法相结合，进行综合性研究。通过跨学科研究，可以更全面、深入地了解老年人心理服务的问题，并提出更具针对性的解决方案。

（二）有待更加深入地进一步研究

在本课题的研究中，虽然我们已经提出一些改进老年人心理服务体系的措施，但仍需要进行更深入地研究。例如，深入调研老年人心理服务需求、评估和改进心理服务机构、探索心理服务的多元化和创新、心理服务在农村和边远地区的应用、评估老年人心理服务的长期效果等。

（三）有待进一步开拓研究视野

引用和参考文献是课题研究的基础，能够为本课题提供更多的研究基础。然而，根据本课题的研究主题，在实际的相关资料和文献的收集过程中，发现相关的资料和文献数量有限，特别是针对老年人体检方面的研究非常少，导致课题开展过程中的思维视野有限，有待进一步开拓。

健康老龄化概念变迁和多维度评估指标研究

李晶[①]

一、研究背景和意义

（一）研究背景

人口老龄化和平均寿命持续延长是社会经济快速发展带来的必然趋势。由于老年人口的普遍长寿以及人口出生率的明显下降，使得中国人口老龄化进程加速发展。从第四次全国人口普查开始，我国老年人口的绝对数量和占总人口的比例都呈现不断增长的势头。第七次全国人口普查数据显示，我国60岁及以上人口为2.64亿人，占总人口的18.70%，65岁及以上人口为1.90亿人，占总人口的13.50%。

需要注意的是，自"十四五"时期开始，中国老年人口总量会由相对缓速的演进状态步入增长的"快车道"。研究显示，2035年前夕，老年人口总体规模将突破4亿人，相应比例接近30%，80岁及以上高龄老年人口将达到6000万人，高龄化水平预计为15%；2050年前夕，老年人口总体规模约为4.8亿人，直逼峰值水平，相应比例超过35%，80岁及以上高龄老年人口在规模上将突破1亿人大关，占比将达到20%。也就是说，我国已经进入一个将要持续30多年的高速老龄化时期，到老龄化高峰时，中国每3人中便有1个60岁以上老人，每4人

[①] 李晶，女，北京人。博士毕业于北京中医药大学中医学专业，博士后任职于中国科学院心理研究所、老年心理研究中心，从事老龄心理和认知健康的研究。现为中国老龄科学研究中心老龄健康研究所助理研究员。主要研究方向为老龄健康、老龄心理等。

中便有1个65岁以上老人，每6人中便有1个80岁以上老人[①]。

（二）研究意义

人口结构的变化和寿命的延长对每个人乃至整个社会都有深远的影响。随着老龄社会的到来，健康以及健康老龄化的概念再次受到质疑和挑战，"健康就是没有疾病"的原始定义，已无法应对甚至是回应当前人们，尤其是老年人群对于美好生活的期待与愿望。而当代医疗卫生体系也意识到"疾病"和"残疾"可以与"健康"共存。由此看来，健康的概念已由原来单纯的"无疾病"，变成一种包括身体、思想和精神的综合，同时涵盖社会、环境和行为因素的综合多维概念。因此，对于健康的概念和健康观需要一场革命性的转变，转变为一种以充实的生命状态、个体最大化潜能的发挥，以及人们的整体幸福状态为衡量标准。可以看出，随着健康概念的转变，健康老龄化将不再只是解决个体的健康问题，而是一个重大的社会问题。如何从社会层面甚至国家层面认识和推动健康老龄化的实现，是我们迫切需要解决的问题。而健康老龄化多维评估框架指标的建立，为推进国家健康老龄化理论建设和政策干预提供了必要的抓手和依据。本研究将在梳理健康及健康老龄化概念演变的基础上，对健康老龄化多维评估框架指标进行初步构建，以期能够从健康观念、评估角度的层面对我国健康老龄化相关政策的制定提供一定的思路和提示。

---

① 杜鹏，李龙. 新时代中国人口老龄化长期趋势预测 [J]. 中国人民大学学报，2021，35（1）：96–109.

二、文献综述

（一）疾病和健康概念的演变

"健康"概念的演变，经过了一段漫长的历史时期，它的演变过程体现了人类对于自身生命以及与周围环境关系的探索过程。从最初的"无疾病论"到如今的躯体、心灵、情感和精神等全层次的健康，对于"健康"概念的认识贯穿了整个疾病谱的演变与医药技术革命的发展，而它之所以重要，是因为对于"健康"的界定，将指导国家公共卫生和医疗卫生的工作方向，也指导个体对于自我的定位和认识。因此，本部分内容将就健康理念演变和发展的历史背景、社会背景以及疾病变迁的角度对整个健康概念进行完整梳理，以便能够更好地看清随着人群健康状态和流行病谱演变而带来的健康理念的进化。

众所周知的"健康"一词直到公元 1000 年左右才出现在文字当中，它源自古英语的"hoelth"一词，意思是"一种健全或完整的状态"[1]。可以看出，"健康"一词在最早的形式中，代表着一种笼统的、最广义的概念[2]。虽然"健康"一词的概念直到公元 1000 年左右才出现，但是人类对于"健康"与"疾病"的斗争和探索从古至今一直没有间断。健康理念的形成，离不开人类疾病谱的演变和医药技术革命的双重影响。西方流行病转型的经典模型和后来奥姆兰（Omran）提出的"流行病学转型"概念的理解，能够有助于解释人类疾病状况的重大转变规律，提供了对于影响健康原因的线索，以及改善健康的可能解决办法。只有将对"健康"的探索，置于疾病演变和社会发展的

---

[1] BONNEVIE, P. The Concept of Health: A Socio-medical Approach [J]. Scandinavian Journal of Social Medicine, 1973, 1 (2): 41–43.

[2] DOLFMAN M L. The concept of health: an historic and analytic examination [J]. Journal of School Health, 1973, 43 (8): 491–497.

特定环境中,才有可能窥见健康概念形成过程的动态演变规律,从而为未来趋势的预测和预防策略提供线索。

从西方流行病转型的经典模型到后来的"流行病学转型"模型中,传统的人类疾病谱演变大致可以分为两个时代和五次转型,分别是旧石器时代、瘟疫饥荒时代、第一次疾病转型阶段(大流行病消退时代—早期阶段)、第二次疾病转型(大流行病消退时代—晚期阶段)、第三次疾病转型(退行性疾病和人为疾病时代)、第四次疾病转型(迟发性退行性疾病时代)[1],以及最近有学者提出的大多数发达国家可能正在经历的新的疾病转型——第五次疾病转型(超重和久坐)[2]。由于第五次疾病转型目前主要集中在发达国家,此处不做具体讨论。

虽然一些经典论述中将其分为三个连续的阶段,分别是"瘟疫和饥荒年代""大流行病消退时代""退化和人为疾病时代"[3],但后续研究逐渐证实,疾病的真正演变过程或许更加复杂且具有地区异质性。因此,我们将疾病谱最具规律性的演变过程进行阐述,并将健康概念的形成贯穿整个过程进行动态描述,以展现疾病和健康演变的完整过程。

1. 旧石器时代—瘟疫饥荒时代

对于最早的旧石器时代疾病模型的假设和描述,来自奥姆兰的最初"流行病学转型"概念中的论述[4]。大约在公元前2000年,人类处于前农业社会,从狩猎采集向农业耕种的转变,使人们遭遇新的疾病模式。然而由于当时人口的流行性和人口规模较小,低密度情况下衍

---

① AULT S. The fourth stage of the epidemiologic transition: the age of delayed degenerative diseases [J]. Milbank Quarterly, 1986, 64 (3): 355–391.

② GAZIANO J M. Fifth phase of the epidemiologic transition: the age of obesity and inactivity [J]. JAMA, 2010, 303(3): 275–276.

③ OMRAN A R. The epidemiologic transition. A theory of the epidemiology of population change [J]. The Milbank Memorial Fund Quarterly, 1971, 49 (4): 509–538.

④ 同③.

生的传染性疾病未对这一群体造成主要生存压力[①]。在这一阶段，人们尚未形成"健康"的概念。

之后随着生存方式向初级粮食生产过程过渡，人们由前农业社会过渡到农业社会，带来了"新石器时代革命"。在这一时期，由于人口规模和密度增加，以及动物驯养成为疾病宿主，传染病急剧增加，标志着人类疾病转型的重大变革——瘟疫饥荒时代[②]。在这一时期，死亡和疾病的主要原因是传染病、寄生虫、饥荒和营养不良，人口净增量很小，而死亡率占据主导地位，并且经常因大范围的瘟疫和饥荒出现死亡高峰。在这一阶段，人口预期寿命在20岁左右，儿童死亡率较高，很少有人能活过50岁。造成这一现象主要有两方面原因：一是环境和个人卫生的问题；二是没有医疗保健系统。因此，在这一时期，人们主要求助于巫术和宗教医学来解决疾病问题[③]。这也解释了在历史时期，"健康"一词也代表精神上的拯救，不仅是生理上的健康，而将健康与精神拯救相匹配的理论在当时的宗教机构中广为流传[④]。虽然这一时期还未形成关于"健康"的概念和本质认识，但似乎从人们开始尝试解决疾病问题起，就将疾病和人类的健康联系在一起了。

在这一时期不得不提的就是，公元前400年左右，古希腊伯克利时代的医师、西方"医学之父"希波克拉底第一次提出了类似"健康观"的论述，虽然严格意义上的"健康"一词尚未出现，但是其对于疾病和人体的研究，形成了最初的关于"健康"的希波克拉底学派。

---

① COCKBURN T A. The evolution of human infectious diseases [J]. Infectious diseases: their evolution and eradication, 1967: 84–107.

② ARMELAGOS G J. Human evolution and the evolution of disease [J]. Ethnicity & Disease, 1991, 1 (1): 21–26.

③ OMRAN A R. The epidemiologic transition. A theory of the epidemiology of population change [J]. The Milbank Memorial Fund Quarterly, 1971, 49 (4): 509–538.

④ DOLFMAN M L. The concept of health: an historic and analytic examination [J]. J Sch Health, 1973, 43 (8): 491–497.

他提出人类的健康受各种环境因素的综合影响，如生活习惯、气候、空气、水和食物的质量。而健康也被视作身体、环境和生活方式三者相和谐的结果①。能够看到，可能是那一时期的人们对于人体生理、病理认知的局限性，所以形成了一套人与社会甚至自然之间相和谐的"整体健康观"。在希波克拉底学派的概念框架中，健康是一种哲学—自然主义的幻想。尽管如此，这种整体健康观对于医疗领域的影响一直持续到文艺复兴时期前后②。

2. 大流行病消退时代早期—晚期

随着工业革命的开始，一些高收入国家（如西欧国家和美国）经济开始"起飞"。人们的营养和生活方式逐渐改善，公共卫生设施得到发展，新型医疗卫生方法不断出现，所有这些都使流行病学历史迅速发生变化，进入第一次疾病转型阶段——大流行病消退时代（早期阶段）③。因环境和个人卫生条件改善，由于环境和动物饲养造成的大规模的瘟疫和流行病大幅减少。这一时期的主要疾病为地方病、寄生虫病，虽然死亡率仍然很高，但总体水平开始下降，人口净增长不多却呈累积增加态势。随着健康和社会条件的改善，一些原本可能死于传染病和寄生虫病的人能够活过早年进入中年。在这一阶段，人们的预期寿命增加到 20 多岁和 30 岁出头，有更多的人进入 50 岁阶段④。

伴随着工业和经济的发展以及医疗卫生水平的进步，人们对于健康的概念也随之发生变化，直到 17 世纪的笛卡尔革命之后，健康才

---

① AHMED P I, KOLKER A, COELHO G V. Toward a new definition of health: An overview [J]. Toward a new definition of health: Psychosocial dimensions, 1979: 7–22.

② CONTI A A. Historical evolution of the concept of health in Western medicine [J]. Acta bio-medica : Atenei Parmensis, 2018, 89 (3): 352–354.

③ OMRAN A R. A century of epidemiologic transition in the United States [J]. Preventive medicine, 1977, 6 (1): 30–51.

④ OMRAN A R. The epidemiologic transition. A theory of the epidemiology of population change [J]. The Milbank Memorial Fund Quarterly, 1971, 49 (4): 509–538.

由原来的"整体观"分解为身体和精神两部分。这种改变与欧洲不同国家和不同文化背景下"解剖学"和"生理学"的发展密不可分。在生理解剖认识下的"良好健康状态",被描述为人类有机体临床解剖学的完整状态,而疾病是一个或多个器官的解剖改变[1]。在这一时期,人们对人体的认识是纯粹形而下的,身体被视为一台复杂运转的机器,器官就是机器中的零件,疾病是机器出现故障,而医生的工作就是修复机器[2]。此时出现的"健康观"是限制性的,由于人们把人体局限性地认识为一部运行"良好"或"故障"的机器,因此,在这种观点中,"健康和疾病""良好和故障"自然成为一个连续体的两个极端,"健康"就是"无疾病",用没有其中的一个来定义另一个[3]。

在"解剖学"和"生理学"兴盛的时代,这种"健康就是无疾病状态"的健康观一直被广泛接受,尤其是在生物医学领域。在这种健康观的指导下,人们将更多注意力集中到病理过程的诊断和治疗上,即如果一个人的躯体器质性疾病被消除或者控制,则认为那个人是健康的[4]。

实证主义认为,疾病是对生物化学规范的一种偏离形式。这种观点在19世纪的欧洲达到鼎盛时期,随着当时的细菌理论的提出,免疫学、病理学和外科技术也随即取得进步。医疗技术和公共卫生的早

---

[1] CONTI A. Reconstructing medical history: historiographical features, approaches and challenges [J]. La Clinica Terapeutica, 2011, 162 (2): 133–136.

[2] ENGEL G L. The need for a new medical model: a challenge for biomedicine [J]. Science, 1977, 196 (4286): 129–136.

[3] DOLFMAN M L. The concept of health: an historic and analytic examination [J]. J Sch Health, 1973, 43 (8): 491–497.

[4] MASLOW A, MITTLEMAN B. The meaning of healthy (normal) and of sick (abnormal) [M]. New York: Harper, 1951:12–21; Caplan AL, Engelhardt HT, McCarney JJ, eds. Concepts of health and disease. Massachusetts: Addison–Wesley, 1981.

期发展使卫生领域取得重大进步①，而这一进步推动了疾病的第二次转型——大流行病消退时代（晚期阶段）。在这一阶段，死亡率水平和模式发生了相当大的变化，预期寿命延长到30~40岁，50岁以上人口的死亡率上升到接近50%。因此，在这一时期的大部分时间里，人口呈现相对爆炸性增长，儿童和老年人的人口比例都在增加。持续经济增长使卫生和环境得到持续改善，包括清理饮用水和提供更加卫生的生活条件等。卫生系统虽然有所发展，但是覆盖范围有限。工业化和城市化带来财富增加和食物供给增加，同时也使传染病、营养不良的流行减少，瘟疫消失。感染仍然是死亡的主要原因，但非传染性疾病开始变得更为重要②。

随着人们对伤寒、霍乱和猩红热等传染病的病因学、预防和治疗加深了解，欧洲和北美的发病率和死亡率显著下降。事实上，这种方法非常成功，人们甚至开始积极地探索人类大脑的功能和异常情况，精神病学领域也因此发展成为医学中的一个专业③。然而，尽管"生物医学"在治疗传染病方面取得了突破性进展，但许多同时代的研究人员认为，它可能正在接近边际收益递减的临界点。也就是说，目前通过降低传染病和流行病对死亡率的影响已达到一个最低值，并且对于预期寿命的延长似乎也没有更大的助益。几十年来，社会科学家和相关研究人员已经认识到，现在或许有必要回到过去的概念，即健康的"整体观"。

19世纪末至20世纪初，医学领域在细胞层面的研究越来越分子化和亚微观化，全球也开始重新关注健康和生病的人类④。1948年，

---

① AHMED P I, KOLKER A, COELHO G V. Toward a new definition of health: An overview [J]. Toward a new definition of health: Psychosocial dimensions, 1979: 7–22.

② OMRAN A R. The epidemiologic transition. A theory of the epidemiology of population change [J]. The Milbank Memorial Fund Quarterly, 1971, 49 (4): 509–538.

③ 同①。

④ CONTI A A. Historical evolution of the concept of health in Western medicine [J]. Acta bio-medica, 2018, 89 (3): 352–354.

世界卫生组织（以下简称"世卫组织"）尝试回归对健康的整体看法，提出了关于健康的定义：健康是一种身体、精神和社会适应上的完美状态，而不仅仅是没有疾病和虚弱现象[1]。这个经典的定义具有历史意义，它是西方医学从希波克拉底和他的学派提出的健康定义开始的一个历史轨迹的里程碑。在当时，这一构想因其广度和雄心而具有开创性，因为它克服了对健康的消极定义，即"没有疾病"，同时涵盖了身体、精神和社会的综合领域[2]。

3. 退行性疾病和人为疾病时代

20世纪，医学科学的进步是爆炸性的，涵盖整个经济活动的科学专业知识和应用技术开始呈现最初的螺旋式增长，大部分人享受到了生活条件的逐步改善。人们越来越重视营养，进而有过度营养的趋势，包括食用富含脂肪和高胆固醇的食物[3]。在这一阶段，人口再次达到死亡率的平衡水平（即死亡率和生育率均下降），随着死亡率下降理论极限的接近，整个年龄结构的死亡率下降速度减缓。因此，这一时期人口的生存前景和年龄结构发生了根本变化，开始出现老龄化。而这一时期人口死亡的主要原因被确定为慢性退行性疾病，如心脏病、癌症和中风，即疾病的第三次转型——退行性疾病和人为疾病时代。这些疾病往往在人们认为的接近生命尽头的年龄造成死亡。当时的人们已经相信，死亡率的下降已经触底。这种信念源于随着生

---

[1] World Health Organization.Constitution of the World Health Organization HEALTH ORGANIZATION [EB/OL]. [1946-07-22]. https://www.afro.who.int/publications/constitution-world-health-organization#:~:text=The%20States%20Parties%20to%20this%20Constitution%20declare%2C%20in,not%20merely%20the%20absence%20of%20disease%20or%20infirmity.

[2] HUBER M, KNOTTNERUS J A, GREEN L, et al. How should we define health? [J]. BMJ, 2011 (343): d4163.

[3] OMRAN A R. The epidemiologic transition. A theory of the epidemiology of population change [J]. The Milbank Memorial Fund Quarterly, 1971, 49 (4): 509-538.

命生物极限的接近，死亡率下降是有限度的，当时普遍认为70岁的寿命已经接近这个极限①。造成以上流行病转变的主要原因涉及技术、医药和科技的发展，同时与人们吸烟、工作场所环境、运动量降低和动物油脂的摄入量增加相关，以上这些都导致了血压和胆固醇水平升高以及人为疾病的发病率增加②。

伴随着医学科技进步的是人们对于健康和疾病认识的转变。许多新的、原创的成就导致了一些生物医学领域经典范式的变化，涉及健康和疾病概念本身丰富的认识论③。"健康是一种没有疾病的状态"的概念在20世纪上半叶非常流行，并被许多人认可为健康的定义。然而，随着疾病谱发生各种变化，这些变化产生了新的概念。

第一个健康定义将健康视为使个人能够充分发挥功能的状态或条件。这种观点认为，健康是"有机体的一种状态，它衡量有机体的整体力量能够发挥作用的程度"④。而这一观点的支持者认为，健康与一个人履行职责和责任的能力呈正相关。一个人可能患有不同程度的疾病，但如果他能充分发挥自己的功能，他就是健康的。支持这一论点的人认为，个人履行其社会角色和任务的能力，在评估和评价个人的状态或健康状况方面至关重要，虽然医学上的考虑很重要，但也必须同时从社会的角度来审查。

第二个健康定义将健康视为使个人能够充分适应其环境的状态或条件。人类试图与环境达到一种有利的平衡，人的健康状态可以通过

---

① AULT S. The fourth stage of the epidemiologic transition: the age of delayed degenerative diseases [J]. Milbank Quarterly, 1986, 64 (3): 355–391.

② GAZIANO J M. Fifth phase of the epidemiologic transition: the age of obesity and inactivity [J]. JAMA, 2010, 303 (3): 275–276.

③ CONTI A A, CONTI A. Physicians, patients, and society: a long and complex history [J]. Family Medicine, 2010, 42 (3): 159–160.

④ OBERTEUFFER D. School Health Education: a textbook for teachers, nurses and other professional personnel [M]. 3rd edition. HARPER & BROTHERS. New York, 1960.

适应和调整其所面临的各种压力的能力来判断。也就是说，一个健康的人实际上可能会生病，但是最重要的是他有能力对抗。杜博斯（Dubos）是这一概念的倡导者，他曾写道：健康和疾病的状态是有机体在努力适应环境变化过程中所经历的成功或失败的表现，如果一个人能够适应，他就是健康的，如果他不能适应，就是不健康[①]。

第三个健康定义将健康等同于"正常"，这种观点的支持者认为：对于人体的每一个器官和组织，就其结构和功能而言，都有一个自然的变异范围。生物学和医学中的"常态"，可以通过制定一些规范来衡量个人的功能和适应能力。如果测定的结果在预定的范围内，就可以认为是健康的[②]。在这一定义中，"健康水平"和"正常范围"是相关的，它们关注的是健康的一个方面。

第四个健康定义是由塔尔科特·帕森斯（Talcott Parsons）提出的[③]，他认为健康和疾病在某种程度上是由文化决定的。他提到，每一个已知的人类社会都拥有一种文化，这种文化达到了相当高的泛化水平，包括特别的价值观和认知模式。他认为，这些文化价值观对决定一个人的健康状态有重要影响。不同的文化群体对于什么是健康可能有不同的解释。

健康作为一种无疾病的概念构架已经受到广泛关注，被普遍接受，特别是在医疗卫生行业中。多年来，这种健康的定义已经引起了许多反对意见，通过以上关于健康概念的探索可以看出，"健康"已经开始被许多人视为一个积极的实体，它表现为拥有某些品质和属性的积极特征，而不再仅仅是缺乏某些东西。似乎从这一时期开始，"健康"和"疾病"的概念已经不能再以纯粹的医学术语、以是否有"症

---

① DUBOS R J. Man adapting [M]. New Haven: Yale University Press, 1980.

② RYLE J A. The meaning of normal [J]. Lancet, 1947 (252): 1–5.

③ PARSONS T. Definitions of health and illness in light of American values and social structure [J]. Patients, physicians and illness, 1979: 120–144.

状"来加以界定了①。

4. 迟发性退行性疾病时代

从20世纪60年代中期开始，出现了一个奇怪的现象，之前在退行性疾病和人为疾病时代出现的慢性退行性疾病的死亡率，在美国和其他发达国家开始出人意料地快速下降。自20世纪70年代初以来，癌症和中风等其他退行性疾病的死亡率也有所下降②。特定原因死亡率的国际变化趋势表明，年龄特定死亡率下降主要源于心血管疾病死亡率下降，且这一变化主要发生在老年人群中③，因此带来了第四次疾病转型——迟发性退行性疾病时代。

与第三次疾病转型所不同的是，同样是退行性疾病，在第三次疾病转型时主要发生在50岁以上刚步入老年阶段的人群中。随着新药物和抗生素的开发，以及诊断和治疗退行性疾病及其并发症方法的改进，医疗卫生领域通过减缓慢性疾病的进展速度和降低死亡率，在推迟退行性疾病的死亡方面越来越成功④。因而在第四次疾病转型中，以上疾病出现在高龄老年人当中，从而创造出一个全新的人口群体，即具有独特保健需求和与慢性退行性疾病及年龄相关的生理损伤有

---

① AHMED P I, KOLKER A, COELHO G V. Toward a new definition of health: An overview [J]. Toward a new definition of health, 1979: 7–22.

② GILLUM R F, FOLSOM A R, BLACKBURN H. Decline in coronary heart disease mortality: old questions and new facts [J]. The American Journal of Medicine, 1984, 76 (6): 1055–1065.

③ PISA Z, UEMURA K. Trends of mortality from ischaemic heart disease and other cardiovascular diseases in 27 countries, 1968–1977 [J]. World Health Statistics Quarterly, 1982, 35 (1): 11–47.

④ MANTON K G. Changing concepts of morbidity and mortality in the elderly population [J]. The Milbank Memorial Fund Quarterly Health and Society, 1982: 183–244; WATKINS L O. Why are death rates from coronary heart disease decreasing? Which preventive measures are effective? [J]. Postgraduate Medicine, 1984, 75 (8): 201–214.

关需求的高龄群体①。在高龄老年人群中死亡率的迅速下降以及生存状况的改善，导致老年人口因退行性疾病死亡的年龄模式发生意外转变，使人们相信，我们正在接近生命的物理极限。而迟发性退行性疾病的时代很可能对两大人口变量——老年人口的规模和相对比例，以及老年人的健康活力产生重大影响②。因此，流行病转型的第四阶段将加快人口中老年人的绝对人数的增长。这种人口老龄化现象是目前世界上发达国家和发展中国家正在经历的人口过程。

迟发性退行性疾病时代的到来，又一次让人们开始审视"健康"。当人们的寿命因医疗卫生和科学技术的进步而几近极限时，死亡率甚至是患病率似乎越来越不能代表人们对于健康的期待。人们似乎开始思考，需要用新的方式来认识衰老、疾病、发病率和死亡率，当然也需要用新的方式来思考如何在延长出的寿命中更好地"活着"。

能够看到，许多学者在"健康定义"领域进行了诸多探索，包括世卫组织定义的"完美"、社会角色、环境适应、正常范围和文化界定。其中最受大家关注的还是世卫组织关于健康的定义，因为它代表了世界上大多数国家对于健康概念的共识。在经历迟发性退行性疾病时代的同时，人们又开始了一轮新的摸索，而首先就是针对世卫组织对于健康概念的分析。大多数批评都围绕"完美"一词与"幸福"的绝对关系，进一步提出了一些可能存在的问题。

第一个问题是，对"完美"的提倡无意中促进了社会的医疗化，会让大多数人在大多数时间都处于"不健康"③的状态。这一定位支

---

① AULT S. The fourth stage of the epidemiologic transition: the age of delayed degenerative diseases [J]. Milbank Quarterly, 1986, 64 (3): 355-391.

② 同①.

③ The BMJ opinion. Richard Smith: The end of disease and the beginning of health [EB/OL]. [2008-07-08]. https://blogs.bmj.com/bmj/2008/07/08/richard-smith-the-end-of-disease-and-the-beginning-of-health/.

持了医疗技术和药品行业联合起来重新定义疾病的趋势，扩大了医疗保健系统的范围。新的筛查技术检测到的异常程度将越来越多的人从临床前期定义为疾病状态，制药公司生产的药物针对的都是以前没有被定义为健康问题的"状况"，从糖尿病前期到代谢综合征，再到高胆固醇血症①。干预门槛往往降低，一味强调完全的身体健康可能会导致大批人接受更多的筛查或昂贵的干预措施，即使这样的激进措施可能只会让极少数人受益。

第二个问题是，自 1948 年以来，流行病学模式发生了巨大转变，从以急性病为主要疾病负担、慢性病的过早死亡，发展为慢性退行性疾病在高龄老年人群中的流行。我们的营养得到改善，个人卫生和环境卫生等公共卫生措施也有改善，以及更有力的卫生保健系统干预措施，都让世界范围内患有慢性疾病的老年人成为一种常态。在这种情况下，关于健康状态的"完美"定义，即宣布了所有患有慢病和残疾的老年人绝对不健康，否定了人类自主应对、挑战和适应能力的可能性②。很明显，完全健康的状态只能作为一种理想而存在，人们为之奋斗，却无法指望其实现。

第三个问题是，关于健康概念的"静态性"。世卫组织对健康给出了"完美状态"的定义，同时还制定了《国际功能、残疾和健康分类》，用来评估在现实生活中功能的执行情况，但都是静态的状态。人群的健康状态和流行病学转型都是在不断变化的，因此研究者认为，应当将健康更多地视为一个"过程"或动态的状态，而非结果，

---

① BRADLEY K L, GOETZ T, VISWANATHAN S. Toward a contemporary definition of health [J]. Military medicine, 2018, 183: 204–207.

② HUBER M, KNOTTNERUS J A, GREEN L, et al. How should we define health? [J]. British Medical Journal, 2011 (343): d4163.

这就意味着要根据物质和社会环境不断变化的需求不断调整[1]。并且，"完美状态"使得这个定义仍然是不切实际的，因为"完美"既不是可操作的，也不是可测量的[2]。

于是，越来越多的专家学者开始从综合、动态、人本的角度来重新审视健康，毕竟我们不是为了健康而健康，而是为了更好、更充实、更幸福地生活。荷兰卫生委员会对于世卫组织目前"静态"的健康定义进行了讨论，专家们一致支持从目前的静态表述转向基于应对、维持和恢复一个人的完整性、平衡性和幸福感的恢复力或能力的动态表述，而人们对于健康的首选观点是"适应和自我管理的能力"[3]。

因此，1984年，世卫组织把健康重新定义为个人或群体能够实现愿望和满足需求的程度，以及应对和改变环境的能力[4]。1990年，世卫组织对健康的阐述则是在以往的基础上增加了道德健康方面的健全。虽然其定义仍然脱离不开对于"完美状态"的追求，但是越来越多的当代研究者认识到，疾病和残疾可以而且经常与健康共存，以无疾病来解释健康的历史一去不复返了。在一种新的观念中，健康从一种没有疾病的状态，转变为一种以充实生命为中心的状态[5]，而健康

---

[1] FITZGERALD F T. The tyranny of health [J]. New England Journal of Medicine. 1994: 196–198; SARACCI R. The World Health Organisation needs to reconsider its definition of health [J]. British Medical Journal, 1997, 314 (7091): 1409.

[2] JADAD A R, O'GRADY L. How should health be defined? [Z]. British Medical Journal Publishing Group. 2008 (337): a2900.

[3] Health Council of Netherlands. Report Invitational Conference 'Is health a state or an ability? Towards a dynamic concept of health' [R/OL]. (2010-07-13). https://www.healthcouncil.nl/documents/advisory-reports/2010/07/13/invitational-conference-is-health-a-state-or-an-ability-towards-a-dynamic-concept-of-health.

[4] World Health Organization. Health Promotion: a Discussion Document [R]. Copenhagen: WHO, 1984.

[5] BRADLEY K L, GOETZ T, VISWANATHAN S. Toward a contemporary definition of health [J]. Military medicine, 2018, 183: 204–207.

与疾病的关系也经历了从对立、到连续,再到共存的演变,健康不是一种静止的存在状态,而是一种动态的生活福祉。

可以看到,"健康"内涵的发展经历了两个主要时期,历史时期见证了"健康"一词的含义从广义到更具体概念的收缩,而现代时期则见证了"健康"一词的含义从一个专门的概念扩展到另一个含义更普遍的概念。因此,"健康"的内涵经历了一个从广义开始到广义结束的过程。而与"疾病"脱离的健康内涵,使研究者认识到,改善人口的健康不仅仅意味着简单地推迟死亡或延长出生时的预期寿命。发病率和死亡率不能解释为健康的指数,因为这些数据是通过不健康和疾病来测量的[①]。随着最后一次疾病转型,人口老龄化趋势逐渐加剧,人们越来越认识到健康老龄化而非寿命长短对于健康的重要性[②],因为在已经达到人类存活生物极限的今天,健康预期寿命的差异比预期寿命的差异更大。有研究显示,65岁以后增加的预期寿命中有1/4与残疾有关,这是一个不容忽视的负担[③]。因此,下一部分我们将就健康老龄化的内涵和评估框架进行综述。

(二)健康老龄化概念的变迁和多维评估指标

健康老龄化的产生伴随着健康和疾病之间规律的演变,在疾病转型的早期,即大流行病的早期和晚期,人类预期寿命只有30~40岁,老龄化问题并不存在。随着科技发展、医疗进步、人们营养和生活方式的改善,以及公共医疗卫生服务的健全,我们度过了大流行病阶

---

① SIMMONS S J. Health: A concept analysis [J]. International journal of nursing studies, 1989, 26 (2): 155–161.

② SALOMON J A, WANG H, FREEMAN M K, et al. Healthy life expectancy for 187 countries, 1990–2010: a systematic analysis for the Global Burden Disease Study 2010 [J]. The Lancet, 2012, 380 (9859): 2144–2162.

③ Health T L P. Ageing: a 21st century public health challenge? [J]. The Lancet. Public Health, 2017, 2 (7): e297.

段,来到了慢性退行性疾病以及迟发慢性退行性疾病的时代。这一疾病转型加快了人口中老年人数的绝对增长速度。在世纪之交的短短50年内,一些发达国家如美国的人口中位数年龄从22.9岁增加到了30.2岁,65岁及以上人口占总人数的比例从4.1%增加到8.1%[1]。年龄结构的这一根本变化,伴随着连续出生的群体存活到高龄的比例迅速增加。与此同时,出现的问题是:老年人死亡率的下降是否会导致健康预期寿命的增加或伤残预期寿命的增加?也就是说,生存率的提高可能导致短时间以及长时间内功能损伤人群比例的增加,患病期和失能期的扩大[2]。因此,这个时代需要我们用新的方式来思考人们如何在高龄时生活。

1. 健康老化概念的变迁

从历史的角度来看,人口老龄化的概念是一个相对较新的问题。1950年,没有一个国家65岁以上的人口占比超过11%。到2020年,最高比例为18%。然而到了2050年,这一比例将急剧上升,届时将达到38%。预测显示,到2050年,60岁或以上老年人数将超过10~24岁青少年人数[3]。世界人口结构在发生巨大变化,越来越多的人活到老年甚至是非常高龄的阶段,且这种现象并不局限于传统的工业化国家。中国在1999年进入老龄化社会,到2020年,60岁以上老年人占总人口的18.7%,65岁以上老年人占总人口的13.56%,高龄化趋势十分明显[4]。虽然我们的寿命变长了,但我们能否以健康的状

---

[1] U.S. Census Bureau. Historical statistics of the United States, colonial times to 1970 [M]. Washington D.C: US Department of Commerce, 1975.

[2] AULT S. The fourth stage of the epidemiologic transition: the age of delayed degenerative diseases [J]. Milbank Quarterly, 1986, 64(3): 355–391.

[3] RUDNICKA E, NAPIERALA P, PODFIGURNA A, et al. The World Health Organization (WHO) approach to healthy ageing [J]. Maturitas, 2020(139): 6–11.

[4] 国家统计局:第七次全国人口普查主要数据[EB/OL]. [2021-05-11]. https://www.stats.gov.cn/sj/pcsj/rkpc/d7c/202303/P020230301403217959330.pdf.

态度过这额外的岁月还并不清楚。因此,本研究尝试梳理老龄化过程中健康、积极老龄化的概念演化过程,从而摸索出健康老龄化的途径。

伴随着第三次疾病转型,一些发达国家在 1960 年前后开始进入老龄化社会。在这段短暂的历史中,第一个对老龄化发展产生巨大影响的是卡明(Cumming)和亨利(Henry)在 1961 年提出的"脱离理论"[1]。这一理论是新兴的多学科老年学领域中最具争议的社会科学问题之一。他们试图定义一个明确的、多学科的关于正常而非病态衰老的理论,这或许是衰老研究人员的首次尝试[2]。脱离理论认为,脱离是衰老过程中不可避免的。在这个过程中,老年人与社会其他成员之间的许多关系被切断,剩下的关系在质量上也发生了变化。他们认为,脱离可以在心理和社会学(角色和规范)变化中看到,同时还表现在老年人精神和士气的丧失上。他们把这种在社会和心理逻辑上的退出过程视为老年人的模态反应,认为脱离过程不仅是成功衰老的相关因素,而且可能是成功衰老的一个条件[3]。

虽然这一理论是系统研究衰老的一个里程碑,但它存在缺陷,因此到了 20 世纪 70 年代中期被广泛质疑。哈维格斯(Havighurst)及其他反对者提出,对许多人来说,50 岁以后的发展过程中,脱离理论充分体现了其心理和行为模态倾向,这一点毫无疑问。但是同龄人在这一过程中的异质性也不容置疑[4]。纽加顿(Neugarten)论

---

[1] COLEMAN P, CUMMING E, HENRY W. Growing Old: The Process of Disengagement [M]. New York: Basic Books, 1961.

[2] ACHENBAUM W A, BENGTSON V L. Re-engaging the disengagement theory of aging: On the history and assessment of theory development in gerontology [J]. The gerontologist, 1994, 34 (6): 756–63.

[3] 同[1].

[4] MADDOX GL Jr. Disengagement theory: A critical evaluation [J]. Gerontologist, 1964, 4 (2): 80–82.

述道:"衰老有很多途径,不是一个不可避免的、规范的,更不是普遍存在的模式,在脱离理论中,老年人的异质性没有得到充分的考虑"[1],因为即使有慢性病,也并不总是预示着脱离[2]。同样,这一理论在老年人群中也不受欢迎,因为他们关注的是负面的,是一种为死亡做准备的能力。

为了回应这些衰老的消极理论,哈维格斯首次提出了"成功老龄化"的活动理论。该理论认为,成功衰老发生在老年人保持活跃和保持社会互动的情况下。这些活动,尤其是有意义的活动,可以帮助老年人在退休后取代失去的生活角色,从而抵抗限制老年人世界的社会压力。该理论假设活动和生活满意度之间存在正相关关系,活动理论反映了功能主义的观点,即一个人在中年发展的平衡应当在晚年得到保持[3]。虽然对活动理论持批评态度的学者指出,该理论忽视了妨碍老年人参与此类活动的健康和社会经济方面的不平等,然而活动理论仍然比脱离理论更加准确,能够让老年人(在身体和精神上)参与社交过程,而这一过程会增加他们的自我价值感和愉悦感,这对于幸福和长寿很重要。这种对衰老过程的积极看法促进了整个"健康"或"成功"衰老研究领域的发展。

继活动理论之后,1987年,罗韦(Rowe)和卡恩(Kahn)在《科学》上发表了一篇名为《正常而成功的衰老》的文章,从而推动了主流媒体对于成功衰老的关注。他们提出成功的衰老过程应当包括三个部分:避免疾病或不适;保持躯体健康和认知功能;积极参与。这三

---

[1] NEUGARTEN B L. Continuities and discontinuities of psychological issues into adult life [J]. Human Development, 1969, 12 (2): 121–130.

[2] BREHM H P. Sociology and aging: Orientation and research [J]. The Gerontologist, 1968, 8 (1): 24–31.

[3] HAVIGHURST R J. Successful aging [J]. Processes of aging: Social and Psychological Perspectives, 1963 (1): 299–320.

个部分的高水平结合被视作成功的老龄化①。紧接着在1987年5月召开的世界卫生大会上,第一次提出了"健康老龄化"的概念,并将其定义扩展为"在不可阻挡的日益老化的同时,通过一系列积极的措施延缓生物老化和社会老化"②。并在1990年的世界老龄大会上,"社会老龄化"被世卫组织作为应对人口老龄化的一项发展战略。该战略要求改善支持性环境,缩短带病生存期并延长健康余命,以实现老年人健康生活所需要的功能③。巴尔特斯(Baltes)等人也在1990年提出了成功老龄化的"选择性优化补偿(SOC)"理论,该理论模式认为老年人可以通过调节自身心理、行为以及利用周围环境的方式,来实现其成功老化的目的④⑤。

1996年,舒尔茨(Schulz)和黑克豪森(Heckhausen)提出将"健康老龄化"定义为"成功老龄化"⑥,并将上述的选择优化补偿理论应用到整个生命周期中,提出了成功老化即"成功的发展"理念。2002年,随着积极心理学运动的盛行,世界老龄大会提出了比"健康老龄化"更加宽泛的"积极老龄化",增加了"保障"和"参与"两个维度,将其定义为:"随着人们变老,优化健康、参与和安全的机

---

① ROWE J W, KAHN R L. Human aging: usual and successful [J]. Science, 1987, 237 (4811): 143-149.

② World Health Organization.Fortieth World Health Assembly [EB/OL]. [1987-05-04]. https://iris.who.int/bitstream/handle/10665/163838/WHA40_1987-REC-1_eng.pdf?sequence=1#:~:text=The%20Fortieth%20World%20Health%20Assembly%20was%20held%20at,the%20Executive%20Board%20at%20its%20seventy-%20eightn%20session.

③ World Health Organization. World Report on Ageing and Health [M]. Geneva: WHO, 2015.

④ BALTES P B, BALTES M M. Psychological perspectives on successful aging: The model of selective optimization with compensation [J]. Successful aging, 1990: 1-34.

⑤ BALTES P B, BALTES M M. Successful aging: Perspectives from the behavioral sciences [M]. Massachusetts: Cambridge University Press, 1993.

⑥ SCHULZ R, HECKHAUSEN J. A life span model of successful aging [J]. American psychologist, 1996, 51 (7): 702.

会,以提高生活质量的过程"。鼓励老年人通过积极参与活动,实现自身价值,这一定义强调了社会环境对于实现积极老龄化的重要意义[1]。

2014年,希克斯(Hicks)等人提出了"弹性老化",这一概念的提出使健康老龄化的内涵发生了一些转变,从原来的器质性健康开始完全向功能化健康转化。弹性老化是老年人在追求生活品质的过程中,通过影响应对、坚韧性和自我概念的保护性因素,超越身体、心理社会或认知逆境所经历的过程。它提出的弹性老化的核心包括三部分内容:应对、坚韧性和自我概念,并且一个人的生活经历、活动和社会支持是其保护性因素[2]。

直到2015年,世卫组织提出了目前应用最广泛、最得到大家共识的健康老龄化概念:健康老化是"发展和维护老年健康生活所需要的功能发挥的过程"。而功能发挥是由个人内在能力与相关环境特征以及两者之间的相互作用构成的。可以看到,这一健康老化的概念已经不再强调绝对的躯体健康,而是将如何促进和维护功能发挥作为核心内涵。值得强调的是,在这一理念中,也同样提到了老年人群的"复原力(心理韧性)",能够使其他特征处于相似水平的个体之间产生差异[3]。

纵观以上健康老化概念的演变过程,能够看到其中的一些变化规律和存在的问题。在一些概念中传达出强烈的价值感,如"成功老化"和"最佳老化"等,这样的概念会使未达到的老年人群产生无价值和低自尊感。一些概念中呈现基于特征的"静态性结果",如"成

---

[1] World Health Organization. Active ageing: A policy framework [M]. Geneva: WHO, 2002.

[2] HICKS M M, CONNER N E. Resilient ageing: a concept analysis [J]. Journal of advanced nursing, 2014, 70 (4): 744–755.

[3] World Health Organization. World Report on Ageing and Health [M]. Geneva: WHO, 2015.

功老化",但是老化是一个全生命周期的过程,并不是一个固定的结果。还有一些概念强调了个体特质(如弹性老化),另一些则强调社会环境(如积极老化)。由此可见,与老化相关的概念经历了从消极到积极、从结果到过程、从个体到社会以及从器质到功能的演变。对于健康老化过程中"无/少疾病"或"无/少残疾"的界定,在健康的老年人和长期患病的老年人之间构成了"二分法"[①],这一划分一方面将大量老年人群排除在外,只留下老年人中的"精英群体",另一方面也无法识别正常范围内个体间的巨大异质性。综上所述,健康老化的概念应当是拥有应对躯体、心理和社会环境的能力,保持独立和自主性,以达成老年人对自己、家庭和社会的目标,而不仅仅是用医学的方法修复缺陷。

2. 健康老化多维评估指标

健康老化测量的方法和指标应能反映健康老化概念的内涵。为了测量、研究和评价健康老化的进程和水平,促进进一步的政策转化,就需要将健康老化的概念进行操作性定义,用一系列可测量的动态特征和维度来概念化老年人群的健康,并产生有效、可靠,甚至具有可比性的结果。目前,针对健康老化多维评估的指标一般分为两种:一种是针对个体健康老龄化的评估(如虚弱指数、健康老化指数、生物—心理—社会各维度评分等);另一种是针对群体健康老龄化的评估(如预期寿命、患病率、伤残率、健康寿命年等)。

(1)国际健康老龄评估

目前国际上评估老年人健康结果的模型大多依据以下四类内容:一是反映世卫组织对健康和福祉定义的项目;二是以疾病为导向的或被视作疾病或发病率指示性的项目;三是关于履行职能、活动或角色

---

① HICKS M M, CONNER N E. Resilient ageing: a concept analysis [J]. Journal of advanced nursing, 2014, 70 (4): 744–755.

(如日常生活活动或工具性日常活动);四是与适应相关的或应对的条件和限制[1]。现有许多标准化测量工具,无论是针对一般人群、指定疾病或现状,还是针对特定亚群(包括老年人),大多数都结合了生物标志物、测量测试、执行任务的能力和主观评价信息。一项发表于2014年的系统综述[2],纳入了国际上103项有关健康老化测量的研究,并总结了其中所包含的测量指标领域和类型:① 生理——躯体功能/失能、认知功能、患病情况、健康状况、寿命和精神健康;② 福祉——情绪状态、生活满意度/幸福感;③ 参与——社会参与、社会支持;④ 个人资源——个人资源、独立性/自主性;⑤ 外在因素——环境和经济。虽然健康老化评估整体涉及这五大领域,但是每个领域中对于具体项目的操作定义并不完全一致,大多数研究采用各自独特的模型来测定。因此,项目之间的可比性以及不同国家和地区之间健康老龄化程度的对比似乎很难达成一致,但是另一项发表于2019年的系统综述却认为不同评估结果之间的一致性大于异质性。研究纳入了50篇相关文献,涉及23个国家和地区,大多数研究中提到了健康老龄化定义的多样性,并通过多维度指标进行衡量[3]。其中所涉及的领域包括健康指标(合成指数)、生活质量(SF-36)、健康行为(吸烟、饮酒、饮食等)、安全性(经济状况、设施等)、整体健康状况(健康自评)、社会福祉(社会关系量表、孤独感等)、心理幸福感(CESD/GDS/SWLS等)、代谢和生理健康(自我报告+客观检查)、认知功能(MMSE+记忆测评)以及躯体功能(ADL/IADL)。这项

---

[1] World Health Organization. Summary measures of population health: concepts, ethics, measurement and applications [M]. Geneva: WHO, 2002.

[2] COSCO T D, PRINA A M, PERALES J, et al. Operational definitions of successful aging: a systematic review [J]. Int Psychogeriatr, 2014, 26 (3): 373–378.

[3] LU W, PIKHART H, SACKER A. Domains and measurements of healthy aging in epidemiological studies: a review [J]. The Gerontologist, 2019, 59 (4): e294–e310.

综述结果提出，尽管之前的研究对健康老龄化的衡量有所不同，但是仍然发现了在人口、社会经济、心理社会和行为不平等方面的相似趋势。所以该研究认为，不同的健康老龄化模型在区分健康老龄化不平等方面的能力相似，因此是否需要在不同研究和评估之间追求绝对一致受到了质疑，毕竟基于文化背景的差异，绝对一致似乎很难实现。

其中值得一提的是世卫组织建立在其定义的健康老龄化概念下的评估框架，同样包含功能能力、内在能力和环境三个维度。每个维度下通过五项指标进行定义：① 功能能力——满足基本需求的能力、学习成长和进行决策的能力、活动能力（四处走动）、建立和保持各种关系的能力、做贡献的能力；② 内在能力——运动能力（身体运动）、感觉能力（包括视觉和听觉）、活力（包括能量和平衡）、认知能力和心理能力；③ 环境——产品和技术、自然和人造环境、支持和关系、态度、服务和政策制度[1]。并且通过来自30个国家的具有全国代表性的人口老龄化数据对这一模型进行了应用和划分，估计了不同年龄、性别老年人群具有不同内在能力和功能能力的老年人比例[2]。然而，目前的实践实际上是一种回溯性研究，是根据不同国家以往研究当中具有类似功能评估项目的重新整合，并非依据统一的模型指标进行构建的。

（2）国内健康老龄评估

我国在2017年由国家卫生健康委员会等十三部委联合印发的《"十三五"健康老龄化规划》中提到了对于"健康老龄化"的内涵诠释，即从生命全过程的角度，从生命早期开始，对所有影响健康的因素进行综合、系统的干预，营造有利于老年健康的社会支持和生活环境，

---

[1] World Health Organization Decade of healthy ageing: baseline report [R]. Geneva: WHO, 2020.

[2] World Health Organization. Global strategy and action plan on ageing and health [R]. Geneva: WHO, 2017.

以延长健康预期寿命，维护老年人的健康功能，提高老年人的健康水平。可以看出，这一论述实际上主要是关于国家层面对于实施"健康老龄化"的最终目标，对于具体的评估内容和手段并未涉及。

目前，尚未形成国家层面的健康老龄化系统评估工具，相关研究还比较匮乏。国内的一些研究中涉及关于健康老龄化评估工具和指标的构建与探索，如钱军程等[1]通过文献检索和2008年国家卫生服务调查问卷，对健康老龄化的社会效果维度进行了定义和测量研究，提出了包括生活的独立性、精神的愉快性、社会交往和参与性以及社会贡献性四个维度。这一研究主要使用了与社会层面功能相关的个体特征指标，包括与子女和邻居的交往、社会聚会、从事有报酬的工作、参加家庭和社会劳动等，都强调了参与社会活动在推动健康老龄化过程中的重要作用。2017年，梅光亮等人[2]尝试对健康老龄化评估的完整框架进行构建，依据代表性、间接性和适宜性的构建原则，以个体健康、动态发展以及老年群体的获得感和幸福感为理论框架，确定了健康老龄化的评估维度和指标。五大维度分别为健康人群、健康生活、健康环境、健康保健和生活满意度，在指标选取方面则是使用了个体和群体指标相结合的方式，如个体的患病情况、抑郁状况、认知状况等个体情况，以及老年人群整体健康素养、健康管理率、参保率等国家层面的群体数据。其中包含了反映国家层面的制度和服务保障的内容，如养老床位和老年人口的执业医师数量。以上指标的构建只是初步的设想，并未采用实际数据进行评估和使用。2021年，依据"中国老年社会追踪调查（CLASS 2016）"，王雪辉

---

[1] 钱军程.中国老年人口健康老龄化四个社会效果维度的测量研究[J].老龄科学研究，2013，1（1）：73-79.

[2] 梅光亮，陶生生，朱文，等.我国健康老龄化评价测量指标体系的构建[J].卫生经济研究，2017（11）：58-60.

等人[①]依据世卫组织对健康老龄化的定义框架（功能发挥=内在能力+环境支持），尝试构建了中国老年群体健康老龄化的多维评估。虽然整体框架依据世卫组织的定义，但内部指标维度是根据追踪调查数据进行调整的，与世卫组织的五个子维度并不一致。与梅光亮框架不同的是，这一评估框架均以老年人群的个体特征为评估指标，涉及活动能力、躯体健康、精神健康、适应能力、童年生活、社会支持、经济资本、社区服务和居住环境。所使用的指标主要包括日常生活能力（ADL/IADL）、认知功能和抑郁测量表、生活满意度以及一些情况采集的自编量表。

我们对以上国际和国内关于健康老龄化评估的研究结果进行梳理后发现，从概念来看，健康老龄化是积极的，但是实证研究大多基于临床的病理学模型产生。我们有太多评分系统用于评估疾病的症状和严重程度，却很少有评分体系用于评估"健康水平"，尤其是健康老化水平，因为"老化"这一概念通常被等同于"问题"和"缺陷"[②]。而对疾病严重程度的测量并不能解释其对老年人实际功能和生活的影响。使用临床测评工具只能发现疾病水平的人群状态，大多针对躯体和精神功能严重损害的人群，远远不能区分出健康老年群体中的巨大异质性，并且以"疾病"（如失能状况）和"消极状态"（如认知障碍程度、抑郁状态程度）来反映"健康"，与"健康老龄化"的理念从根本上来说是相互矛盾的。同时，现有的健康老龄化评估框架主要是评估特定时间点上一个或几个领域的功能特征和症状特点，是静态

---

① 王雪辉，沈凯俊.老年群体健康老龄化的多维评估及影响因素——WHO最新理论框架在中国的实证探索［J］.云南民族大学学报（哲学社会科学版），2021，38（5）：78-89.

② 耿燊，贾娟.从老年生活医学化到积极老龄化——优势视角下的一个理论分析框架：第三届北京大学老龄健康博士生论坛论文集［C］.北京：北京大学人口研究所，2018.

的、非预测性的,并不能告诉我们未来的可能性。

另外,许多研究人员还致力于构建国内乃至国际上"公认"且"一致"的评估模型,以实现不同国家和地区的同质化研究对比,促进国家和地区之间的健康老龄化进程。但是由于不同的健康构念产生于不同的历史和文化背景,人们对健康的理解和判断都会有所差异,使得这一工作的推进面临巨大困难。

三、多维评估指标的构建

(一)指标体系构建的原则

健康老龄化评估指标的构建首先要反映"健康老龄化"的概念内涵。通过文献综述可知,健康老龄化的概念经过一系列的演变,已由最开始局限于"没有疾病"的躯体健康,演变为维护和促进功能发挥、充实个体生命为中心的状态。因此,健康老龄化的评估指标不能仅局限于对"现状"的反映,尤其是对"不良"现状的反映。因为如果一直聚焦于老年人是如何"变差"的,就不可能知道他们是如何"变好"的。因此,多维指标的构建应当符合以下三个原则。

1. 积极性

健康老龄化的本质是促进更多老年人以最佳功能状态保持独立和自主性,最终实现个人对自己、家庭和社会的目标。它代表一种积极的状态,以帮助老年群体实现更好的生命福祉为目的。因此,在指标的选择上应当重点关注老年人功能和能力的积极方面,突出能够提升和改善的部分,而非患病、失能等消极状态。

2. 动态性

老龄化是贯穿全生命周期的动态过程,甚至从出生就开始了。以某一特定时间点相关领域的"静态"状态来代表"健康老龄化"是不合适的,并且对于未来的发展趋势并没有预测作用。因此,在指标的选取上应当重视"能力化"标准的应用与评估，躯体和心理的功能储备能够使我们了解未来的发展趋势。如果一个人的躯体和心理能力较好，那么即使现阶段的状态不好，我们也能预测其能够有效转化，并最终走向健康。

3. 共通性

虽然老龄化进程在全世界是一致的，但老龄化人群不论从症状特征还是需求特点上，都具有高度异质性。这一差异不仅体现在不同国家和地区之间，甚至在一个国家内部也存在人群之间的巨大差异。与此同时，健康老龄化是一个涉及多维度的综合性概念，对于不同领域功能特征的诠释及测量都存在巨大的文化差异。因此，仅停留在"表面"特征的巨大差异性上，很难实现一致。我们要将评估重点转移到以个体"能力"为核心，一个人的底层能力储备是个体的生命潜力，具有稳定性、共通性和可预测性的特征，与疾病、情绪状态等外在表现的多元化和高异质性具有本质不同。

（二）指标体系的框架特征

虽然健康老龄化是一个涉及多领域、多维度和多层面的综合性概念，但在大多数研究中，其共同关注的重要领域已达成共识。生物—心理—社会模式是以系统论为方法基础的当代医学哲学经典理论和发现，也是从人的层级考量健康的重要理论依据。以往研究中，对于老龄健康的测量大多从这三个层面出发[1]。因此，本研究同样尝试构建以生物—心理—社会模式为框架的健康老龄化多维评估指标框架，同时具有以下四个特征。

---

[1] HUBER M, KNOTTNERUS J A, GREEN L, et al. How should we define health? [J]. BMJ (Clinical research ed.), 2011, 343 (7817): d4163; HANSEN-KYLE L. A concept analysis of healthy aging [J]. Nursing forum, 2005, 40 (2): 45-57.

1. 能力—状态

将能力与状态相结合是这一评估框架最重要的特征。前面我们介绍过，疾病状态、情绪状态及认知状态等都是通过"疾病"对特定时间点人群躯体健康状态的静态特征描述，并非反映动态特征，也无法预测未来发展。虽然这与健康老龄化的概念相矛盾，却能够使我们了解目前老年人群的健康现状。因此，评估框架的构建应当既包含现状，又包含能力。这里的能力指的是个体的功能储备状态，而非世卫组织所列举的功能。

2. 主观—客观

健康是多维的，健康的评估也是多层面的。客观的健康评估，如躯体能力等，需要通过实验室数据来进行测量，能够提供更加准确、客观的信息。然而，从生物医学角度关注的单维生理模型并不能呈现生命健康的全部。精神层面对健康的体验也非常重要。虽然一些主观的关于健康的自我评价或对成功衰老的主观感受的问题无法让我们捕捉到关于健康的具体特征和信息，但正是这些主观成分的扩充，才使得健康的概念更全面和具有包容性。

3. 核心—外围

在已构建的健康老龄化评估框架中我们可以看到，其框架并不完全是描述"健康老龄化"本身，还兼有一些健康影响因素和政策支持，如社区服务、居住环境、健康管理状况以及养老保险情况，这些评估的主体并不是"老年人"本身，而是政府和社会服务情况，评估的是"健康老龄化"的维护和促进工作，是健康老龄化的外围保障，同样十分重要。为了能够明确区分对于"健康老龄化"和外围保证的评估，本评估框架将其分为核心能力评估和外围能力维护两个方面。

4. 综合得分—分领域得分

按照健康状况的传统衡量标准，所有研究都是通过简单地将每个指标的得分相加来得到最终得分，但是这种形式会导致对老年人健康状况的评估不准确。例如，如果一个参与者在某个领域患严重疾病，却因其他领域的健康状况较好而获得中等综合得分，那么这个问题就会被忽略。也就是说，参与者可以在许多方面获得中等分数，这并不能提供关于健康的可解释信息。因此，最终的评分应当在计算综合得分的同时，也计算分领域健康指标的参数，这样才能精确、完整地反映整体健康状况。

（三）指标的确定

基于评估指标的构建原则和特征，本框架整体上包括"能力评估"和"能力促进/维护"两个大方面，而能力评估又包含"躯体""心理""社会模型"三个方面，每个方面都通过能力和状态两个侧面来共同反映。由于躯体、心理和社会的功能状态和现状在很多研究中已被提及，因此这里主要论述关于不同领域"能力"的定义和测量原则。

1. 躯体能力

这里定义的躯体能力是指躯体和内脏功能的储备能力，即老年群体能够做什么，而不是仅仅局限于某一个时间点的功能状态。对储备功能的测定，可以让我们对老年群体躯体功能的未来发展趋势有大体了解。因此，我们建议采用亚级量运动试验来评价老年人整体活动能力和功能储备。老年综合评估（CGA）中的躯体评估内容能够较好地实现这一目的，其中包括对运动功能、心肺功能（6分钟步行试验/平板运动）、平衡能力、步态、肌力和握力的测定，这些都能很好地预测老年人未来衰弱和跌倒的风险以及一些慢性疾病的发病风险。

2. 心理功能

这里我们采用"心理一致感"（Sense of Coherence，SOC）进行心理储备功能的测定，这一能力是健康老龄化的核心。心理一致感是指个体对生活的总体感受和认知，是个体内部稳定的心理倾向，综合体现了个体对内外部环境的应激、自己应对压力所具有的资源以及对生活意义的感知,表达了个体拥有一种普遍、持久、动态的信心。其中包含了可理解感(认知成分)、可控制感(工具成分)以及意义感(动机成分)三个部分[①]。老年人在衰老的过程中极有可能经历某种形式的逆境,可能是身体或认知功能的衰退,可能是失去亲人和朋友,也可能是社交网络的减少。老化的过程注定会伴随以上一个或多个情况的发生。我们无法解决每个人在躯体、情感和社交方面所遇到的可能的困境。因此,具有在逆境中应对的心理能力以及始终对生活抱有希望的信心,是适用于所有老年人走向健康老龄化的核心能力。并且,这一能力较"情绪状态"具有更好的恒定性和预测性。具有良好心理一致感的人,即使遇到各种困难,也能够很好地应对并度过。

3. 社会功能

一个人社会功能的好坏主要体现在两个方面:动机和技能。也就是说,个体希望能够参与社会互动,同时能够具有一定的社会交往技能,才能实现其良好的社会功能。社会参与动机主要由个体的心理状况决定,即我们的心理一致感。对于社会功能,我们采用社交技能进行测定,包括人际感受能力、人事记忆力、人际理解力、人际想象力、风度和表达力以及合作能力与协调能力。

(四)评估框架

在以上构建原则和指标选取的基础上,我们初步构建了健康老龄化的评估框架,其中包含"能力评估"和"能力促进/维护"两个方面(见图8.1)。

[①] ANTONOVSKY A. The structure and properties of the sense of coherence scale [J]. Social Science & Medicine, 1993, 36 (6): 725–733.

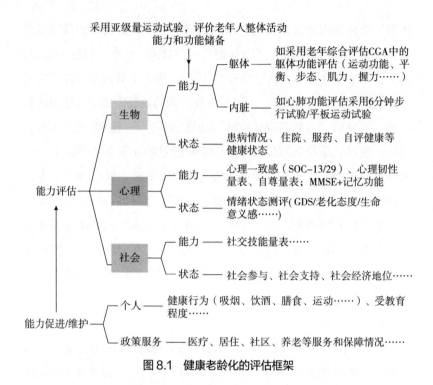

图 8.1 健康老龄化的评估框架

四、促进健康老龄化评估的政策建议

目前,国际上就促进健康老龄化行动进行了大量的理论和实践探索,为推进国内的健康老龄化进程提供了一定的思路,但是我们应当客观看待目前国际上的研究结果。一方面,还未形成统一的、公认的评估范式,因此我们不必一味地盲从和效仿;另一方面,每个国家在其历史演变和文化背景上都有其独特性,而健康的构念一定是形成于这一文化背景之上的。因此,在借鉴国外现有研究理论和工具的同时,要结合中国的国情和本土化特征,对其进行必要的改进、修正和转型。

就目前研究中基于现有健康老龄化概念和评估,我们形成了以"能力"为核心的评估构念。在这一构念下,我们期望能够得到适用于所有老年人的、动态且具有可预测性的评估结果。以上框架内容能够为我们提示未来健康老龄化研究和政策推进的思路。

（一）研究思路

1. 聚焦个体功能储备种类的研究（生物—心理—社会）

目前，并没有专门针对健康老龄化的功能能力测定。现有的测评方式源于临床，是一种以疾病为导向的评估方式。因此，在未来研究中，应当在定义健康老龄化功能发挥领域的基础上，以功能为导向，定义老年群体的"能力"储备评估。这一功能不仅局限于心肺功能、运动功能等，还将涉及老年群体的心理和社会能力的储备情况及应对情况。老龄化是基于年龄结构的社会形态转变，因此，老龄化的应对绝不仅仅局限于生物医学角度。应当探索更多基于"潜能"和个体"特质"的能力评估指标，这些指标具有稳定性、可预测性和动态性，而非始终关注"症状""表现"。同时，能力指标具有一致性，即不同国家、不同地区、不同文化背景中的人，在个体能力特质上的评估具有一致性，能够实现良好的跨文化研究对比。

2. 探寻影响个体能力水平的因素

当我们把"能力"而非"功能"作为健康老龄化的评估核心时，与能力有关的影响因素研究自然也就成为下一步的重点。国际和国内已经进行过大量关于健康影响因素的研究，其中涉及个体遗传、社会经济环境、个体健康行为以及社会和政策保障。以往研究的重点聚焦于"健康状态"，即如何才能保持健康。但健康其实是一种现象，甚至是一个阶段性的特征。在老化的过程中，我们常常不能保持持续的"健康"。如何能够在躯体、心理或社会不健康的状态下，调动个体的主观能动性，去主动应对、弥补和适应，进而再次走向健康，是由个体的"能力特质"决定的。因此，探寻影响个体能力水平的影响因素，对于从根本上推进个体健康老龄化的实现具有重要的决定性意义。

3. 探寻个体能力与生活质量、幸福感等核心健康结局的关系

生活质量、个体幸福感以及生命意义感等核心健康结局，相较于"躯体健康"而言对老年群体更为重要。也就是说，一个人可能患有疾病，可能部分失能，但如果他能实现和完成对他来说重要的事情，那么他对自己的生活乃至生命就是满意的，是感到幸福的。但是对于个体能力与幸福感等主观结局的研究仍然欠缺，尤其是以健康老龄化为目标的关系研究。这一研究的进一步推进，将为"能力"评估提供更有力的佐证。

4. 采用真实世界为研究背景

老龄健康是多维度且复杂的，老年健康问题涉及生活中的方方面面。因此，针对健康老龄化的"能力"与幸福感等核心因变量之间关系的研究，应当在老年人真实的世界中进行，而非挑选所谓的"标准"老人以回避其复杂性。离开生活背景的健康评估往往难以应用于老年人的现实生活中。因此，在大数据时代，我们需要探索更多复杂性研究的技术和方法，使推进健康老龄化的真实研究成为可能。

（二）政策建议

1. 以"能力"为核心的医疗、社会和养老服务体系建设

现代医疗卫生系统实际上仍延续着"年轻社会"形成的以"疾病"为中心的运行模式。在这一背景下，健康常常等同于医疗保健，而这一概念促进了社会的医疗化。因此，在促进健康老龄化的进程中，我们要实现从医疗保健向健康保健和预防保健转变。以"能力"为核心的评估体系要求我们将关注重心从治疗"疾病"转向维护和保障个体"能力"。而这一要求将在更大程度上促进部门和系统之间的合作，因为老年人群的"能力"并不是医院专科门诊能够独立解决的，它需要医疗、护理、社会服务、环境建设等各方面的共同协作，而这正是老龄健康学科的特点。

同时，促进以"能力"为核心的医疗、社会和养老服务体系，还要求我们以"促进"能力为内涵提供支持。社会和医疗支持同个体自主性作为影响健康的因素密切相关。不同内涵的支持可以增加或减少老年人群的自主权和控制力。教育、鼓励和赋能是自主性增加的支持模式。但是超出老年人个体情境要求的约束、直接帮助等方式，虽然能传达关怀并提供帮助，却会助长老年群体的无助感。因此，只有当支持行为同时增加自主性时，才能产生更大的积极影响。回到我们的医疗和社会支持上，一味地提供医疗和生活辅助、管理甚至代办，或许在一定程度上能够缓解老年人群生活中的切实困难，却妨碍了其自主生活的能力，助长了其依赖性。这对提升老年人群长远的生活质量无疑是负面的。因此，以促进"能力"为核心的医疗与社会服务，应本着激发、维护、鼓励和补偿老年人能力发挥所需要的精神和物质资源的原则，将生活的主动权交还到他们手中。

2. 医疗和社会保障为复原力提供补偿资源

前文提到过，心理一致感的核心是能够使老年人群拥有对抗、适应和度过困境的韧性和能力，那么这种能力从何而来？心理一致感在概念上类似于"复原力"和"心理韧性"，因为它体现了一种信心，使我们能够应对压力，而这种信心有一定的客观基础。保险覆盖、医疗和社会资源的可利用性、退休金、住房安全和社会的无障碍设施建设等，就是老年人在出现"失能""失智"等情况时能够"挺过去"的资源。这些保障资源能够使老年人群安心，使他们在面对即将来临的"丧失"时更加从容和稳定。因此，推进公平、可及和充足的医疗和社会保障资源，是我们在应对老龄化社会过程中需要不断努力的方向。

3. 鼓励提供全生命周期的医疗卫生保障服务

老化是贯穿一生的过程，甚至我们童年的经历都对老年阶段所面临的一些问题有着重大影响。只有理解不同时期、不同因素与老龄健康的关系，通过干预减少制约健康的因素，推进和增加促进健康的因素，才能使其最终朝着积极和健康老龄化的方向发展。因此，医疗卫生保障体系需要关注个体在毕生发展中的三个功能周期，即功能稳健期、功能衰退期和严重失能期，及时提供可能的健康支持与服务，才能实现最优化的功能曲线轨迹，降低失能率，减少由疾病导致的伤残。

人口老龄化国情教育路径研究

纪钦[①]

一、引言

人口老龄化问题涉及政治、经济、文化和社会生活的方方面面，关系国计民生和国家长治久安的重大社会性问题[②]。国家应对人口老龄化战略研究预测数据显示，自1999年正式进入老龄化社会以来，我国人口老龄化一直处于快速发展阶段。我国人口老龄化程度将持续加深，至21世纪中叶达到顶峰约为35%，随后至世纪末，我国老年人口将维持在总人口的1/3左右。人口老龄化将是贯穿我国21世纪的重要国情[③]。

国情教育是使学生了解本国政治、经济、自然生态等方面的基本情况，从而激发其爱国热情和报国使命感的教育[④]。决策者关心国情是因为它是决策的依据，研究者关心国情是因为它是立论的基础，民众关心国情是因为它是了解党和政府方针、政策、法规制定背景的渠道，国情教育能普及国情知识，帮助人们形成正确的国情观，我国一

[①] 纪钦，女，1996年生。江苏常州人，英国伦敦大学学院文学硕士。现为中国老龄科学研究中心《老龄科学研究》编辑部编辑，主要研究方向为老龄政策、健康人文等。

[②] 吴玉韶.老龄工作的实践与思考[M].北京：华龄出版社，2014：104.

[③] 全国老龄工作委员会办公室，中国老龄协会.人口老龄化国情教育知识读本[M].北京：华龄出版社，2020：24.

[④] 顾明远.教育大辞典（增订合编本）[M].上海：上海教育出版社，1998：530.

直有着国情教育的传统①。

2016年5月27日,习近平总书记在中共中央政治局就我国人口老龄化的形势和对策举行第三十二次集体学习时作出重要指示:"要适应时代要求创新思路,推动老龄工作向主动应对转变,向统筹协调转变,向加强人们全生命周期养老准备转变,向同时注重老年人物质文化需求、全面提升老年人生活质量转变"。其中,"向主动应对转变"意味着今后政策创新要加强对老年人需求发展趋势的预判,加强对人口老龄化问题发展规律的研判,推动由人口老龄化的被动应付转变为未雨绸缪、超前谋划、源头治理,做好各项战略准备的主动应对②。

会上,习近平总书记强调:"要着力增强全社会积极应对人口老龄化的思想观念。""要在全社会开展人口老龄化国情教育、老龄政策法规教育,引导全社会增强接纳、尊重、帮助老年人的关爱意识和老年人自尊、自立、自强的自爱意识。"

老龄工作需要多部门协同和全社会支持,实施强势的舆论宣传有利于弥补老龄工作缺乏刚性工作手段的不足③。在全社会开展人口老龄化国情教育,是贯彻落实习近平总书记重要指示精神、推动全面贯彻实施《中华人民共和国老年人权益保障法》、落实积极应对人口老龄化国家战略、在潜移默化中增强全社会积极应对人口老龄化意识,开展积极应对人口老龄化行动的重要举措,有利于推动精神文明建设,营造全社会关心、支持、参与积极应对人口老龄化的良好氛围,激发全社会增强应对人口老龄化的主动性、针对性和自觉性④。

---

① 吴思珺.国情、国情分析、国情教育散论[J].中国国情国力,2014(3):37-39.
② 李志宏.新时代中国老龄政策的创新方略[J].老年科学研究,2018,6(3):3-13.
③ 李志宏.全面深化改革视野下我国老龄工作若干重大问题的理论考量[J].老年科学研究,2015(2):3-12.
④ 人口老龄化国情教育暨中央和国家机关离退休干部人口老龄化国情教育大讲堂启动[J].中国社会工作,2018(20):6.

2018年1月,全国老龄办印发《关于开展人口老龄化国情教育的通知》(全国老龄办发〔2018〕6号),明确面向全社会开展人口老龄化形势、老龄政策法规、应对人口老龄化成就、孝亲敬老文化和积极老龄观等五方面主要内容的教育活动[①]。

截至目前,我国各省市、中央各部委开展的人口老龄化国情教育主要包含以下内容。

一是纳入干部教育培训。出版配套教材,面向老龄委各成员单位相关人员开展人口老龄化专题讲座和培训班,面向部委和中央机关离退休干部开展人口老龄化国情教育大讲堂活动,在部委内部建设参观实践基地,组建宣讲团,在各级党校开办专题研讨班。

二是纳入地方老龄工作要点。举行老年人口信息和老龄事业发展状况新闻发布会,筹建人口老龄化国情市情教育基地,推进"老年友好城市"、全国示范性老年友好型社区、敬老文明号、积极应对人口老龄化最佳实践案例和长寿之乡、敬老模范县等相关项目申报工作。推进老年人权益保障工作,推动修订地方《老年人权益保障法》实施办法,做好面向特殊困难老年群体的法律服务和援助工作。

三是开展主题教育"六进"活动。推进"敬老月"系列活动,举办知识问答、进行榜样模范评选宣传,通过讲座、茶话会、义诊、文艺展演、入户走访、发放宣传资料等形式,开展老年健康、普法防诈、智慧助老、消防安全等主题的宣讲。将人口老龄化国情教育纳入大中小学学科教学和综合实践活动,组织青少年广泛开展敬老助老志愿服务活动,传承弘扬孝亲敬老传统美德。

四是持续开展媒体宣传。通过在人口聚集地设置广告路牌、展板、标语进行常态化宣传,通过出版专项丛书、开辟报刊专栏、广播

---

① 中国政府网.全国老龄办创新多种形式开展人口老龄化国情教育[EB/OL].(2019-03-20)[2022-12-20]. http://www.gov.cn/xinwen/2019-03/20/content_5375436.htm.

电视特别节目和微信公众号等网络渠道打造宣传矩阵,围绕老龄政策、老年健康、老年人维权、社区服务对接等方面开展宣教工作。

总的来说,各地区、各部门充分发挥自身潜力和优势,在常态化实施人口老龄化国情教育、推动扩大老龄宣传、营造浓厚积极应对人口老龄化的社会氛围过程中发挥了重要作用。

二、文献回顾

学界研究人口老龄化国情教育的文献数量不多(暂不纳入老年教育等关键词),现有文献主要从开展人口老龄化国情教育的意义、重点、具体措施和成果等角度进行阐述。

学者们从多个角度指出了开展人口老龄化国情教育的战略意义。邬沧萍结合贯彻落实十九大精神,指出开展人口老龄化国情教育可以加深十九大论述的新时代国情的认识,有助于提高对老年人健康的科学认知,有助于理解我国积极应对人口老龄化战略的理论和实践创新[①]。党俊武提出老龄社会国情教育的说法。他指出,老龄社会国情教育的宗旨是以习近平新时代中国特色社会主义思想为指导,提高在老龄社会重大社会转型背景下实现中华民族伟大复兴中国梦的严峻性和紧迫性认识,针对老龄社会重大转型带来的系统性问题,厘清思路,做好战略和制度安排,树立信心,坚定信念,凝聚共识,强化全民的个体责任和公共责任,积极作为[②]。陆杰华倡导进行全民老龄化新国情教育,以帮助全面认识新时代人口老龄化对国家社会经济发展、家庭发展能力等方面的影响机理以及带来的诸多新矛盾,提高全民规避人口老龄化对国家、家庭和个人的各种风险意

---

① 邬沧萍.全面贯彻落实十九大精神认真做好人口老龄化国情教育[J].中国社会工作,2018(8):26-27.

② 党俊武.重阳六论老龄社会国情教育[J].老龄科学研究,2018,6(10):3-11.

识，增强全民积极应对人口老龄化的信心①。杜鹏和王咏梅指出，人口老龄化国情教育通过多种渠道将学界对于人口老龄化、老年人和老龄化社会的科学认知传递给社会大众，可以全面加强社会对老龄化的科学认知，打造不骄不躁、从容沉着的社会氛围，为国家蹄疾步稳地应对老龄化奠定社会基础②。胡湛、彭希哲和吴玉韶认为，强化老龄化国情意识并有效构建"积极老龄观"可以优化国家战略实施环境③。

对于人口老龄化国情教育的重点，王建军提出，推动人口老龄化国情教育深入开展需要突出重点、改进方式。他提出，要将学习宣传习近平总书记关于老龄工作的重要论述作为人口老龄化国情教育的首要任务，将党中央国务院关于老龄工作的重大决策部署作为人口老龄化国情教育的重要内容，把老年人的知识需求纳入人口老龄化国情教育内容。将老年人需要的知识作为重要内容丰富到人口老龄化国情教育的授课中，关注老年人维权优待、老年人文化生活和老年人健康知识④。吴玉韶认为，对老年群体的教育要以健康老龄化和积极老龄化为主要内容，重点进行生命历程观教育、独立自强观教育、积极预防观教育和积极康复观教育⑤。胡湛、彭希哲和吴玉韶指出，构建积极老龄观需要通过形成对人口老龄化基本国情的准确理解并有效

---

① 陆杰华.新时代积极应对人口老龄化顶层设计的主要思路及其战略构想［J］.人口研究，2018，42（1）：21-26.

② 杜鹏，王永梅.改革开放40年我国老龄化的社会治理——成就、问题与现代化路径［J］.北京行政学院学报，2018（6）：13-22.

③ 胡湛，彭希哲，吴玉韶.积极应对人口老龄化的"中国方案"［J］.中国社会科学，2022（9）：46-66.

④ 王建军.突出重点 改进方式 推动人口老龄化国情教育深入开展［J］.中国社会工作，2019（14）：6-8.

⑤ 吴玉韶.树立积极老龄观——14部委人口老龄化国情教育文件解读（摘要）［J］.老年教育（老年大学），2018（9）：29-30.

宣教[①]。吴玉韶和李晶对积极老龄观进行了更多元的阐释，强调老年人的异质性和老年期的差异性，接受老年人在生命末期的脆弱和依赖，尊重老年人根据自己的需要做出多元选择，从而实现社会和个人福祉的最大化[②]。党俊武则希望通过国情教育转变年轻社会的惯性思维，破除挑战机遇、悲观乐观等简单狭隘的二元思维框架，全面认识重大社会转型面临的系统性问题，树立老龄社会新思维，掌握社会转型中的重大发展规律和中国老龄社会的特殊规律，积极行动，在积极顺应社会转型的同时，努力构建理想老龄社会[③]。陆杰华和杨茜茜指出，深入开展积极应对人口老龄化国情的教育和宣传，需要拓宽宣传渠道，丰富宣传形式，引导公民积极看待个体衰老和社会老龄化，推动形成全社会积极老龄观共识[④]。原新从开发老年人力资源角度出发，指出老龄化国情教育最重要的是树立老年人的积极老龄观，将所谓的"负担"转变为贡献，实现活力老龄、积极老龄[⑤]。刘鹏程认为，应延伸教育主题，在老龄科学科普、老年人日常生活、家庭照护支持、老年心理慰藉、老龄社会建设等诸多方面进行尝试；不能局限于传统的"教学模式"，应邀请老年人与政策制定者、执行者对话，鼓励子女和长辈对话，派出老龄科研学者"乡野调查"，在对话中感受老年人的真切需求，在反思中提升为老服务质量，在教学相长中将老龄国情教育引向深入[⑥]。

[①] 胡湛，彭希哲，吴玉韶．积极应对人口老龄化的"中国方案"[J]．中国社会科学，2022（9）：46-66.

[②] 吴玉韶，李晶．积极老龄观的理念与建构[J]．行政管理改革，2022（11）：71-78.

[③] 党俊武．重阳六论老龄社会国情教育[J]．老龄科学研究，2018，6（10）：3-11.

[④] 陆杰华，杨茜茜．践行积极老龄观，构建老年友好型社会[J]．中国社会保障，2023（2）：32-33.

[⑤] 张婷．老龄国情教育：怎样补上这一课？[N]．中国社会报，2018-03-11（4）．

[⑥] 刘鹏程．将老龄国情教育引向深入[J]．中国社会工作，2017（26）：1.

围绕国情教育的实践，李剑华和赵洪斌以武汉市的人口老龄化国情教育开展情况为基础，在总结成果的同时提出了开展过程中存在的问题，如部门协同推进力度不够强、农村教育活动比较薄弱、社会参与力度不够高等[①]，另有黑龙江省老龄办[②]、云南省老龄办[③]和太原市老龄办[④]总结了本辖区开展人口老龄化国情教育的经验举措。在巴西，德·索萨（de Souza）等人对2005—2018年世界范围内的葡萄牙语、英语和西班牙语文献进行了综述，研究了能够推进积极老龄化的大众教育和健康促进行动。他们发现这些行动确实促进了老年人健康习惯的改善，但也造成了不同年龄群体的隔离。相比全生命周期的积极老龄化，这些行动只对老年群体产生了明显作用。因此，需要社区、学校和其他部门联合起来，促进能够提供更大自主权和福祉的健康行动的传播，以激发民众参与感、增进大家的共同福祉[⑤]。

也有面向青少年开展的人口老龄化教育研究。江颖和白莉采用半开放式提纲型问卷，对C市及其郊县4所小学的510名三年级至五年级小学生开展调查，通过量化统计、文本挖掘和质性研究的方法探究小学生对待老年人的印象、态度，以及对自己未来老年期的认知期望，发现小学生对老年人和老龄化的看法和态度能够反向影响老一辈，基于此，他们提出可以将丰富多彩的老龄社会国情教育融入小学

---

① 李剑华，赵洪斌.武汉市推进人口老龄化国情教育"五项结合"［J］.中国社会工作，2018（20）：18-19.

② 创新务实开展人口老龄化国情教育［J］.中国社会工作，2018（20）：7-8.

③ 全面推进人口老龄化国情教育积极构建养老孝老敬老良好社会环境［J］.中国社会工作，2018（20）：13-14.

④ 太原市将人口老龄化国情教育纳入老年教育整体进程［J］.中国社会工作，2018（20）：16-17.

⑤ SOUZA E M, SILVA D P P, BARROS A S. Popular education, health promotion and active aging: an integrative literature review [J]. Ciencia e Saude Coletiva, 2021, 26 (4): 1355-1368.

课堂，在未来几代重塑年龄态度，消除代际歧视①。Yoon和Park通过在线问卷调查，研究了韩国某大学99名学生对低出生率、高龄化社会和人口教育的相关认识，以及人口教育相关认识对家庭价值观的影响。研究发现，低出生率、高龄化社会相关认识与人口教育相关认识和家庭价值观存在正相关关系，人口教育相关认识和家庭价值观也存在正相关关系②。

在宣传方面，英国广播公司带头的创意多元化网络开展了一项针对不同年龄段人群认知的研究。研究表明，老年人的负面形象伴随着他们在生理、社会和心理方面的能力丧失，以及抗拒与时俱进、爱抱怨的形象而反复出现。他们的正面形象主要表现在具有智慧、知识和经验。此外，各年龄群体都注意到了电视中出现的老年女性形象有限的情况并对此表示担忧。联合国人口基金和国际助老会的研究表明，新闻、电视、电影和广告通常将年龄化描画成刻板形象，老龄化被刻画成价值下降、贬损和负担。这种固定形象的运用和对老龄化使用负面语言会强化社会对个体老化和人口老龄化的态度和反应，导致在多数情况下人们会对老龄的期望值降低，进而对生活的各个方面产生影响。即使一些国家制定了关于提升老龄化积极形象的国家政策，出台了一系列措施和行动，但总体而言，老年人的形象在媒体中没有得到很好的体现③。Song和Hong从人口教育的角度分析了韩国小学社会科教科书中老人的被动形象，认为书中只提出了韩国的老龄化现象，并没有让学生的思维拓展到尊重他人、家庭和共同福祉方面。他们认

---

① 江颖，白莉.小学校园里的老龄化认知实证调查：小学生对老年人的印象、态度和对自己未来老年期的认知期望[J].老龄科学研究，2021，9（12）：47-66.

② YOON J, PARK M. Influence of Perception on Low Fertility, Aging Society and Population Education on Family Values in University Students [J]. The Journal of Humanities and Social science, 2022, 13 (5): 1375-1388.

③ 联合国人口基金和国际助老会.二十一世纪人口老龄化：成就与挑战[R].纽约，伦敦：联合国人口基金和国际助老会，2012：102-103.

为有必要在教科书中展示老年人积极参与社会的面貌，通过价值观教育应对代际矛盾的教育，将低出生率和高龄化分开提出，重新构建教育课程[①]。

以上文献大多在2020年以前发表，时效性略显不足，国内对人口老龄化国情教育实施效果进行考察的研究较少且学理性不足，因此在老龄国情的宣传教育方面还有较大的探索空间。

本研究需要探究的问题是：截至目前，我国人口老龄化国情教育开展的具体效果如何？未来深入开展人口老龄化国情教育的路径可以怎样优化？

本研究的访谈对象包含两类。一是中央层面的政策执行人，包括中国老龄协会宣传部（国情教育实际主推部门）、中国老年学和老年医学学会以及中国老年大学协会（部分国情教育任务承担方）相关工作人员。二是地方层面的政策实施人和作为实施对象的老年群体，范围为某地部分老年常住居民和其日常生活所在社区的书记。研究通过对访谈结果和文献资料的分析，回顾我国人口老龄化国情教育开展以来的成效和不足，探索改进方法，以期为今后的政策制定提供参考。

三、人口老龄化国情教育相关政策的发展历程

1996年出台的《中华人民共和国老年人权益保障法》在第一章第七条规定："全社会应当广泛开展敬老、养老宣传教育活动，树立尊重、关心、帮助老年人的社会风尚。青少年组织、学校和幼儿园应当对青少年和儿童进行敬老、养老的道德教育和维护老年人合法权益的法制教育。提倡义务为老年人服务。"在此基础上，2012年修订的

[①] SONGH, HONG K. Exploring the Direction of Elementary Social and Population Education in Response to the Aging Era [J]. Social Studies Education, 2022, 61 (1): 67–81.

《中华人民共和国老年人权益保障法》在第一章第八条规定："国家进行人口老龄化国情教育,增强全社会积极应对人口老龄化意识。全社会应当广泛开展敬老、养老、助老宣传教育活动,树立尊重、关心、帮助老年人的社会风尚。青少年组织、学校和幼儿园应当对青少年和儿童进行敬老、养老、助老的道德教育和维护老年人合法权益的法制教育。广播、电影、电视、报刊、网络等应当反映老年人的生活,开展维护老年人合法权益的宣传,为老年人服务。"自此,人口老龄化国情教育正式写入法律并延续至今。

2014年,全国老龄工作委员会办公室、中宣部、教育部、民政部、人力资源和社会保障部、文化部、国家新闻出版广电总局、全国总工会、共青团中央、全国妇联十部门联合印发了《关于培育和践行社会主义核心价值观 加强老龄宣传教育工作的通知》,要求"开展人口老龄化基本国情宣传教育",可以被视为早期的人口老龄化国情教育政策实践。

2016年5月27日,中共中央政治局就我国人口老龄化的形势和对策举行第三十二次集体学习。习近平总书记在主持学习时强调,要着力增强全社会积极应对人口老龄化的思想观念。要积极看待老龄社会,积极看待老年人和老年生活,老年是人的生命的重要阶段,是仍然可以有所作为、有所进步、有所快乐的重要人生阶段。有效应对人口老龄化,不仅能提高老年人生活和生命质量、维护老年人尊严和权利,而且能促进经济发展、增进社会和谐。敬老爱老是中华民族的传统美德。要把弘扬孝亲敬老纳入社会主义核心价值观宣传教育,建设具有民族特色、时代特征的孝亲敬老文化。要在全社会开展人口老龄化国情教育、老龄政策法规教育,引导全社会增强接纳、尊重、帮助老年人的关爱意识和老年人自尊、自立、自强的自爱意识。要加强家庭建设,教育引导人们自觉承担家庭责任、树立良好家风,巩固家庭养老基础地位[①]。

为贯彻落实习总书记的重要指示精神，人口老龄化国情教育被列入顶层设计。《国务院关于印发"十三五"国家老龄事业发展和养老体系建设规划的通知》（国发〔2017〕13号）第十一章"强化工作基础和规划实施保障"第一节要求加强宣传和国际合作："坚持正确舆论导向，充分发挥各类媒体作用，加大对人口老龄化国情、老龄政策法规、老龄事业发展重大主题以及老龄工作典型人物、事迹、经验等的宣传报道力度，提升舆情研判引导能力，营造全社会关注老龄问题、关心老龄事业、支持老龄工作的良好氛围。"根据《全国老龄工作委员会关于落实〈国务院关于印发"十三五"国家老龄事业发展和养老体系建设规划〉成员单位分工的意见》（全国老龄委发〔2017〕6号），这部分任务由中央宣传部、新闻出版广电总局、全国老龄办等按职责分工负责。

次年，全国老龄办、中共中央组织部、中共中央宣传部、国家发展改革委、教育部、民政部、司法部、人力资源社会保障部、文化部、国家卫生计生委、国家新闻出版广电总局、全国总工会、共青团中央、全国妇联十四部门联合印发《关于开展人口老龄化国情教育的通知》（全国老龄办发〔2018〕6号），要求在全社会开展人口老龄化国情教育。这份文件对做好人口老龄化国情教育工作，特别是开展相关活动，具有重要的指导意义。文件提出到2020年，人口老龄化的国情意识明显增强，关爱老年人的意识和老年人的自爱意识大幅提升，积极应对人口老龄化的社会氛围更加浓厚的总体目标。

不过，这并不代表人口老龄化国情教育在2020年告一段落。党中央明确提出，人口老龄化国情教育需要继续深入开展。

---

① 人民网.习近平强调推动老龄事业全面协调可持续发展［EB/OL］.（2016-05-29）［2022-12-20］.http://jhsjk.people.cn/article/28387539.

2021年,《中共中央 国务院关于加强新时代老龄工作的意见》（国务院公报2021年第34号）第十五条明确强化社会敬老："深入开展人口老龄化国情教育。实施中华孝亲敬老文化传承和创新工程。持续推进'敬老月'系列活动和'敬老文明号'创建活动，结合时代楷模、道德模范等评选，选树表彰孝亲敬老先进典型。将为老志愿服务纳入中小学综合实践活动和高校学生实践内容。加强老年优待工作，在出行便利、公交乘车优惠、门票减免等基础上，鼓励有条件的地方进一步拓展优待项目、创新优待方式，在醒目位置设置老年人优待标识，推广老年人凭身份证等有效证件享受各项优待政策。有条件的地方要积极落实外埠老年人同等享受本地优待项目。发挥广播电视和网络视听媒体作用，加强宣传引导，营造良好敬老社会氛围。"《全国老龄工作委员会关于印发贯彻落实〈中共中央 国务院关于加强新时代老龄工作的意见〉任务分工方案的通知》（全国老龄委发〔2022〕1号），明确这部分任务由中央宣传部、教育部、交通运输部、自然资源部、文化和旅游部、公安部、广电总局、发展改革委、全国老龄办、中国老龄协会等按职责分工负责，地方各级政府负责。

《国务院关于印发"十四五"国家老龄事业发展和养老服务体系规划的通知》（国发〔2021〕35号）第九章"营造老年友好型社会环境"第二十三条传承弘扬家庭孝亲敬老传统美德要求："巩固和增强家庭养老功能。在全社会开展人口老龄化国情教育，积极践行社会主义核心价值观，传承弘扬'百善孝为先'的中华民族传统美德。"

此外，不同领域的专项活动政策文件对人口老龄化国情教育也一直有所提及。早在2017年,《全国老龄工作委员会关于深入开展2017年全国"敬老月"活动的通知》（全国老龄委发〔2017〕5号）明确提出："全国老龄工作委员会办公室和相关部门将重点推出'人口老龄化国情教育'专题宣讲活动，宣讲我国人口老龄化基本国情和应对人口老龄化取得的成就，老龄政策法规等。"《全国老龄工作委员会关于深入开展2019年全国"敬老月"活动的通知》（全国老龄委发〔2019〕2号）要求开展人口老龄化国情教育"六进"活动："集中开展人口老龄化国情教育'进机关、进企业、进学校、进社区、进养老机构、进乡村'活动，组织党政领导、专家学者、老龄工作者、'老有所为'先进典型人物等组成的人口老龄化国情教育宣讲团，进行多种形式的主题宣传教育活动。深入开展'积极老龄观、健康老龄化、幸福老年人'宣传教育，在全社会倡导积极看待老龄社会、积极看待老年人和老年生活，积极做好全生命周期养老准备。线上线下相结合开展人口老龄化国情教育'大讲堂'活动，不断扩大覆盖面和影响力。"《全国老龄工作委员会关于深入开展2020年全国"敬老月"活动的通知》（全国老龄发〔2020〕4号）要求："持续组织人口老龄化国情教育。组织开展人口老龄化国情教育'进机关、进企业、进学校、进社区、进养老机构、进乡村'活动，组织党政领导、专家学者、老龄工作者、'老有所为'先进典型人物等组成的人口老龄化国情教育宣讲团，进行多种形式的主题宣传教育活动。以受众需求为导向，开发精品课程，创新宣讲形式，注重线上线下相结合，让社会各界更深入了解人口老龄化基本国情，形成积极应对人口老龄化的广泛共识和行动。"

此外，《国家卫生健康委 全国老龄办关于开展示范性全国老年友好型社区创建工作的通知》（国卫老龄委发〔2020〕23号）中，所附《全国示范性城乡老年友好型社区标准（试行）》第五节"孝亲敬老氛围浓厚"第四十四条提出："在社区开展人口老龄化国情教育和老年友好型社区理念宣传活动，形成人人关注、全民参与老年友好型社区建设的良好氛围。"《国务院办公厅印发关于切实解决老年人运用智能技术困难实施方案的通知》（国办发〔2020〕45号）要求："开展普及宣传。将促进老年人融入智慧社会作为人口老龄化国情教育重点，加强正面宣传和舆论监督，弘扬尊重和关爱老年人的社会风尚。开展智慧助老行动,将解决老年人运用智能技术困难相关工作,纳入老年友好城市、老年友好社区、老年宜居环境等建设中统筹推进。对各地区有益做法、典型案例及时进行宣传报道,组织开展经验交流。"

四、在地方开展的质性研究

(一)理论基础

政策扩散主要关注政策从文件发出到最终落地实施的中间扩散过程,探究其中的政府行为及其他影响因素。王浦劬提出了中国政策实践中的四种扩散模式,即"自上而下的层级扩散模式""自下而上的政府采纳模式""同层级的区域/部门扩散模式""不同发展水平地区的跟进扩散模式"[1]。从政策梳理结果来看,人口老龄化国情教育属于自上而下的层级扩散模式。

有研究表明,上下级政府之间的互动带有某种引导和反引导的特征。引导特征主要与实验主义相关联,下级政府的政策采纳被视作上级政府围绕某一政策领域开展的实验,中央政府可通过直接干预、实施排名、通报、在特定领域建构创新议程等方式进行引导。同时,下级也可以开展一定程度的反引导活动。当政策信号自中央发出,经历行政链条逐级到达基层时,各级政府采纳政策的意愿和目标甚至会出现相互冲突的情况。而当新政策无法形成充分的激励时,完成任务就成为下级政府的采纳策略,看似广泛扩散的政策在执行过程中会被"悬浮"起来[2]。

因此,本研究挑选了较为极端的"好"的情况,在这种较为理想

---

[1] 王浦劬,赖先进.中国公共政策扩散的模式与机制分析[J].北京大学学报(哲学社会科学版),2013,50(6):14-32.

[2] 付建军.政策扩散研究如何扩散?——政策扩散研究的三波浪潮与发展逻辑[J].社会主义研究,2022(5):122-130.

的情况下检视人口老龄化国情教育的扩散效果。

同时，按照班杜拉提出的社会认知理论，个体因素、环境因素与行为因素三者存在动态的交互作用，人们会通过个体感知，对接收到的认知资源产生能动反应。这一理论为研究教育途径和媒介问题提供了理论框架[1]。

（二）研究方法

本研究是在解释主义的范式下进行的质性研究，主要通过访谈法进行资料收集。

（三）访谈对象选择及受访者基本情况

国家卫生健康委党组成员、全国老龄办常务副主任、中国老龄协会会长王建军曾指出，深入开展人口老龄化国情教育活动应树立问题导向，把老年人急需的知识纳入人口老龄化国情教育内容范畴，重点关注和解决老年人维权困难、文化生活匮乏和健康知识缺乏等问题，切实回应老年人的关切[2]。我国社会发展长期处于不均衡状态，中国老龄政策的地域差异明显，城市比农村完备，东部发达地区比中西部地区完备[3]，而经济状况又是导致老年人参与教育的重要因素[4]。因此，本部分选取了东部某经济发达、老龄工作成绩显著城市（当地老龄工作部门被授予全国老龄系统先进集体表彰）的主城区的11名当地

---

[1] 赵梓昕，臧志彭.激励与治理：社会认知视角下平台型媒体的媒介信任机制——基于身份认同的中介效应实证[J].科学与管理，2024，44（2）：82-91.

[2] 人民网.老龄化国情教育要回应老年人关切[EB/OL].(2019-03-22)[2022-12-20].http://health.people.com.cn/n1/2019/0322/c14739-30989223.html.

[3] 原新，李志宏，党俊武，等.中国老龄政策体系框架研究[J].人口学刊，2009（6）：25-29.

[4] 汪洋，吴振东，陈功.教育水平对老年人老年大学参与率的预测效应研究——基于第四次中国城乡老年人生活状况抽样调查数据[J].老龄科学研究，2022，10（10）：1-15.

体制内退休^①的常住老年居民及同地区的14位社区书记进行访谈。在去除经济贫困这一限制条件后的较为极端的"好"的情况下，观察老年群体的老龄观和相关需求满足情况，检视人口老龄化国情教育政策扩散过程中先进地方的基层实践，总结经验，为此后的政策制定提供参考。

11名受访居民年龄在60~75岁，女性7人，男性4人，每人子女数量均为1。所有人均享有稳定的退休金，其中有8人具有党员干部身份。14位社区书记的辖区基本覆盖受访居民的日常生活区域（见表9.1）。

表9.1 受访居民人口学特征

序号	性别	年龄（岁）	婚姻状况	子女数量	离退休时的单位	政治面貌	自述健康状况
E	女	60	已婚	1	国家机关	党员	糖尿病
F	女	61	离异	1	事业单位	群众	高血糖
G	男	71	已婚	1	国家机关	党员	健康
H	男	74	已婚	1	事业单位	群众	健康
I	女	60	已婚	1	事业单位	党员	健康
J	女	66	已婚	1	事业单位	群众	帕金森、中风、失眠
K	女	72	已婚	1	事业单位	党员	视力差、高血糖
L	男	70	已婚	1	国家机关	党员	还行
M	男	68	已婚	1	国家机关	党员	高血压
N	女	63	已婚	1	国家机关	党员	曾患乳腺癌
O	女	75	已婚	1	事业单位	党员	曾患子宫癌

资料来源：作者实地调研整理形成。

（四）实施—收集数据过程

访谈通过电话、微信视频以及电子邮件的方式进行。除电子邮件

---

① 在中国，政府机关、事业单位和国有企业等单位一般被视为体制内单位，收入期望值较高，工作稳定，能够掌握和控制较多社会资源，这些体制内劳动者与民营、外资、合资企业、个体经营单位等体制外劳动者的退休状况差异较大。刘志国，James Ma.劳动力市场的部门分割与体制内就业优势研究［J］.中国人口科学，2016（4）：85-95；汪伟，王文鹏.预期寿命、养老保险降费与老年劳动供给：兼论中国退休政策改革［J］.管理世界，2021，37（9）：119-133.

外，每次访谈时长在20~40分钟，由采访者即时进行内容记录。在访谈开始时，参与者被告知访谈的目的是研究人口老龄化国情教育活动的开展情况。本研究由中国老龄科学研究中心开展，最终结果将在匿名处理后供科学中心内部科研及后续可能的上级部门参考使用，访谈不会被录音、录像。

对老年人的访谈参考了第五次中国城乡老年人生活状况抽样调查问卷设计，包括是非题和开放式问题，主要涉及健康老龄化、法制老龄化、积极老龄观和宣传媒介使用方式四部分内容。本次为半结构化访谈，采访者会根据受访者的反应提出后续问题，让他们有机会澄清或进一步阐述自己的回答。笔录由采访者在访谈结束后立即进行整理，以确保采访记录准确。在报告中，受访者的部分无关话语会被省略处理。

（五）分析方法

本研究采用反思性主题分析法（reflective thematic analysis）来对访谈结果进行分析，主题由编码提炼，并被概念化为由中心组织概念支撑的共享意义模式。通过研究人员进行大量的分析和解释工作，可以将不同数据中的潜在意义结合到一起，形成主题。该方法默认主题不可能脱离研究人员而存在——它们是由研究人员通过数据参与产生的，这些数据参与受研究人员为这一过程所带来的一切因素（如他们的研究价值观、技能、经验和培训）的影响[①]。

该方法有六个主要步骤：第一，熟悉数据，主要包括转录原始数据，反复阅读数据，记录主要观点；第二，形成初步编码；第三，寻找主题，将所产生的编码初步归类，初步形成主题；第四，复查主题，检查编码及相关数据与主题之间是否匹配；第五，命名主

---

① BRAUN B, CLARKE V. Can I Use TA? Should I Use TA? Should I Not Use TA? Comparing Reflexive Thematic Analysis and Other Pattern-based Qualitative Analytic Approaches [J]. Counselling and psychotherapy research, 2021, 21 (1): 37–47.

题；第六，完成研究报告[①]。这一分析过程可以在任一阶段往复修正（见图9.1）[②]。

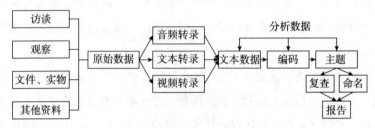

图9.1 反思性主题分析法流程图

资料来源：李偲，毕重增.主题分析法及其在中国社区心理学研究中的应用[J].社区心理学研究，2021，12（02）：211-223.

反思性主题分析法适用于以下一种或多种情况：初学者开始定性分析；研究问题并不是特别适合扎根理论（最终的扎根理论研究问题集中在社会过程）；目标是识别数据中的模式，描述和解释这些模式，和/或提供理论上知情的解释；研究者并不打算从数据集和分析中发展出一个有根据的理论；数据收集独立于分析发展（即理论上没有取样的意图）；样本相对较小（不少于6个访谈对象[③]）或具有同质性，即研究中常见的"方便"样本的常见情况；时间受特定而紧迫的截止日期的限制[④]。

[①] 徐鹏.权力视域下的儿童公民话语和实践——基于新西兰两所幼儿园的访谈调查[J].比较教育研究，2022，44（7）：22-30.

[②] 李偲，毕重增.主题分析法及其在中国社区心理学研究中的应用[J].社区心理学研究，2021，12（2）：211-223.

[③] BRAUN B, CLARKE V. Successful Qualitative Research: A Practical Guide For Beginners [M]. Los Angeles; London: Sage Publications Ltd: 48–50.

[④] BRAUN B, CLARKE V. Can I Use TA? Should I Use TA? Should I Not Use TA? Comparing Reflexive Thematic Analysis and Other Pattern-based Qualitative Analytic Approaches [J]. Counselling and psychotherapy research, 2021, 21 (1): 37–47.

本研究时间紧迫，样本相对较小且具有同质性，故采用该方法进行分析。

（六）主题阐释

经过多次反思，最终提炼出如下主题（见图9.2）。

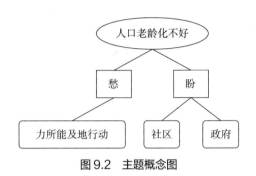

图9.2 主题概念图

资料来源：作者自绘。

1. 受访老年人对人口老龄化国情的认知和反应情况

在谈及对人口老龄化国情的认识时，受访老年人基本从低生育率的角度来认识人口老龄化，没有人提及平均寿命延长等内容，对人口老龄化给社会未来和自身养老带来的影响存在明显的担忧情绪。

"我国人口老龄现象已很严重，已经是老龄化社会了。"

"人口比率失衡，出生人口已经是负增长，老龄化人口偏大，有些省市的养老金账户已倒挂，收不抵支。由于就业、医疗成本高，年轻人生活压力大，不愿意结婚与生育的现象亦越来越严重，啃老现象也存在不少。"

"现在年轻人负担重，怕承担压力，导致不愿结婚、不敢生，所以现在的老龄化问题严重。"

他们对未来表现出担忧，主要集中在养老服务供给不能满足需要上。

"现在的老年人基本上都是独生子女家庭,目前身体尚无大碍,生活能自理的情况下,一切都没有问题。比较担心患重大病症后,家中就我一个人,小孩在国外,身边无人陪伴照顾,如果住院请陪护,花钱多却得不到对等的待遇,希望有相应的政策帮助我们。"

"对于每个人的最终养老安置方面有些担心。国家应该出台相应的符合大多数老年人意愿的多种养老方式(居家养老、养老机构)的优惠政策或相关补贴,让老年人都能安享晚年。"

"知道老龄化社会真的来了,最关心自身养老问题,尤其是天价保姆,国家是否有相关政策建立符合人民群众意愿的养老机构(微利和少利),让每个老人都能安心走进养老院养老。我们都是独生子女,根本不可能依靠子女来养老,养儿不能防老。"

虽然受访者赋予人口老龄化负面价值判断,但这反而促使他们主动准备,并没有影响他们积极地进行日常生活。

受访者在是非题中体现出了明显的积极老龄观。受访者均不赞同"老年人是家庭的负担""老年人是社会的负担"的观点;均赞同"老年人应该发挥余热,参与社会发展""老年人是国家和社会的宝贵财富""老年人应该自强自立"的观点;10位受访者赞同"老年人应该享受生活,得到家庭和社会供养"的观点,1位不赞同该观点,理由是"有的人年轻时不见得为家庭付出过,那么老了以后也不应由家庭供养"。总体来说,受访老年人表现出了积极的观念。

受访者在日常生活中显露了对健康的科学认识以及"自己是健康第一责任人"的健康意识。每个人都能够主动通过体检和就医做到基本掌握自身的患病情况,也都非常注意保健养生,主要通过注意膳食、运动、传统中医方法和心理调适手段来维持自己的健康状态。

"保持健康的心态,平时在公园里快走,晚上做做俯卧撑,合理安排饮食,常年坚持用参片和虫草泡水喝,家庭和睦。"

"一是合理膳食,注意荤素搭配。二是每天适量运动,打打太极拳、快走。"

"有氧运动，每天中速行走 6000 步左右。力量型运动，在体育器械上做扩胸拉伸、屈膝。适当爬楼，增加心率。吃保健品（灵芝孢子粉、孢子油、深海鱼油、VC、VD）。适当多吃纤维食物、燕麦、芋头、红薯。每天吃二斤以上蔬菜。每天吃三种以上水果。"

身体情况尚可的受访者生活都比较充实，有的继续工作，有的在参与家庭照料。有 4 名受访对象目前仍然在工作，年龄均在 70 岁以下。除受访者 E 采用市场招聘途径，通过"58 同城"找到工作外，其余 3 名受访者的再就业机会都是通过原单位及个人关系获得。其中 3 名受访者明确表示不是为了报酬从事工作。

受访者 E 给私企做账（有偿），认为工作是为了"锻炼脑子，怕自己得老年痴呆"。

受访者 F 担任市侨联委员会副主席、委员，侨眷矛盾对接调解员、退谊会会长（无偿）。"在职期间从事本岗位工作，退休后上级领导看重就继续帮帮忙，纯义务的，顺便也可以退而不休，实现自我价值。"

受访者 I 担任社区网格员（有偿），认为工作是为了"打发闲暇时间，顺便也能发挥余热，掌握更多社会信息，不让自己与社会脱节"。

在社会参与方面，不论性别、健康状况、是否继续工作或承担家庭职责，受访者对参加集体活动的热情度都很高。他们平时参与的活动主要有三类：一是原单位或现单位组织的党群活动和工作技能培训；二是公共部门组织的非营利性活动，主要包括老年大学和社区活动；三是社会上的集体兴趣活动。

"市侨联组织的各类活动都参加，社区组织的一些插花等活动只要有空就会参加。"

"（上老年大学）为完成年轻时的心愿。"

"社区、原单位组织的活动尽可能参加，也经常参加朋友组织的小圈子的聚会、旅游等各类活动。"

"报了声乐、电子琴、太极拳课程,丰富业余生活,多参与社会活动,提高生活质量。"

"市、区老年大学都去上课。"

还有的受访老年人自觉承担家庭责任,这使得他们其实没有太多空闲时间进行社会参与,这在社区书记的访谈中得到了印证。受访者 H 表示:"没有空余时间,有家人需要照顾。"受访者 L 表示:"不感兴趣,也没有时间,为减轻子女负担承担第三代的接送、生活照顾等。"社区书记这样说:"困难也是有的,如老年人活动的需求也是有年龄分层的,70 岁以下的老年人一般有自己的生活,比如外出工作、帮助子女照顾下一代,他们由于受到时间的影响很少参加社区组织的活动,75 岁以上的老年人参加社区活动的意愿性相对较高,但是由于受制于自身的健康水平和身体条件,他们活动的内容和形式有所限制。"

在法制观念方面,受访老人基本具有法律观念:有 9 名受访者知道国家有专门保护老年人的法律,有 8 名受访者平时会去关注老年人相关政策的出台,都表示在遇到法律问题时会去打官司/找司法机关解决,其中部分受访者还会根据事情性质选择向居/村委会寻求帮助、向媒体反映。此外,受访者还关注自身权益保护,希望能够了解更多的老年人权益保护政策和防诈骗知识:"对如何维护老年人权益方面再加强宣传。""多宣传防诈骗知识。""报纸、新闻上多宣传涉老权益、优抚待遇内容。"总的来说,大部分受访者在法律话题上谈及的多是物业、诈骗等民事纠纷维权问题和希望能够了解更多的老年人权益保护政策、防诈骗知识,除了看法治节目作为娱乐消遣,多数抱有真遇到事情再说的心态:"不相信天上会掉馅饼,不贪小便宜,也不会上当。""看事情大小,需要的话找法律。"只有受访者 M 主动提及了继承问题:"涉及继承会找公证处或律师,涉及居住权益的会找业委会。"

受访者从多个角度表现出了对国家的信赖和期盼。在担忧未来的情况下,除了力所能及地进行保健外,受访者仍然存在很多对美好生活的更多期盼与需求，他们信任并寄希望于各公共部门，希望能够通过政策制定和执行进一步满足养老保障、精神文化等需求。

首先，受访者最希望掌握政府在医养领域的政策信息，为将来行动能力降低时期面临的养老问题做好准备，维护好自身权益。

"老年人权益保障方面的政策宣传尽可能以多种形式延伸到社区，提高知晓率。"

"知道国家正在关注居家养老、办社区食堂等为老年人解决一定的困难，但同时也希望对独居老人出台一些针对性的服务。"

其次，受访者期望所在社区和原单位组织活动。这部分期望主要集中在可及性上，包括来去方便、更高频率和价格合适，个人兴趣驱动在此处并不明显。

"社区组织的旅游。"

"社区组织的各类活动、原单位退休支部活动。"

"（看电影）社区组织的，有啥就看啥，自己没有买票看过。"

"老年养生及健康知识、医疗常识等方面在社区缺少相关科普活动。"

"（看电影）不讲究，啥都看。就喜欢坐在电影院里的感觉，一走进影院心情就超好。"

在谈及"为什么没有参加活动"时，除了健康状况不允许和要照料家人外，受访者一致选择"没人组织（不知道如何参加）"。

在继续教育方面，个人兴趣导向会更加明显。没有上老年大学的原因除了"人满为患，报名费劲""人太多"，还有"不感兴趣，也没时间"。

此外，通过对受访老年人日常获取信息渠道的询问可知，除了现实生活交流，所有受访老年人最乐于接受的是视频形式。所有受访者都会看电视，并表现出对央视系列节目的偏好；大部分受访者常用手机，并经常看微信视频号及抖音；少部分受访者会阅读图书和报纸、听收音机。

"现在都是通过手机了解,有啥不知道的都在百度上查询。"

"通过宣传小视频,在微信视频号里。"

"通过抖音、微信、关注公众号、朋友推送等渠道了解各类社会新闻、保健养生、法律知识。"

最后,受访者也会对自己获取信息的可靠性存疑:"朋友间交流获取一些消息,有时也不知道真假,听过就算。""现在网络上的各类信息良莠不齐,老年人无法分辨真伪。"因此,受访老年人还强调了对信息权威可信的期望,他们更相信官媒讯息,也希望可信度高的讯息能够深入社区。"国家的官网多发布一些关于医疗保障、赡养老人、保护儿童、保健养生的知识。"

受访群体把人口老龄化视为一个有距离感的、用于谈论的话题,对人口老龄化的负面认知并没有对他们的日常生活产生不良影响,反而促使他们积极地进行自我保健。部分受访者表达了对日后养老问题的担忧,但这种忧虑并没有对这些有稳定经济保障者的日常行为产生太大影响,除了保健、交流养老服务体验,他们不会为攒养老钱而去工作。喜欢看法治节目,但是多数受访者忌讳谈起关于自身的法律问题。喜欢看新闻并表达了对相关老龄政策的关心,但实际上对政策需要不算迫切。相比之下,他们对社会参与的需求表现得十分明显,由于身体原因和家庭照料负担,受访者并不都会在退休后通过工作、兴趣形成新的社会联结。可及性高的社区体验活动非常受他们欢迎,他们的外出行为容易受到身边环境的影响。

在这种比较"好"的情况下,受访者感知到的环境信息仍然让他们对人口老龄化这一事实进行了价值判断并且认知趋向负面,从对日常行为的描述中也可以发现他们有不少未被满足的合理需求,可见,面对全国的老年人,老龄战线上有一些空缺需要及时填补,这是在下一步深入推进人口老龄化国情教育工作、落实积极应对人口老龄化国家战略时需要思考的问题。

2.受访社区书记对人口老龄化国情教育工作的认知和实施情况

在此次进行访谈的社区中，各社区能确保对老年居民进行政策（尊老金）的宣贯、开展敬老月及其他宣教、文体活动。一些表现较好的社区配备了法律援助和养老服务咨询。但是在人口老龄化国情教育工作的开展中，仍然有一些需要改进的地方。

（1）基层工作者对人口老龄化国情教育的认识不够

在14位受访社区书记中，只有1位明确了解这项工作是"通过一些数据告知目前所在地区老龄化情况，通过调查问卷以及入户走访等多种形式了解老年人的需求与面临的困难"，其余书记均表示没有参与自2018年起开展的人口老龄化国情教育工作。当改变提问为辖区内针对老年人的宣教工作后，这些受访书记才开始谈论其所在社区开展的相关活动。这种情况可能与部分社区书记任职时间短以及近年来该地区才开始未将人口老龄化国情教育纳入年度工作考核有关，但是也反映了一线工作人员对政策的理解不够深入，对工作的认识不清晰。

（2）社区开展的宣教活动难以吸引目标受众

尽管受访老年人提出了需要社区开展相关知识科普的需求，但是有些社区书记却为实际开展宣教活动参与率低而发愁。受访社区的宣教形式主要包括座谈、讲座、体验活动和网格员微信群、入户宣教。除了体验类活动，其他活动的参与率普遍不高，这不仅与老年人的时间和健康状况受限制有关，还说明宣教手段不合适，未能有效吸引老年人。

"一般都是采取培训会议及发放宣传单页的形式开展……但由于居民参与有限，宣传效果不是很理想。"

此外，几乎所有社区书记都认为在宣传栏张贴宣传海报是一种常见的宣传方式，但是11位受访老年人中有7位表示对这一方式的接受度不佳："大的能看清，小的不注意看。""不太关注，但能看清。""展板的字普遍太小。"……尽管只有1位老年人存在严重的视力问题，其他人即便有老花眼，日常也会在手机上看小说和新闻。由此可见，投放宣传栏的效果不佳，既是因为海报、展板的平面设计不适老化的问题，也是工作缺乏受众意识和服务意识的体现。

有的受访者认为工作过程中的困难是"老年人因年龄大而吸收知识能力较弱，接受新事物的积极性不高"，抱有畏难情绪，工作积极性不足。这种缺乏受众意识的问题不仅限于本次的访谈地区，而是普遍存在的。比如老年人谈到观看节日庆典节目的话题时说："对重阳节晚会的节目不感兴趣，不看。"

受访老年人更喜欢内容有趣、实用且方便查阅的宣教方式。

"针对老年人防骗、养生知识、科普宣传等，能编成顺口溜或者幽默笑话等通俗易懂、让人容易记住的方式传达给老年人。"

"由国家权威部门印制的针对老年人生活中遇到的各种问题的宣传手册，或者以文艺形式创作作品（如小品、话剧），还有对国家知名的医生等人物的访谈类节目等。"

"各小区物业的广告不对外招租，而是用于宣传一些老龄政策、保健知识、烹饪方法、针对抑郁倾向人员的心理疏导内容等。"

（3）社会组织难以充分发挥作用，老年人喜爱的文体活动难以开展

许多受访老年人很希望社区能够开展文体活动，但多数受访社区书记谈到，在社区组织文体活动面临人员短缺和场地不足两大问题，希望上级部门可以给予支持。其中，人员短缺成为最大的障碍。

"社区老年人宣传教育师资力量薄弱，教育难以形成延续性；无固定学习教育场地，缺乏资金。"

"无专业人士组织活动，形式较为单一。"

"社工人数较少，老年协会成员都由社工兼职，在服务能力、精力、时间上受到影响。"

"社区受专业授课人才的限制，对专业性强的授课能力显得捉襟

见肘。"

"由于专业性不强,授课只能停留在表面,如戏曲、摄影、乐器培训等专业性较强的内容需要到老年大学等地方学习,社区在这方面能够对接的资源较少。"

但是被社区寄予希望的老年大学却存在"进不去社区"的困难。由于缺乏政策支持,老年大学在社区开设教学点不被允许收费,同时没有相应拨款能够支撑人员开支,社会力量办学得不到归口部门的审批,在实际操作中无法在社区开展常态化教学活动,不能与社区开展长期合作。

在场地上,老年活动中心也难以被实际利用起来。在对老年群体提问"您平时会去家附近的活动场所吗?"后,受访者回答去公园和广场的最多,也有人去健身房和图书馆,没有人去老年活动中心。社区书记的访谈揭示了其中的原因:"老年人活动的场地相对薄弱,因为社区辖区范围较大,而社区的公共共享空间一般都在社区坐落的办公地点附近,离社区较远的小区往往缺乏配套的功能活动室。"

即使是解决了场地问题、社会组织相对活跃的社区,仍面临参与者流失的问题。

"社区建有书荟、书画社、茶吧、戏曲社、舞蹈队等自发性老人社会组织,定期开展活动,书荟一月两次、书画社一月一次、舞蹈队每天坚持,丰富了老年人的文化精神生活。我社区于2021年正式成立,团队成立时间短,基础还不稳固,这两年受疫情影响,这些团队正常活动的频次经常被打断,破坏了团队的凝聚力。同时,因本小区是学区房,很多老年居民为改善生活条件卖房搬离,新进居民年轻人居多,造成团队骨干及成员流失严重,团队的活动力严重下降。"

社区作为面向广大群众的主要阵地,在需要专业知识的人口老龄化国情教育开展上存在有心无力的情况,也同样期盼着政府的指导和支持。

五、人口老龄化国情教育开展过程中存在的问题

人口老龄化国情教育自提出起已有十年。现在中国特色社会主义进入新时代，我国社会主要矛盾已经转化为人民日益增长的美好生活需要和不平衡不充分的发展之间的矛盾。这一主要矛盾同样体现在老龄宣传工作领域，体现在人口老龄化国情教育的实践过程中。从近年各地的实践来看，《关于开展人口老龄化国情教育的通知》对全国活动的开展具有明显的指导作用，全国各省均积极响应并在2020年后自发推进。目前全社会热切关注人口老龄化问题，人口老龄化的国情意识明显增强。但是随着国情教育的深入推进，一些薄弱之处也逐渐浮现，主要体现在以下方面。

（一）人口老龄化国情教育的概念界定不够清晰

人口老龄化国情教育的概念最早在2012年修订的《中华人民共和国老年人权益保障法》中提出，但无论是法律还是此后的文件或者配套指导教材，均未对人口老龄化国情教育进行明确定义，这就导致了各方对此有不同的理解。

目前主要存在狭义与广义两种理解。狭义理解者认为，以人口老龄化形势教育为主题的、《关于开展人口老龄化国情教育的通知》中列举的活动才算作人口老龄化国情教育。广义理解者则延续了《关于培育和践行社会主义核心价值观 加强老龄宣传教育工作的通知》的要求，将加强老龄宣传教育工作的"开展人口老龄化基本国情宣传教育落实到国家发展实践中；把尊老敬老传统美德宣传教育融入核心价值观教育全过程；把开展敬老精神文明创建活动作为促进社会和谐的有效途径；把开展为老志愿服务活动作为增进老年福祉的重要举措；充分发挥老年人在思想道德建设和社会和谐中的重要作用；把加强老龄宣传教育作品的创作与生产作为弘扬社会主流价值的生动载体；充

分发挥新闻媒体传播社会主流价值的主渠道作用"这七方面要求[①]，以及与人口老龄化形势教育、老龄政策法规教育、应对人口老龄化成就教育、孝亲敬老文化教育、积极老龄观教育相关联的宣教活动，都被纳入人口老龄化国情教育范畴。

从当时的宣传资料可以看出，2018—2020年，各方基本都采取狭义理解。比如人口老龄化国情教育知识竞赛作为全国老龄工作委员会办公室、中国老龄协会组织的"我和我的祖国"全国老年人文化艺术系列活动中的重点活动，竞赛题目范围包括我国老龄化程度和相应对策；《国家卫生健康委 全国老龄办关于开展示范性全国老年友好型社区创建工作的通知》（国卫老龄发〔2020〕23号，后文称《通知》）附件37~45条将开展积极老龄观教育、先进典型人物事迹宣传活动、组织多种形式的社区敬老爱老助老主题教育活动、在社区开展人口老龄化国情教育和老年友好型社区理念宣传活动、开展《中华人民共和国老年人权益保障法》及地方老年人权益保障法规普法宣传教育工作分列；各部委开展了老龄政策法规普及、孝亲敬老文化教育等活动，却未提及"人口老龄化国情教育"，这些都可以作为佐证。

随着国情教育的推进和深化，作为人口老龄化国情教育工作的实际主推部门的中国老龄协会宣传部和老龄协会下辖的、承办国情教育的相关单位倾向采取广义理解。从地方报道来看，目前市级及以上政府相关部门也已逐渐采取广义理解。未查阅到各相关部委最新资料，无法判断。但是本次访谈显示，一线工作人员可能是狭义理解，并且理论储备不足，自身对人口老龄化国情教育的认识不够全面。

从工作层面来说，各部门、地方各层级相关人员对人口老龄化国情教育工作的不同认识在实践上影响了国情教育的开展和深化。

---

① 人民网.积极应对人口老龄化 十部委联合通知解读[4][EB/OL].（2014-07-08）[2022-12-20]. http://politics.people.com.cn/n/2014/0708/c1026-25255118-4.html.

（二）面向大众的人口老龄化国情教育的受众意识和说服意识不足

随着时代的进步，人民群众的眼界在拓宽、品位在提升，尽管《通知》对组织文艺创作、创新教育形式等方面提出了要求，但目前人口老龄化国情教育宣传战线上有影响力、获得人民群众普遍认可的好作品不多，宣传作品不够动人，能够满足基层和农村工作的宣教内容供给不足，存在教育内容无法满足群众实际需求、教育形式无法吸引受众的问题，制约了国情教育工作的整体推进。

习近平总书记曾强调，要加强全生命周期养老准备。老年人的全面发展面临诸多问题，如贫困问题、健康问题、社会参与能力问题，在很大程度上是中青年时期甚至是少儿时期各种问题的延续或积重难返的结果。要将治理关口前移，不仅要关注人在老年期的全面发展，更要从终身发展的理念出发，促进人在全生命周期各个阶段全面发展的可持续。引导个体跨生命周期进行养老资源的配置、终身教育、终身养老准备意识的培育，但目前我国的事前干预型老龄政策发展还不充分[1]，人口老龄化国情教育中对于事前干预的重视度也存在欠缺。对于青少年群体来说，青少年正处在人生观和世界观的形成阶段，更需要了解人口老龄化的基本国情，建立起积极的老龄理念[2]，目前的宣教内容以孝亲敬老为主，鲜有从全生命周期理论出发、引导青少年正确认识老龄社会、树立积极老龄观的教育内容[3]。对于老年人群体来说，近几年宣教基本集中在健康科普和文体娱乐方面，缺少帮助他们做好退休后心理调适和参与经济社会活动的信息渠道及系统的职业培训宣教，不利于老年人力资源的开发。

---

[1] 李志宏.新时代中国老龄政策的创新方略[J].老年科学研究,2018,6(3):3-13.
[2] 吴玉韶,李晶.积极老龄观的理念与建构[J].行政管理改革,2022(11):71-78.
[3] 江颖,白莉.小学校园里的老龄化认知实证调查：小学生对老年人的印象、态度和对自己未来老年期的认知期望[J].老龄科学研究,2021,9(12):47-66.

从宣传形式上来说,虽然宣教工作早已意识到需要积极创新教育形式,但仍受到旧的工作传统和习惯的限制,未能有效发掘群众需求,未能充分采取和创造新颖、科学、动人的宣教方式。在全社会高度重视老龄化问题但积极应对人口老龄化的思想准备不足的当下,依然有一部分群众对养老问题,特别是在养老金和养老服务方面感到焦虑,部分媒体为吸引流量而夸大人口老龄化问题[①]。同时,官方在应对人口老龄化成就的宣传上力度不够,宣讲内容不够"接地气",与民众关心的问题存在脱节现象,线上宣传有时不能及时回应社会关注和热点问题,或回应难以使大众信服,在引导民众客观看待人口老龄化的本质及与经济社会发展关系等方面的科普还不够,缓解恐老的情绪[②]效果不明显。在线下,则出现了社区科普活动参与率低、体验活动开展率低、新媒体运维跟不上、资源浪费等供需错配问题,在营造积极应对人口老龄化的社会氛围方面还需要努力。

此外,宣教工作还存在地区不均衡的情况,存在严重的重城市、轻农村现象。有时各方力量开展的活动主要针对城市群体,而在农村因缺少抓手而只能通过公众号视频推广和赠送图书等不太适合的方式进行宣传。只有少数省份会针对农村地区采取专门的宣讲内容和手段,比如浙江在农村流动放映老年人健康主题的公益电影,四川依托老年大学和老年协会利用远程教育推广惠农技术。然而总体来说,农村的宣教工作仍然薄弱。

(三)人口老龄化国情教育工作相关指导资料的可操作性不强

《关于开展人口老龄化国情教育的通知》缺乏配套措施和实施细则,导致一些地方工作缺乏指导,使得政策实施不够充分。

---

① 吴玉韶. 老龄工作的实践与思考[M]. 北京:华龄出版社,2014:108.
② 杜鹏,王永梅. 改革开放40年我国老龄化的社会治理——成就、问题与现代化路径[J]. 北京行政学院学报,2018(6):13-22.

一是缺乏科学合理的实施机制,没有出台配套的部门分工方案或部门实施意见,导致目前相关工作主要由老龄办、党委组织部、党委宣传部、文化厅(局)、卫健委、新闻出版广电局等部门承担,其他有关部门参与较少,从全国范围来看,工作合力未能完全发挥出来。

二是基层工作存在堵点。基层工作主要面向老年人展开,绝大多数老年人对社区具有较强的归宿感、认同感和依赖感,愿意依托社区居家生活,并接受社区提供的各种管理和服务[1]。但是社区工作往往时间紧、任务重、社工流动频繁,大多依赖上级部门的考评细则和有关文件开展工作,国情教育缺乏配套实施细则也在一定程度上影响了一线工作的开展。特别是基层普遍存在的缺少人才、活动场地和经费的问题,导致宣教工作很难引起居民的关注,而受欢迎的文体类活动也因种种限制难以推广。

三是督导工作没有及时跟进。2020年以后,国情教育多由地方自发开展,在国家层面虽然被列入"十四五"等众多规划,却没有出台相应的信息反馈机制和督促检查机制,各地的优秀典型做法缺少交流,一线人员在工作中遇到瓶颈问题往往得不到专门的解答和指导,这也影响了国情教育的深入开展。

六、以邻为鉴——日本应对人口老龄化的宣教经验

日本是目前世界上人口老龄化速度最快的发达国家[2],比中国更早认识到年龄歧视的问题,在解决年龄歧视举措方面积累了较为丰富的成果,又兼文化相近,近年来所积累的一些理念、经验和做法仍对

---

[1] 总报告起草组,李志宏.国家应对人口老龄化战略研究总报告[J].老年科学研究,2015(3):4-38.

[2] 杜鹏.中国老龄化社会20年:成就·挑战与展望[M].北京:人民出版社,2021:362.

我国开展人口老龄化国情教育工作具有借鉴意义。

日本为应对人口老龄化以规划、法律和制度为先导。根据形势变化建立并不断完善养老、医疗、介护等社会保障制度，出台了关于老年人就业、育儿、老年住宅、支持企业参与养老事业的相关政策并形成了较为完整的政策体系[①]，从而形成应对人口老龄化的合力。

首先，日本将每年9月的第三个星期一定为法定假期"敬老日"。设立"敬老日"的作用与意义在于：一是让国民向老人慰问祝寿、赞美前辈的功绩并提高老人福利；二是促使老人感受到欣喜与温馨，继续与社会和谐相处并有所贡献；三是让年轻人意识到自己终将进入老年，并对今后的生活进行设计和准备，从而拥有绚丽的远景[②]。

其次，促进健康老龄化。1988—1999年的第二次国民健康运动期间，厚生劳动省提出了"活力80岁健康计划"的口号，并在1989年制订了推动老年人保健福利战略计划的"黄金计划"，在1994年制定了"新黄金计划—新老年人保健福祉推进十年战略"，主要包括增加老年人社会福利设施，为低收入老年人提供上门服务和居家护理服务等项目。樋口惠子等学者认为，此阶段强化了老年人在福利中的"弱势群体"的印象。由于日语中的"老人"有"弱者"或者歧视意味，而"高龄者"的称谓则显得更加客观，在该阶段社会和学界开始弃用"老人"一词，改使用"高龄者"称谓，这体现了老年人主体性的增强[③]。2000—2010年，日本进行了第三次国民健康运动，颁布了

---

① 赵福军，吕紫剑，董丹丹.日本应对人口老龄化的政策体系及借鉴启示[J].发展研究，2017（6）：13-15.

② 魏映双.日本的老年教育与人力资源开发[J].成人教育，2011（8）：129-130.

③ 崔迎春.日本老年教育的发展历程、典型模式及经验借鉴[J].成人教育，2023，43（1）：85-93.注：日本老年人有光顾喫茶店的习惯，即去提供咖啡和简餐的日式咖啡馆消磨时间。此现象在楠木新所著《退休后：50岁之后该如何生活和老去》中有相关阐述。

"健康日本21"计划,将延长国民的健康寿命作为基本目标,让人们真正认识到"在健康前提下的长寿"。2013年,日本实施了第二次"健康日本21"计划,即日本第四次国民健康运动(2013—2022年),主要内容包括延长健康期望寿命,提出要通过各种方式为老年人提供多种利于健康的活动。一些地区发展咖啡厅式老年日托中心,在给老年人提供餐饮服务的同时,开设了烘焙、陶艺、茶道、乐器等课程,并配备相应的医师,以便现场及时诊断。

在健康的基础上,日本进一步推动积极老龄化,主要体现在促进老年人社会参与方面。

一是日本政府从20世纪开始逐渐介入和主导老年人的教育活动。在政府的资金支持下,退休准备教育从20世纪90年代起在日本普及,由民间企业或公司专门运营该项业务,很多日本企业将员工的退休准备教育纳入员工培训的范畴,开展多方位的规范性教育[1]。关于为老年人提供休闲娱乐和学习机会的老年教育,主要由各类民间社会团体或机构作为进行营利性文教活动和非营利性教育活动运营的主体,同时,教育行政部门与高等教育机构、民间教育机构相互协调与配合,开办放送大学、老年大学、长寿学院、高龄者教室及公民馆等老年教育场所[2]。

二是日本政府出台了推动充分利用老年人力资源的政策。

2013年,日本政府大力推动"终生工作社会"活动,制定《继续雇佣制度》,明确企业有义务保证老年人就业、废除招聘年龄限制,让有工作意愿和能力的老年人无论年龄几何都能持续工作[3]。厚生劳

---

[1] 崔迎春.日本老年教育的发展历程、典型模式及经验借鉴[J].成人教育,2023,43(1):85-93.

[2] 卢德生,陈雅婷.人口老龄化背景下的老年教育:国际经验与启示[J].中国成人教育,2017(7):109-113.

[3] 丁英顺.日本多管齐下应对劳动力短缺[J].中国人力资源社会保障,2017(5):52-53.

动省与独立行政法人"高龄、智力障碍、求职者雇佣支援机构"联合开展促进老年人就业的竞赛，奖励积极促进老年人就业的企业。每个城市都建立了厚生劳动省管辖的银发人力资源中心，为会员提供灵活就业机会、志愿活动机会、老年人工作技能培训课程，以及老年人创业支持服务等。考虑到老年人能力有限，该中心提供的工作内容往往比较简单，且周期短、时间灵活性强，强调老年人参与的自愿性[1]。

日本政府自2017年开始致力于实现"人生100年社会"，力推小规模多功能社区的养老服务模式，希望通过推动回归教育和终身学习，鼓励国民通过学习积极参与社会活动，关怀下一代，培养社会接班人，提高社会的可持续发展，让老龄者从被照顾的对象开始转变为肩负培养时代新人的主体。基于此，日本加强配置和培养开展"学习"活动的专职人员，文部科学省已完成相关法令的修订工作。爱知县开展了"青年们，上山下乡吧"活动，鼓励青年移居到快速老龄化和少子化的山村。青年们在山村利用农业打好生活的经济基础，通过当地老龄者向青年传承当地文化和生活技能，促进农村和城市的无障碍衔接，尝试创造新的农村生活模式。项目实施后，该村落近50%老龄化比率下降为30%左右。东京大学终身学习研究室在千叶县柏市的居民区推进"多世代交流型社区建设"项目，以少子老龄化急剧发展的居民区为示范基地，与当地中小学及残疾儿童学校建立联系。由当地老龄者组织的多世代交流型社区建设委员会在他们经营的促进居民交流的社区咖啡厅开展活动，以社区主体的姿态培育未来社会的接班人。当地居民称这些老龄者为"多世代爷爷奶奶"，他们已成为"小型社会"建设的主体[2]。

---

[1] 谢立黎，韩文婷.日本促进老年人就业的政策改革与启示[J].人口与经济，2022(6):77-92.

[2] 马丽华，娜仁高娃.如何应对少子老龄化："小型社会"的构建与"学习"的再概念化——访日本东京大学牧野笃教授[J].开放教育研究，2019，25(6):4-11.

七、深化人口老龄化国情教育的建议

在习近平新时代中国特色社会主义思想和二十大精神的指导下，新时代老龄宣传工作者更需要按照习近平总书记在2018年全国宣传思想工作会议上提出的"把人民对美好生活的向往作为奋斗目标，既解决实际问题又解决思想问题，更好推动人的全面发展、社会全面进步"[①]的要求，抓好人口老龄化国情的教育宣传工作，推动积极应对人口老龄化国家战略的实施。在总结此前做法经验的基础上，中国老龄办即将出台深化人口老龄化国情教育的文件，将会在成员单位分工、列明主推部门方面做进一步细化。除此之外，在深化人口老龄化国情教育的过程中，还有一些方面可以注意。

（一）优化内容设置

一是重视宣教工作的分众性，针对国情教育的重点群体的不同需求抓好源头原创。避免"一篇通稿打天下"的机械传达模式，重视对宣教内容以及相应的艺术载体、投放地点选择的分众化、差异化、精准化。根据宣教对象选择不同的内容和媒介，不仅做到按照对象的身份分，还要按照地区分、年龄分、文化水平分，将心理学、教育学、工效学等学科的研究成果及时运用到宣教方案的设计中，提高差异度和精准度。

二是秉持动态发展理念和前置思维，从全生命周期角度丰富宣教内容，使其成为社会进步的先导。在将数字反哺等新手段加入青少年孝亲敬老教育的同时，加强积极老龄观教育。让青少年在人生观和世界观的形成阶段更深入地了解人口老龄化的基本国情，树立起积极的

---

① 中国政府网.习近平出席全国宣传思想工作会议并发表重要讲话［EB/OL］.(2018-08-22)［2022-12-20］.http://www.gov.cn/xinwen/2018/08/22/content_5315723.htm.

老龄理念，树立独立自强观、终身学习观和主动健康观[①]。同时，也为老年人提供融入智能社会、进行学历教育、参与经济社会活动的配套信息，帮助他们更好地实现自我价值，做出新贡献。

三是让宣教内容深入生活、扎根人民，对人民群众关心的问题进行回应。把握正确舆论导向，针对群众的急难愁盼、社会热点问题主动进行深入解读，以鲜活例子吸引受众，以客观的分析和真挚的情感打动人民，加强正面引导。针对可能出现的模糊认识和错误观点，组织专家学者撰写重点理论文章和短文短评，用百姓听得懂的话及时进行辨析澄清。组织好成就宣传，在国内外宣介中国应对人口老龄化的重大举措和成就，生动展示党和政府的良好形象。

（二）丰富宣教渠道

一是将积极应对人口老龄化国家战略与习近平新时代中国特色社会主义思想成果紧密结合，抓好学习培训。定期面向相关党员干部开展专题培训，将学习积极应对人口老龄化国家战略作为各级党校、干部学院教育培训中思想政治教育和课堂教学的重要内容，并将其纳入大中小学必修教材。

二是积极构建宣教指导工作新体系。及时组织开展对人口老龄化国情教育相关教材的修订工作，增加具有参考性和操作性的实用案例。继续由主推部门组织宣讲团，赴各省区市开展宣讲。各地参照这一做法，抽调骨干组成宣讲团，立足实际情况，由各级老龄办主要负责同志带头，借助敬老月的契机，深入机关、农村、社区、校园宣讲积极老龄观。在基层发动"五老"先进群体等打造大众宣讲团，培养深入群众的理论宣讲人才队伍。

---

① 吴玉韶，李晶. 积极老龄观的理念与建构[J]. 行政管理改革，2022（11）：71-78.

三是动员多方力量促进宣教形式多样化。鼓励以结对、共建的形式进行合作，强化基层文联、文化馆、爱国主义教育示范基地、学校等公共部门以及各类企业、团体的作用，推进宣传教育与地方特色文艺的结合，进行贴近现实生活的、群众喜闻乐见的文化创作，加强对优秀自媒体作品创作的引导。关注居民的生活习惯和喜爱的休闲形式，探索小型灵活、接地气的宣教方式，探索教育培训、文化娱乐、健康养生、旅居养老等融合发展的新业态成果转化形式。

（三）同步推进组织宣传工作

一是加强党对老龄工作的领导。强化党组织的政治功能和组织功能，在二十大精神的指导下统一积极应对人口老龄化国家战略的思想认识，特别是要加强基层党组织带头人队伍和党员队伍建设，确保意识形态工作落实到位。

二是建立协作机制，制定配套的国情教育实施细则，促进各部门之间的工作协同、信息共享和资源整合，便于各相关单位履职尽责，支持多方参与，形成工作合力。

三是充实一线工作力量。建立联系指导机制，对各地工作情况进行监督和个性化指导，定期推广好的经验做法，组织经验交流活动。鼓励各级老龄（年）协会、工青妇组织等相关社会组织和企事业单位主动作为，将更多资源下沉到城乡社区，进一步提升一线工作人员的能力水平。

八、反思与展望

本次访谈规模过小是最大的遗憾，未来若能在更多地区、更多层级、面对更多群体进行调研，将有助于更加全面地研究中国老龄化国情教育的情况，也能够提出更具可行性和更接地气的建议。

中国积极老龄化发展水平研究

纪钦

导言：研究目的

《中共中央关于制定国民经济和社会发展第十四个五年规划和二〇三五年远景目标的建议》明确提出要"实施积极应对人口老龄化国家战略"。积极应对人口老龄化国家战略是一项全局性、综合性战略，其战略目标是实现积极老龄化[①]。

积极应对人口老龄化，是"积极老龄化"，有全球一致认同并写在老年法上的特定内涵[②]——积极老龄化既包含个体也包含群体，健康、参与、保障三位一体的最优结合是其关键[③]。

20年过去了，无论是从施政层面还是学术层面，都需要有相对高质量的证据基础，来研究积极老龄化政策框架的实施效果。根据2002年的定义，衡量积极老龄化的最佳方法是使用一系列指标反映积极老龄化的各个具体方面。

本次研究将选择合适的测量工具和数据源，观察中国的积极老龄化发展水平，在此基础上对亚群之间的差异进行分析，比较不同群体在明确实施积极应对人口老龄化国家战略前后的变化，结合国情和政

---

① 林宝.积极应对人口老龄化：内涵、举措和建议[M].北京：中国社会科学出版社，2021：35.

② 邬沧萍.全面建成小康社会积极应对人口老龄化[M].北京：中国人口出版社，2016：140.

③ 邬沧萍.积极应对人口老龄化理论诠释[J].老龄科学研究，2013（1）：4-13.

策提出建议，为政策制定提供定量证据。

一、积极老龄化与欧盟积极老龄化指数

2002年，积极老龄化作为应对21世纪老龄化的政策框架在第二届世界老龄大会上被正式提出，并明确了三项支撑政策框架的基本支柱"健康、参与、保障"。积极老龄化政策框架的重点是必须认识到老年人的潜力，并通过使他们能够继续参与劳动力市场以及其他非市场生产性社会活动且尽可能长期保持独立和健康来发掘这种潜力。这一概念在扭转人类对老龄化及衰老等消极悲观认识的层面上发挥了重要的作用，作为政策理念得到世界众多国家的认同，渗透到各国老龄政策的顶层设计中。

就政策框架的三大支柱来说，"健康"是身体健康以及心理和社会福祉；"参与"被理解为老年人除了参与劳动，还参与社会、经济、文化、精神和公民事务的一系列多方面活动；"保障"涉及老年人获得安全和有保障的物质和社会环境、收入保障以及（在适用情况下）获得有报酬的就业。在创造老年人友好的独立自主的生活环境以及提高保健能力和健康水平方面，获得保健和辅助技术被确定为重要促进因素，即通过培训、康复训练和新技术提高老年人独立生活的能力，并创造赋予老年公民权利的有利环境。它不仅指向身体健康，而且指向老年人的心理健康和社会联系。在参与和保障方面，积极老龄化政策议程要求逐步提高退休年龄，并取消强制性退休年龄以适应预期寿命的延长。要求调整工作环境，以适应劳动力老龄化，从而延长工作职业生涯——不只促进有偿工作，还要适当促进和承认其他社会活动，例如老年人以志愿活动、护理提供和政治参与的形式从事的无偿、非市场活动，特别是承认

老年人作为自己家庭的非正式照顾者所做的贡献[1]。

随着大多数欧洲国家预期寿命的延长和死亡率的继续下降，欧盟在老龄政策方面的重点转移到确保老年人的潜力得到充分发挥方面。在这样的大背景下，欧盟需要一个高质量和独立的证据基础来回应如何将个体的老化经历与更高层次的社会活动、改善健康以及更大程度的自主结合起来这一问题。证据越充分，就越有益于政策的制定，并说服公众相信变革的必要性和好处，提高欧洲公共福利制度的可持续性。

2012年，欧盟委员会和欧洲经济委员会开始实施欧盟积极老龄化指标项目，用于衡量成员国积极老龄化的程度，落实积极老龄化的多层面概念。该项目通过积极老龄化指数（Active Ageing Index，以下简称AAI）得分显示老年人的潜力得到利用的程度，老年人能够和被鼓励参与经济和社会生活，以及独立生活的程度[2]。

AAI旨在衡量老年人对经济和社会做出贡献的实现潜力的程度，因此其是结果指标而非投入指标，用于反映各国在多大程度上利用了老年人的潜力，以及在多大程度上使老年人能够和被鼓励参与经济和社会生活。通过AAI可以比较各国在实现积极老龄化方面的表现，也可以通过将其分解为每个领域最终得分的贡献来显示哪些领域应该采取政策行动。AAI中的所有指标、领域和总体价值都按性别分列，目的是反映男女在积极老龄化方面的差异。

AAI共有22项二级指标，归入四个领域（一级指标）：就业，社会参与，独立、健康和有保障的生活，以及积极老龄化的能力和有利环境。前三个领域衡量积极老龄化的现状，第四个领域衡量老年人

---

[1] European Centre Vienna. Active Ageing Index 2012 Concept, Methodology and Final Results [R]. 2013: 1–5.

[2] UNECE, European Commission. Active Ageing Index 2014: Analytical Report [R]. 2015: 6.

提高福祉和生活质量的实质性机会和权利，用于评估支持或抑制积极老龄化的因素，是前三项的基础。每个指标都有显性权重和隐性权重，隐性权重是制定指标时经过专家评价给出的参考权重，显性权重则是带入数据实际运算、调整校准后的权重（见表10.1）。每个指标都是正向指标，最低的目标值为0，最高的目标值为100%。100%仅是理论上的最大值，没有实际价值。在计划中存在一个虚拟国家的AAI值作为AAI目标。这个虚拟值由每个指标在不同国家、男性或女性（以表现最好的性别为准）的所有最佳观测值组成[1]。

表10.1　积极老龄化指数　　　　　（单位：%）

领域/指标	一级指标权重（显性）	二级指标权重（显性）	指标权重（隐性）
55~59岁年龄组的就业率		25	58
60~64岁年龄组的就业率		25	27
65~69岁年龄组的就业率		25	10
70~74岁年龄组的就业率		25	5
就业	35	100	28
公益活动，55+		25	19
照料子辈孙辈，55+		25	46
照料弱势者，55+		30	22
政治参与，55+		20	13
社会参与	35	100	19
体育锻炼，55+		10	2
医疗可及性，55+		20	26
独立生活，75+		20	24
相对收入中位数，65+		10	12
没有贫困风险，65+		10	13
物质上不严重匮乏，65+		10	13

---

[1] UNECE, European Commission. Active Ageing Index 2014: Analytical Report [R]. 2015: 10-17.

续表

领域/指标	一级指标权重（显性）	二级指标权重（显性）	指标权重（隐性）
人身安全，55+		10	9
终身学习，55~74		10	1
独立、健康、安全地生活	10	100	21
55岁时达到50岁的剩余预期寿命的比例		33	37
55岁时健康寿命在剩余预期寿命中所占比例		23	22
心理健康，55+		17	19
使用信息与通信技术，55~74		7	4
社会联系，55+		13	12
文化程度，55~74		7	6
积极老龄化的能力和有利环境	20	100	32

资料来源：作者自 *Active Ageing Index 2014: Analytical Report* 翻译所得。

二、欧盟积极老龄化指数的中国应用

2012年，欧盟委员会和欧洲经济委员会制定了AAI并用于欧洲经济委员会成员国的积极老龄化水平的长期统计监测，AAI指数也被用作欧洲经济委员会成员国《马德里计划执行情况评估报告》的一部分。这一测量工具的后续实证与改进研究为数众多，捷克、俄罗斯、马耳他、西班牙、德国、意大利等成员国都有相应研究，新加坡、越南、韩国等亚洲国家也有研究团队进行了实证研究。

这一测量工具同样被用于中国研究，李嘉佳团队对2019—2022年的36项研究进行了综述，通过对中国、泰国、欧盟、俄罗斯、澳大利亚和芬兰等9个原创积极老龄化测量工具的指标构建、适用性及应用验证进行定性比较，认为2012年欧盟AAI的指标设定最具时代特色，开展验证性研究最多，应用范围最广，可供中国本土化积极老龄化测量工具的研发和改善在基本维度、指标体系的构建方面借鉴参考①。

Asghar Zaidi团队以2014年的数据为基准计算了中国、韩国的AAI得分并将之与2012年的欧盟28国AAI得分进行了对比，发现中国>韩国>欧盟。中国在就业、健康预期寿命、体育锻炼和心理健康方面的得分较高，但是在老年人的互联网接入、终身学习和养老金收入充足程度方面低于欧盟。与韩国相比，中国在为子女/孙辈和老年人提供护理方面的参与程度较高，但老年人的医疗和牙科护理需求更少被满足②。研究认为，中韩两国在就业领域得分偏高皆是因为养老金不足，老年人缺乏福利保障③。在物质、就业参与等方面，两国和南欧一些国家都存在较严重的男女不平等现象，政府应在保持高就业率的同时提供充裕和公平的老年福利保障，并通过政策改革解决性别差距问题④。AAI指标版本也需要更新，纳入亚洲文化因素，重视老年人在社会中的作用、孝道规范以及老年人对其家庭和社区的非正式贡献。

在Zaidi的参与下，2019年，Doreen W. H. Au等人在香港使用包括焦点小组访谈、多学科专家小组审查和人口调查在内的混合方法寻找在AAI指标中纳入文化要素的方向。Au的研究发现，与专家组侧重于就业不同，大众更关注健康和安全生活方面。与西方相比，中国老年人对积极老龄化概念的认识扩大到相互依存、互惠以及使他们保

---

① 李嘉佳，裴泓波，石秀娥，等.积极老龄化量化测量工具的比较研究［J］.中国循证医学杂志，2020，20（3）：296-305.

② ZAIDI A. Promoting active ageing in China [EB/OL].(2019-07-23)[2022-12-20]. https://www.ageing.ox.ac.uk/blog/active-ageing-in-china.

③ UM J, ZAIDI A, CHOI S. Active Ageing Index in Korea–Comparison with China and EU countries. Asian Social Work and Policy Review, 2019, 13 (1):87–99.

④ UM J, ZAIDI A, PARRY J, XIONG Q. Capturing gendered aspects of active aging in China: Insights drawn from the Active Aging Index in comparison with EU countries [J]. Asian Social Work and Policy Review, 2021, 15 (1): 47–59.

持参与生活活动的质量和意义，应该参考大众意见，将休闲活动、家庭关系、旅游、宗教和精神活动、社会支持、尊重和尊严、收入安全感和政治信任等要素纳入考量[①]。

也有一些研究者尝试在欧盟 AAI 的基础上构建具有中国特色的积极老龄化测度模型。

刘文和杨馥萍参照欧盟 AAI 指数，利用层次分析法（Analytic Hierarchy Process，AHP）与数据包络分析（Data Envelopment Analysis，DEA）相结合的方法设计出中国积极老龄化指数，使用 CHARLS2015 对中国东、中、西三个地区及 28 个省份积极老龄化发展水平进行测度，发现中国区域间积极老龄化发展呈现东高西低的态势，农村积极老龄化水平，特别是就业方面均低于城市，且就业方面男女之间存在较大差异。建议东部地区应促进老年人全方位的社会参与，丰富老年人的物质和精神生活；中部地区应整合区域资源，满足老年人就业需求并提高老年人潜能；西部地区应关注老年人的生存条件，完善社会支持体系，发展城乡社区养老服务；全方位提高农村积极老龄化水平，完善农村高龄群体生活保障；缩小老龄人口就业性别差距，关注高龄女性的健康和经济状况[②]。

谢晖在欧盟 AAI 和其他国家积极老龄化定义的基础上通过小组讨论、德尔菲法确定了一套包含 45 个指标的积极老龄化指标体系，并通过方便抽样选取了 3 个城市卫生服务中心和 7 个村卫生室进行问卷调查，分析城乡老年人的积极老龄化差异，但是其选取的专家背景

---

① AU D W H, WOO J, ZAIDI A. Extending the Active Ageing Index to Hong Kong Using a Mixed-Method Approach: Feasibility and Initial Results [J]. Journal of Population Ageing, 2021, 14 (1): 53–68.

② 杨馥萍. 中国积极老龄化水平测度——基于 CHARLS 和 CGSS 的实证研究 [D]. 济南：山东大学，2019；刘文，杨馥萍. 中国积极老龄化发展水平测度——基于东中西部地区和 28 个省市的数据研究 [J]. 人口学刊，2019，41（2）：100-112.

和建立的指标体系过于侧重健康因素，样本的代表性也有所欠缺[1]。

2023年边恕等人在保证测度目标一致的前提下对欧盟AAI的指标进行了本土化调整，并用熵值法赋权，基于2011—2018年的中国健康与养老追踪调查（China Health and Retirement Longitudinal Study，CHARLS）和中国综合社会调查（Chinese General Social Survey，CGSS）数据使用灰色关联协调度模型对中国各区域和省份之间积极老龄化建设的协调水平及与人口经济结构的系统协调度分析发现：中国积极老龄化社会建设情况与相关子系统的协调度总体偏低，但协调水平逐年稳定上升。东部地区表现好于中西部地区；建设水平与经济社会的系统协调度总体较高，但发展呈先升后降的倒U型趋势，在2015年后有明显的脱节现象。建议将人口经济要素纳入统筹参考等针对性的差异化对策中，促进积极老龄化体系各个系统协调发展[2]。

此外，还有Hsu等在保留AAI原有四项主要框架的基础上，结合台湾的文化及特点，通过德尔菲法和样本调查检验增加了11个指标，构建出台湾积极老龄化指数，使用2014—2017年的台湾数据与2014年欧盟28国的AAI进行比较，发现台湾的健康和积极老龄化能力表现较好，而社会参与和经济安全方面需要改善。建议在运用台湾积极老龄化指数制定政策时按年龄、性别进行分类，在不进行国际比较时调整原始权重，以及政策应该整合年龄阶段，注重生命早期的影响[3]。

总的来说，欧盟AAI项目的专家Zaidi带领团队所做的中国研究

---

[1] 谢晖.积极老龄化模型构建：基于世界卫生组织积极老龄化框架的实证研究[D].济南：山东大学，2019.

[2] 边恕，王钰杰.中国积极老龄化社会建设的区域系统协调水平研究[J].西安交通大学学报（社会科学版），2023，43（5）：35-47.

[3] HSU H C, LIANG J, LUH D L, et al. Constructing Taiwan's Active Aging Index and Applications for International Comparison [J]. Social Indicators Research, 2019, 146: 727–756.

在方法上很有参考性，但在他所计算的中国得分中，缺乏政治参与这一指标，虽然后续中国学者对这一指标进行了统计，但纳入的内容也明显小于原始定义，而且Zaidi和Hsu团队的数据都存在数据来源统计时点相差过大的问题，虽然AAI方法报告中允许在缺失数据时使用前后年份的数据[1]，但从统计学方法上来说这其实没有可比性。边恕团队对指标的本土化调整是否遵循了测度目标一致的原则有待商榷，刘文团队从赋权方法上来说相对合理，但在进行中国积极老龄化指标体系构建时，出现了选取指标不合适的问题，比如"日常生活没有困难的老年人比例"和"身体功能正常的老年人比例"存在重复，"空闲时间经常学习的老年人比重"指标不应该被放入"独立健康和安全生活"的目标层，等等。另外，他们使用的数据偏旧也是一个遗憾。

三、数据和方法

本次研究面临三大挑战：需要尽可能贴近原始AAI；数据需要具有全国代表性；数据来源必须覆盖积极应对人口老龄化国家战略出台前后的时间点，并持续监测积极老龄化的趋势变化。

从方法上来说，此前，用于计算中国AAI的主要数据源中国CHARLS、CGSS都是追踪调查，而AAI欧盟的原始问题来源——欧盟劳动力调查（EU-lfs）[2]、欧洲生活质量调查（EQLS）[3]、欧盟收入和

---

[1] UNECE. The Active Ageing Index in Europe. A methodological report Final [R]. 2019: 19.

[2] Eurostat. EU labour force survey [EB/OL]. [2022-12-20]. https://ec.europa.eu/eurostat/web/microdata/european-union-labour-force-survey.

[3] Eurofound. European Quality of Life Survey 2007 [EB/OL]. [2022-12-20]. https://www.eurofound.europa.eu/en/surveys/european-quality-life-surveys-eqls/european-quality-life-survey-2007.

生活条件统计（EU-SILC）[①]、欧洲社会调查（ESS）[②]和建立欧洲健康和预期寿命信息系统（EHLEIS）[③]的数据源都是截面调查，因此，本研究倾向选择同是截面调查的数据源。

从用途上来说，欧盟积极老龄化指标项目是欧洲经委会区域呈交的《马德里计划执行情况评估报告》中的重要数据来源[④]，与Zaidi建议使用的CHARLS相比，中国城乡老年人生活状况抽样调查同样是中国实施《马德里国际老龄行动计划执行情况评估报告》中的重要数据源。因此，本次研究以样本量在2万个以上、按照"分层、多阶段概率比例规模抽样（PPS）、最后阶段等概率"抽样、是截面调查的中国城乡老年人生活状况抽样调查长表数据为主要来源，以政府部门的统计数据为补充来源。由于数据来源的限制，一些指标项存在较大的变动，因此结果不用于国际比较，而是聚焦本国情况。

在此前的研究中，已经发现中国的积极老龄化过程中，性别和区域不平等相互关联，在这一基础上，本研究比较分析中国城乡老年人生活状况抽样调查2015—2021年数据反映出的不同性别、城乡群体AAI的表现和变化。

[①] Eurostat. EU statistics on income and living conditions [EB/OL]. [2022-12-20]. https://ec.europa.eu/eurostat/web/microdata/european-union-statistics-on-income-and-living-conditions.

[②] European Social Survey. Sampling [EB/OL]. [2022-12-20]. https://www.europeansocialsurvey.org/methodology/ess-methodology/sampling.

[③] Erasmus MC. Decomposition guide technical report on decomposition [R]. Rotterdam: Erasmus MC, 2013: 8.

[④] UNECE. Ageing Policy in Europe, North America and Central Asia in 2017-2022 [R/OL]. [2022-12-20]. https://unece.org/sites/default/files/2022-08/Synthesis-report_0.pdf?__cf_chl_tk=IJoP588Z2bzQ.D5kF_Dpu44ChsqH7M3O_WYRdRqBsYA-1706168935-0-gaNycGzNDyU.

四、本研究使用的中国AAI指标的描述

由于选择中国城乡老年人生活状况抽样调查表数据作为主要来源，相比欧盟积极老龄化指标所需要的数据，缺失55~59岁年龄组（见表10.2），为维持指标权重不变，研究将指标项中所涉及的年龄全部增加5岁。Zaidi团队在处理指标"55岁时达到50岁的剩余预期寿命的比例""55岁时健康寿命在剩余预期寿命中所占比例"时同样遇到缺少55~59岁年龄组问题，采取处理方式相似[①]。

另外，由于指标"相对收入中位数"[②]、指标"60岁时达到45岁的剩余预期寿命的比例""60岁时健康寿命在剩余预期寿命中所占比例"[③]缺乏合适的替代数据来源，不确定更改指标会带来何种权重变化，以及指标"照料弱势者"、指标"政治参与"、指标"医疗可及性"来源问题出现过较大修改导致不可比，因此在计算总分时将这些二级指标的权重分配给同领域的其他指标。

---

① ZAIDA A. Active Ageing Index for China [R]. EU-China Social Protection Reform Project, 2018: 17-19.

② 该指标可在中国家庭追踪调查（CFPS）中找到相关数据，由于调查时间和调查方法与本研究需求不一致，本次不使用这项指标。

③ 根据世界卫生组织数据计算，2015年中国60岁人口预期寿命为20.6岁，男性60岁人口预期寿命为18.6岁，女性60岁人口预期寿命为22.7岁。60岁人口健康预期寿命余寿占比为75.73%，男性60岁人口健康预期寿命余寿占比为78.49%，女性60岁人口健康预期寿命余寿占比为74.01%。参见 World Health Organization. GHE: Life expectancy and healthy life expectancy [EB/OL]. [2022-12-20]. https://www.who.int/data/gho/data/themes/mortality-and-global-health-estimates/ghe-life-expectancy-and-healthy-life-expectancy. 但是该数据仅更新至2019年。可找到的最新实证研究结论为2020年男性60岁人口健康预期寿命余寿占比为85.9%，女性60岁人口健康预期寿命余寿占比为83%。参见乔晓春. 全国及各省份老年健康预期寿命变化及差异比较［J］. 人口与经济，2023（5）：1-20. 尚未见到2021年及之后数据的全国性研究成果。考虑到时间不一致以及缺乏城乡分组，本次不使用这两项指标。

表10.2 中国版积极老龄化指数 （单位：%）

领域/指标	一级指标权重（显性）	二级指标权重（显性）
60~64岁年龄组的就业率		25
65~69岁年龄组的就业率		25
70~74岁年龄组的就业率		25
75~79岁年龄组的就业率		25
就业	35	100
公益活动，60+		50
照料子辈孙辈，60+		50
照料弱势者，60+		
政治参与，60+		
社会参与	35	100
体育锻炼，60+		15
医疗可及性，60+		
独立生活，80+		25
相对收入中位数，70+		
没有贫困风险，70+		15
物质上不严重匮乏，70+		15
人身安全，60+		15
终身学习，60~79		15
独立、健康、安全地生活	10	100%
60岁时达到45岁的剩余预期寿命的比例		
60岁时健康寿命在剩余预期寿命中所占比例		
心理健康，60+		31
使用信息与通信技术，60~79		21
社会联系，60+		27
文化程度，60~79		21
积极老龄化的能力和有利环境	20	100

资料来源：作者自制。

五、结果

总体得分由2015年的40.97分增长到2021年的43.17分,城镇和农村分数均有所增长,城镇增长得更加明显,两性分数都有所增长。两个时点的城镇得分均低于农村,女性得分均明显低于男性,所有亚群存在相似的差异且性别差值大于城乡差值。2021年的城乡差值小于2015年,性别差值大于2015年(见表10.3至表10.5)。

表10.3 两次调查分性别AAI总分

年份	2015			2021		
调查对象	全体	男	女	全体	男	女
得分(分)	40.97	44.39	37.78	43.17	46.61	39.76
性别差值		6.61			6.85	

资料来源:作者计算所得。

表10.4 两次调查分性别城镇AAI总分

年份	2015			2021		
调查对象	全体	男	女	全体	男	女
得分(分)	37.32	40.51	34.52	40.45	43.29	37.74
性别差值		5.99			5.55	

资料来源:作者计算所得。

表10.5 两次调查分性别农村AAI总分

年份	2015			2021		
调查对象	全体	男	女	全体	男	女
得分(分)	44.87	48.26	41.51	45.44	49.3	41.52
性别差值		6.75			7.78	

资料来源:作者计算所得。

(一)领域一:就业

该领域指标使用老年人的经济活动参与率进行计算。就业领域得分由2015年的20.73分增长到2021年的24.28分。城镇得分明显增长，农村分数有所降低，男女总分均有所增长。两个时点的城镇得分均明显低于农村，女性得分均明显低于男性，所有亚群存在相似的差异且性别差值小于城乡差值。2021年的城乡差值明显小于2015年，性别差值略大于2015年，在农村表现得更明显（见表10.6至表10.8）。

表10.6 两次调查分性别领域一得分

年份	2015			2021		
调查对象	全体	男	女	全体	男	女
得分（分）	20.73	26.5	15.2	24.28	30.25	18.28
性别差值		11.3			11.97	

资料来源：作者计算所得。

表10.7 两次调查分性别城镇领域一得分

年份	2015			2021		
调查对象	全体	男	女	全体	男	女
得分（分）	10.03	15	5.55	16.05	20.70	11.58
性别差值		9.45			9.12	

资料来源：作者计算所得。

表10.8 两次调查分性别农村领域一得分

年份	2015			2021		
调查对象	全体	男	女	全体	男	女
得分（分）	32.13	37.95	26.20	31.10	37.88	24.10
性别差值		11.75			13.78	

资料来源：作者计算所得。

在60~64岁组，2021年城镇男女和农村男性就业率得分均高于2015年，2021年农村的女性就业率得分比2015年有明显降低，导致2021年农村整体就业率得分低于2015年。对比2015年，2021年城镇的性别差值减小，农村的性别差值增大（见表10.9至表10.11）。

表10.9　两次调查分性别指标"60~64岁年龄组的就业率"得分

年份	2015			2021		
调查对象	全体	男	女	全体	男	女
得分（分）	33.2	41.7	25.1	36.4	44.7	28.1
性别差值		16.6			16.6	

资料来源：作者计算所得。

表10.10　两次调查分性别城镇指标"60~64岁年龄组的就业率"得分

年份	2015			2021		
调查对象	全体	男	女	全体	男	女
得分（分）	20.1	30.1	11.2	27.2	34.8	19.8
性别差值		18.9			15	

资料来源：作者计算所得。

表10.11　两次调查分性别农村指标"60~64岁年龄组的就业率"得分

年份	2015			2021		
调查对象	全体	男	女	全体	男	女
得分（分）	47	52.9	40.9	44.8	53.4	36
性别差值		12			17.4	

资料来源：作者计算所得。

在65~69岁组和70~74岁组，2021年城镇男女就业率得分均高于2015年，2021年农村整体就业率得分低于2015年，农村男女得分均有明显降低。2021年城乡性别差值都大于2015年（见表10.12至表10.17）。

表10.12　两次调查分性别指标"65~69岁年龄组的就业率"得分

年份	2015			2021		
调查对象	全体	男	女	全体	男	女
得分（分）	25.8	32.5	19.2	29.2	35.9	22.5
性别差值		13.3			13.4	

资料来源：作者计算所得。

表 10.13　两次调查分性别城镇指标"65~69 岁年龄组的就业率"得分

年份	2015			2021		
调查对象	全体	男	女	全体	男	女
得分（分）	12.1	17.9	6.6	18.1	23.4	13
性别差值		11.3			10.4	

资料来源：作者计算所得。

表 10.14　两次调查分性别农村指标"65~69 岁年龄组的就业率"得分

年份	2015			2021		
调查对象	全体	男	女	全体	男	女
得分（分）	40	47.1	32.8	38	45.7	30.3
性别差值		14.3			15.4	

资料来源：作者计算所得。

表 10.15　两次调查分性别指标"70~74 岁年龄组的就业率"得分

年份	2015			2021		
调查对象	全体	男	女	全体	男	女
得分（分）	15.6	20.6	10.9	19.9	25.1	14.6
性别差值		9.7			10.5	

资料来源：作者计算所得。

表 10.16　两次调查分性别城镇指标"70~74 岁年龄组的就业率"得分

年份	2015			2021		
调查对象	全体	男	女	全体	男	女
得分（分）	5	8.1	2.5	12	15.9	8.4
性别差值		5.6			7.5	

资料来源：作者计算所得。

表 10.17　两次调查分性别农村指标"70~74 岁年龄组的就业率"得分

年份	2015			2021		
调查对象	全体	男	女	全体	男	女
得分（分）	27.1	32.6	21.3	26.1	32	19.7
性别差值		11.3			12.3	

资料来源：作者计算所得。

在75~79岁组，2021年城乡男女就业率得分均高于2015年，城乡性别差值更大（见表10.18至表10.20）。

表10.18 两次调查分性别指标"75~79岁年龄组的就业率"得分

年份	2015			2021		
调查对象	全体	男	女	全体	男	女
得分（分）	8.3	11.2	5.6	11.6	15.3	7.9
性别差值		5.6			7.4	

资料来源：作者计算所得。

表10.19 两次调查分性别城镇指标"75~79岁年龄组的就业率"得分

年份	2015			2021		
调查对象	全体	男	女	全体	男	女
得分（分）	2.9	3.9	1.9	6.9	8.7	5.1
性别差值		2			3.6	

资料来源：作者计算所得。

表10.20 两次调查分性别农村指标"75~79岁年龄组的就业率"得分

年份	2015			2021		
调查对象	全体	男	女	全体	男	女
得分（分）	14.4	19.2	9.8	15.5	20.4	10.4
性别差值		9.4			10	

资料来源：作者计算所得。

（二）领域二：社会参与

在社会参与领域，总体得分由2015年的57.9分增长到2021年的59.25分。城镇和农村分数均略有增长，农村更加明显。男女总分均有所增长。两个时点的城镇得分均明显低于农村，女性得分均低于男性，所有亚群存在相似的差异且性别差值小于城乡差值。2021年的城乡差值大于2015年，性别差值小于2015年（见表10.21至表10.23）。

表 10.21　两次调查分性别领域二得分

年份	2015			2021		
调查对象	全体	男	女	全体	男	女
得分（分）	57.9	59.7	56.25	59.25	60.8	57.75
性别差值		3.45			3.05	

资料来源：作者计算所得。

表 10.22　两次调查分性别城镇领域二得分

年份	2015			2021		
调查对象	全体	男	女	全体	男	女
得分（分）	54.15	55.4	53.1	54.35	55.2	53.5
性别差值		2.3			1.7	

资料来源：作者计算所得。

表 10.23　两次调查分性别农村领域二得分

年份	2015			2021		
调查对象	全体	男	女	全体	男	女
得分（分）	62.05	64.15	59.95	63.4	65.35	61.4
性别差值		4.2			3.95	

资料来源：作者计算所得。

指标"公益活动"2021年得分（56.6分）明显高于2015年（50.8分），所有亚群分数都有所增长。两个时点的女性得分均明显低于男性，城镇得分均明显低于农村，所有亚群存在相似的差异。2021年的城乡性别差值都小于2015年（见表10.24至表10.26）。

表 10.24　两次调查分性别指标"公益活动"得分

年份	2015			2021		
调查对象	全体	男	女	全体	男	女
得分（分）	50.8	54.5	47.4	56.6	59.5	53.8
性别差值		7.1			5.7	

资料来源：作者计算所得。

表10.25 两次调查分性别城镇指标"公益活动"得分

年份	2015			2021		
调查对象	全体	男	女	全体	男	女
得分（分）	48.3	51.3	45.7	51.4	53.4	49.5
性别差值		5.6			3.9	

资料来源：作者计算所得。

表10.26 两次调查分性别农村指标"公益活动"得分

年份	2015			2021		
调查对象	全体	男	女	全体	男	女
得分（分）	53.6	57.8	49.4	61	64.4	57.5
性别差值		8.4			6.9	

资料来源：作者计算所得。

指标"照料子辈孙辈"2021年得分（61.9分）低于2015年（65分），所有亚群分数都有所降低。两个时点的性别差异都不大，城镇得分都显著低于农村，所有亚群存在相似的差异（见表10.27至表10.29）。

表10.27 两次调查分性别指标"照料子辈孙辈"得分

年份	2015			2021		
调查对象	全体	男	女	全体	男	女
得分（分）	65	64.9	65.1	61.9	62.1	61.7
性别差值		−0.2			0.4	

资料来源：作者计算所得。

表10.28 两次调查分性别城镇指标"照料子辈孙辈"得分

年份	2015			2021		
调查对象	全体	男	女	全体	男	女
得分（分）	60	59.5	60.5	57.3	57	57.5
性别差值		−1			−0.5	

资料来源：作者计算所得。

表10.29 两次调查分性别农村指标"照料子辈孙辈"得分

年份	2015			2021		
调查对象	全体	男	女	全体	男	女
得分（分）	70.5	70.5	70.5	65.8	66.3	65.3
性别差值		0			1	

资料来源：作者计算所得。

指标"照料弱势者"来源问题被修改过，第四次中国城乡老年人抽样调查中的"您家里还有其他需要照料护理的老年人吗？"在第五次抽样调查时变为"您家里还有其他需要照护的人吗？"，范围扩大会导致指标得分上升，因此这一部分的可比性受到限制。2015年，整体得分为8.6分，性别差异不大，城镇得分略低于乡村，所有亚群存在相似的差异。2021年，整体得分为20.9分，女性得分高于男性，城镇得分高于乡村，所有亚群存在相似的差异，性别差值小于城乡差值（见表10.30至表10.32）。

表10.30 两次调查分性别指标"照料弱势者"得分

年份	2015			2021		
调查对象	全体	男	女	全体	男	女
得分（分）	8.6	8.7	8.5	20.9	20.1	21.7
性别差值		0.2			-1.6	

资料来源：作者计算所得。

表10.31 两次调查分性别城镇指标"照料弱势者"得分

年份	2015			2021		
调查对象	全体	男	女	全体	男	女
得分（分）	8.3	8.3	8.2	22.4	21.4	23.3
性别差值		0.1			-1.9	

资料来源：作者计算所得。

表 10.32 两次调查分性别农村指标"照料弱势者"得分

年份	2015			2021		
调查对象	全体	男	女	全体	男	女
得分（分）	8.9	9	8.8	19.7	19.1	20.3
性别差值		0.2			−1.2	

资料来源：作者计算所得。

指标"政治参与"来源问题被修改过，第四次中国城乡老年人抽样调查中的"最近一次的社区选举您参加了吗？"及"您是否向社区提出过建议？"在第五次抽样调查时变为"您是否关心以下事务？（多选题）"，问法修改同样会导致指标得分比之前高，可比性受到限制。2015 年，总得分为 78.3 分，女性得分明显低于男性，城镇得分低于农村，所有亚群存在相似的差异，性别差值大于城乡差值。2021 年，总得分为 74.4 分，女性得分明显低于男性，城镇得分低于乡村，所有亚群存在相似的差异，性别差值大于城乡差值（见表 10.33 至表 10.35）。

表 10.33 两次调查分性别指标"政治参与"得分

年份	2015			2021		
调查对象	全体	男	女	全体	男	女
得分（分）	78.3	83.3	73.7	74.4	79.5	69.4
性别差值		9.6			10.1	

资料来源：作者计算所得。

表 10.34 两次调查分性别城镇指标"政治参与"得分

年份	2015			2021		
调查对象	全体	男	女	全体	男	女
得分（分）	77.2	82.4	72.6	72	77.7	66.6
性别差值		9.8			11.1	

资料来源：作者计算所得。

表 10.35　两次调查分性别农村指标"政治参与"得分

年份	2015			2021		
调查对象	全体	男	女	全体	男	女
得分（分）	79.6	84.2	75.1	76.5	81	71.8
性别差值		9.1			9.2	

资料来源：作者计算所得。

（三）领域三：独立、健康、安全地生活

在独立、健康、安全地生活领域，总体得分由2015年的40.42分增长到2021年的43.56分。城镇和农村分数均有所增长，农村更加明显。男女总分均有所增长。两个时点的城镇得分均明显高于农村，女性得分均明显低于男性，所有亚群存在相似的差异。2021年的城乡差值小于2015年，城镇性别差值小于2015年，农村性别差值则有所增加（见表10.36至表10.38）。

表 10.36　两次调查分性别领域三得分

年份	2015			2021		
调查对象	全体	男	女	全体	男	女
得分（分）	40.42	43.63	37.78	43.56	46.66	40.82
性别差值		5.85			5.84	

资料来源：作者计算所得。

表 10.37　两次调查分性别城镇领域三得分

年份	2015			2021		
调查对象	全体	男	女	全体	男	女
得分（分）	46.36	50.42	43.1	49.68	53.02	46.71
性别差值		7.32			6.31	

资料来源：作者计算所得。

表10.38 两次调查分性别农村领域三得分

年份	2015			2021		
调查对象	全体	男	女	全体	男	女
得分（分）	33.67	36.32	31.45	38.5	41.56	35.77
性别差值		4.87			5.79	

资料来源：作者计算所得。

指标"体育锻炼"2021年分数（39.4分）明显高于2015年（33.7分）。在两个时点，女性得分均低于男性，城镇得分明显高于农村，所有亚群存在相似的差异，性别差值小于城乡差值。2021年农村性别差值明显大于2015年（见表10.39至表10.41）。

表10.39 两次调查分性别指标"体育锻炼"得分

年份	2015			2021		
调查对象	全体	男	女	全体	男	女
得分（分）	33.7	36.4	31.2	39.4	43.2	35.6
性别差值		5.2			7.6	

资料来源：作者计算所得。

表10.40 两次调查分性别城镇指标"体育锻炼"得分

年份	2015			2021		
调查对象	全体	男	女	全体	男	女
得分（分）	46	49.7	42.7	47.8	51.2	44.5
性别差值		7			6.7	

资料来源：作者计算所得。

表10.41 两次调查分性别农村指标"体育锻炼"得分

年份	2015			2021		
调查对象	全体	男	女	全体	男	女
得分（分）	20.3	22.8	17.9	32.3	36.7	27.9
性别差值		4.9			8.8	

资料来源：作者计算所得。

指标"医疗可及性"的来源问题被修改过,第四次中国城乡老年人抽样调查中的"您未处置的主要原因是什么?"被归在"调查前两周,您是否生过病?"下,在第五次抽样调查时被归在"如果被访老人患有慢性病"下,不确定这一修改会造成何种影响,可比性受到限制。2015年,总体得分为97.3分,性别差异不大,城镇高于农村,所有亚群表现相似,性别差值小于城乡差值。2021年,总体得分为86.2分,女性低于男性,城镇高于农村,所有亚群表现相似,性别差值小于城乡差值(见表10.42至表10.44)。

表10.42 两次调查分性别指标"医疗可及性"得分

年份	2015			2021		
调查对象	全体	男	女	全体	男	女
得分(分)	97.3	97.3	97.2	86.2	86.6	85.8
性别差值		0.1			0.8	

资料来源:作者计算所得。

表10.43 两次调查分性别城镇指标"医疗可及性"得分

年份	2015			2021		
调查对象	全体	男	女	全体	男	女
得分(分)	98.2	98.7	97.9	88.7	89.5	88
性别差值		0.8			1.5	

资料来源:作者计算所得。

表10.44 两次调查分性别农村指标"医疗可及性"得分

年份	2015			2021		
调查对象	全体	男	女	全体	男	女
得分(分)	96.4	96.2	96.6	84	84.2	83.9
性别差值		−0.4			0.3	

资料来源:作者计算所得。

指标"独立生活"2021年分数(53.1分)明显高于2015年(47.6分),在两个时点,女性得分均明显低于男性,城镇得分略低于农村,所有亚群表现相似（见表10.45至表10.47）。

表10.45　两次调查分性别指标"独立生活"得分

年份	2015			2021		
调查对象	全体	男	女	全体	男	女
得分（分）	47.6	55.3	41.6	53.1	60.8	46.7
性别差值		13.7			14.1	

资料来源：作者计算所得。

表10.46　两次调查分性别城镇指标"独立生活"得分

年份	2015			2021		
调查对象	全体	男	女	全体	男	女
得分（分）	46.6	55.4	39.8	52.6	60.5	46
性别差值		15.6			14.5	

资料来源：作者计算所得。

表10.47　两次调查分性别农村指标"独立生活"得分

年份	2015			2021		
调查对象	全体	男	女	全体	男	女
得分（分）	48.8	55.1	43.9	53.5	61	47.3
性别差值		11.2			13.7	

资料来源：作者计算所得。

指标"没有贫困风险"[①] 2021年分数（37.7分）低于2015年（39.8分）。在两个时点，女性得分均明显低于男性，城镇得分均明显高于农村，所有亚群表现相似，性别差值小于城乡差值（见表10.48至表10.50）。

---

① 该指标把贫困风险门槛设定为社会转移支付后可支配收入中位数的50%。此处采用《中华人民共和国2015年国民经济和社会发展统计公报》和《中华人民共和国2021年国民经济和社会发展统计公报》中的全国居民人均可支配收入中位数19 281元和29 975元进行计算。

表 10.48　两次调查分性别指标"没有贫困风险"得分

年份	2015			2021		
调查对象	全体	男	女	全体	男	女
得分（分）	39.8	44.2	35.9	37.7	41.8	33.8
性别差值		8.3			8	

资料来源：作者计算所得。

表 10.49　两次调查分性别城镇指标"没有贫困风险"得分

年份	2015			2021		
调查对象	全体	男	女	全体	男	女
得分（分）	62.6	68.8	57.4	62.4	67.1	58
性别差值		11.4			9.1	

资料来源：作者计算所得。

表 10.50　两次调查分性别农村指标"没有贫困风险"得分

年份	2015			2021		
调查对象	全体	男	女	全体	男	女
得分（分）	13.3	17.2	9.7	17.3	21.8	12.8
性别差值		7.5			9	

资料来源：作者计算所得。

指标"物质上不严重匮乏"2021年分数（23.3分）明显高于2015年（15.3分）。在两个时点，城镇得分均明显高于农村。2015年女性得分低于男性，2021年城乡的性别差距都出现缩小，农村女性得分高于男性（见表10.51至表10.53）。

表 10.51　两次调查分性别指标"物质上不严重匮乏"得分

年份	2015			2021		
调查对象	全体	男	女	全体	男	女
得分（分）	15.3	16.9	13.9	23.3	23.4	23.1
性别差值		3			0.3	

资料来源：作者计算所得。

表10.52 两次调查分性别城镇指标"物质上不严重匮乏"得分

年份	2015			2021		
调查对象	全体	男	女	全体	男	女
得分（分）	20.5	23.3	18.1	29.9	31.8	28.1
性别差值		5.2			3.7	

资料来源：作者计算所得。

表10.53 两次调查分性别农村指标"物质上不严重匮乏"得分

年份	2015			2021		
调查对象	全体	男	女	全体	男	女
得分（分）	9.3	9.9	8.8	17.8	16.8	18.9
性别差值		1.1			−2.1	

资料来源：作者计算所得。

指标"人身安全"2021年分数（99.6分）与2015年分数（99.4分）差异不大，在两个时点的性别和城乡差异都不大（见表10.54至表10.56）。

表10.54 两次调查分性别指标"人身安全"得分

年份	2015			2021		
调查对象	全体	男	女	全体	男	女
得分（分）	99.4	99.5	99.4	99.6	99.7	99.5
性别差值		0.1			0.2	

资料来源：作者计算所得。

表10.55 两次调查分性别城镇指标"人身安全"得分

年份	2015			2021		
调查对象	全体	男	女	全体	男	女
得分（分）	99.4	99.5	99.4	99.7	99.7	99.6
性别差值		0.1			0.1	

资料来源：作者计算所得。

表10.56　两次调查分性别农村指标"人身安全"得分

年份	2015			2021		
调查对象	全体	男	女	全体	男	女
得分（分）	99.4	99.4	99.4	99.6	99.7	99.4
性别差值		0.0			0.3	

资料来源：作者计算所得。

指标"终身学习"总体得分在两个时点相同（1.9分），但是2021年城镇分数高于2015年，乡村分数则相反。女性得分始终高于男性，城镇得分始终高于乡村。性别差值小于城乡差值（见表10.57至表10.59）。

表10.57　两次调查分性别指标"终身学习"得分

年份	2015			2021		
调查对象	全体	男	女	全体	男	女
得分（分）	1.9	1.7	2.1	1.9	1.6	2.3
性别差值		−0.4			−0.7	

资料来源：作者计算所得。

表10.58　两次调查分性别城镇指标"终身学习"得分

年份	2015			2021		
调查对象	全体	男	女	全体	男	女
得分（分）	2.9	2.5	3.4	3.7	2.8	4.5
性别差值		−0.9			−1.7	

资料来源：作者计算所得。

表10.59　两次调查分性别农村指标"终身学习"得分

年份	2015			2021		
调查对象	全体	男	女	全体	男	女
得分（分）	0.8	1	0.7	0.5	0.4	0.6
性别差值		0.3			−0.2	

资料来源：作者计算所得。

（四）领域四：积极老龄化的能力和有利环境

在积极老龄化的能力和有利环境领域，总体得分由 2015 年的 47.07 分增长到 2021 年的 47.89 分。城镇总分有所增长，农村变化不大，男女总分均有所增长。两个时点的城镇得分均明显高于农村，女性得分均低于男性，所有亚群存在相似的差异且性别差值小于城乡差值。2021 年的城乡差值大于 2015 年，城镇性别差值明显小于 2015 年，农村性别差值则有所增长（见表 10.60 至表 10.62）。

表 10.60　两次调查分性别领域四得分

年份	2015			2021		
调查对象	全体	男	女	全体	男	女
得分（分）	47.07	49.28	44.99	47.89	50.41	45.37
性别差值		4.29			5.04	

资料来源：作者计算所得。

表 10.61　两次调查分性别城镇领域四得分

年份	2015			2021		
调查对象	全体	男	女	全体	男	女
得分（分）	51.12	54.15	48.41	54.2	57.11	51.45
性别差值		5.74			5.66	

资料来源：作者计算所得。

表 10.62　两次调查分性别农村领域四得分

年份	2015			2021		
调查对象	全体	男	女	全体	男	女
得分（分）	42.71	44.45	41.06	42.58	45.07	40.07
性别差值		3.39			5	

资料来源：作者计算所得。

指标"心理健康"2021 年分数（84.2 分）高于 2015 年（82.5 分），在两个时点，女性得分均明显低于男性，城镇得分均明显高于乡村，所有亚群表现相似，性别差值小于城乡差值（见表 10.63 至表 10.65）。

表10.63　两次调查分性别指标"心理健康"得分

年份	2015			2021		
调查对象	全体	男	女	全体	男	女
得分（分）	82.5	85.5	79.7	84.2	87.2	81.2
性别差值		5.8			6	

资料来源：作者计算所得。

表10.64　两次调查分性别城镇指标"心理健康"得分

年份	2015			2021		
调查对象	全体	男	女	全体	男	女
得分（分）	86	88.6	83.7	88.1	91.1	85.3
性别差值		4.9			5.8	

资料来源：作者计算所得。

表10.65　两次调查分性别农村指标"心理健康"得分

年份	2015			2021		
调查对象	全体	男	女	全体	男	女
得分（分）	78.6	82.3	75.1	80.9	84.1	77.6
性别差值		7.2			6.5	

资料来源：作者计算所得。

指标"使用信息与通信技术"2021年分数（12.5分）高于2015年（5.8分）。在两个时点，女性得分均低于男性，城镇得分均明显高于乡村，所有亚群表现相似，性别差值小于城乡差值（见表10.66至表10.68）。

表10.66　两次调查分性别指标"使用信息与通信技术"得分

年份	2015			2021		
调查对象	全体	男	女	全体	男	女
得分（分）	5.8	7.3	4.3	12.5	14.2	10.8
性别差值		3			3.4	

资料来源：作者计算所得。

表10.67 两次调查分性别城镇指标"使用信息与通信技术"得分

年份	2015			2021		
调查对象	全体	男	女	全体	男	女
得分（分）	10.6	13.8	7.8	20.4	23.1	17.9
性别差值		6			5.2	

资料来源：作者计算所得。

表10.68 两次调查分性别农村指标"使用信息与通信技术"得分

年份	2015			2021		
调查对象	全体	男	女	全体	男	女
得分（分）	0.6	1	0.2	5.8	7.1	4.6
性别差值		0.8			2.5	

资料来源：作者计算所得。

指标"社会联系"2021年分数（59.6分）低于2015年分数（66.4分），所有亚群分数都有所降低。在两个时点，女性得分均低于男性，城镇得分均高于乡村，所有亚群表现相似，性别差值小于城乡差值（见表10.69至表10.71）。

表10.69 两次调查分性别指标"社会联系"得分

年份	2015			2021		
调查对象	全体	男	女	全体	男	女
得分（分）	66.4	67.1	65.8	59.6	60.9	58.3
性别差值		1.3			2.6	

资料来源：作者计算所得。

表10.70 两次调查分性别城镇指标"社会联系"得分

年份	2015			2021		
调查对象	全体	男	女	全体	男	女
得分（分）	67.4	68.5	66.4	65.3	66.7	63.9
性别差值		2.1			2.8	

资料来源：作者计算所得。

表10.71 两次调查分性别农村指标"社会联系"得分

年份	2015			2021		
调查对象	全体	男	女	全体	男	女
得分（分）	65.3	65.7	65	54.8	56.3	53.4
性别差值		0.7			2.9	

资料来源：作者计算所得。

指标"文化程度"2021年分数（14.6分）高于2015年（11.2分）。在两个时点，女性得分均低于男性，城镇得分均明显高于乡村，所有亚群表现相似，性别差值小于城乡差值（见表10.72至表10.74）。

表10.72 两次调查分性别指标"文化程度"得分

年份	2015			2021		
调查对象	全体	男	女	全体	男	女
得分（分）	11.2	14.9	7.7	14.6	18.8	10.4
性别差值		7.2			8.4	

资料来源：作者计算所得。

表10.73 两次调查分性别城镇指标"文化程度"得分

年份	2015			2021		
调查对象	全体	男	女	全体	男	女
得分（分）	19.2	25.2	13.8	23.7	28.6	19
性别差值		11.4			9.6	

资料来源：作者计算所得。

表10.74 两次调查分性别农村指标"文化程度"得分

年份	2015			2021		
调查对象	全体	男	女	全体	男	女
得分（分）	2.8	4.7	0.9	7.1	11	3
性别差值		3.8			8	

资料来源：作者计算所得。

（五）总体特征

2015年AAI总分为40.97分，存在显著的性别差异和城乡差异。女性分数（37.78分）明显低于男性（44.39分），不论是在城镇还是在农村，除照料子辈孙辈、人身安全和终身学习这三项分数差异不大外，其余指标的女性得分明显低于男性。城镇的分数（37.32分）明显低于农村（44.87分），就业和社会参与领域的所有指标城镇得分均低于农村，除独立生活和人身安全两个指标差异不大外，独立、健康、安全地生活及积极老龄化能力和有利环境两个领域的指标城镇分数均高于农村。

2021年，AAI总分上升到43.17分，但是2015年所呈现的性别和城乡差异仍然存在：女性分数（39.76分）明显低于男性（46.61分），除照料子辈孙辈、人身安全、物质上不严重匮乏这三项差异不大，以及终身学习项女性分数高于男性外，其余指标女性分数明显低于男性。城镇的分数（40.45分）低于农村（45.44分）。同样是就业和社会参与领域的所有指标城镇得分均低于农村，除独立生活和人身安全两个指标差异不大外，独立、健康、安全地生活、积极老龄化能力和有利环境两个领域的指标城镇分数均高于农村。

四个领域的分数和占比如图10.1所示。其中，就业领域得分从20.73分变为24.28分，占比由17.70%升至19.68%；社会参与领域得分由57.9分变为59.25分，占比由49.46%降为48.04%；独立、健康、安全地生活领域得分由40.42分变为43.56分，占比由9.86%升至10.09%；积极老龄化的能力和有利环境得分由2015年的47.07分增长到2021年的47.89分，占比由22.98%降为22.19%。

在就业领域，按年龄组看，就业率符合随着年龄增长而下降的规律。2021年每个年龄组的整体就业率得分都高于2015年，两次调查的女性群组就业率得分均低于男性群组，城镇群组就业率得分均低于农村群组。不过2021年，75岁以下的农村老年人得分下降，其中女性得分下降得更明显，一方面这种下降的变化在 2010 年与 2020 年老年人就业率的比较中就已出现[①]，另一方面则可能与新冠肺炎疫情有所关联。

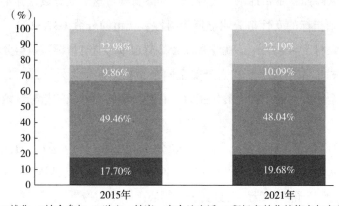

图 10.1　两次调查 AAI 一级指标得分占比

资料来源：作者计算所得。

社会参与领域整体表现较好，在两个时点都是四个领域中得分最高的领域，在总体分数上升的同时性别差值也在降低，不过一部分二级指标可能受客观因素影响导致分数下降。"公益活动"分数上升，所有亚群表现一致。但是指标"照料子辈孙辈"分数降低，所有亚群表现一致。同样分数降低的还有指标"政治参与"，在由于原始问题的变更导致 2021 年分数可能高估的情况下，所有亚群分数依然降低，说明调查对象实际政治参与率下降。这两项指标下降仍然可能是受新冠肺炎疫情影响。在两个时点，其他指标得分均是农村高于城镇，指标"照料弱势者"得分则是城镇高于农村，这可能和家庭照护能力有

---

① 翟德华，于存洋. 积极老龄化视角下我国老年人口就业情况分析——基于第六次、第七次全国人口普查数据的比较［J］. 老龄科学研究，2023，11（3）：14-27.

所关联。

独立、健康、安全地生活领域分数同样有所上升，上升主要是由指标"体育锻炼""独立生活"和指标"物质上不严重匮乏"贡献的。指标"没有贫困风险"的农村得分也明显上升。指标"人身安全"和"终身学习"的变化不明显，前者始终接近100%，后者始终在5%以下，需要重点推动。指标"医疗可及性"得分始终在80分以上，虽然没有纳入计算，但可以看出表现较好。

在积极老龄化的能力和有利环境领域，城镇分数的上升比农村分数的上升更明显。除"社会联系"的分数明显下降外，指标"心理健康""使用信息与通信技术""文化程度"都在上升，其中指标"使用信息与通信技术"的分数上升最明显。指标"社会联系"分数降低可能依然与新冠肺炎疫情相关联。

六、讨论

总的来看，相比2015年，2021年的积极老龄化程度在整体上发生了积极的变化，城乡差异也有所缩小。AAI只统计性别差异而不统计城乡差异，即使有的国家（如德国）关注到城乡差异和不同经济、教育条件群体的差异，情况也与中国大不相同。本次研究发现了农村地区的可喜表现。在两个时点，农村在社会参与领域的分数高于城镇说明农村地区老年人社会参与比城镇更为活跃。同时，即便存在长期的城乡二元问题——结合指标"没有贫困风险"农村得分明显低于城市，而就业领域农村得分明显高于城市推测，这有可能佐证Zaidi等人持有的"领域就业的较高分数反而说明社会保障力度不足"的结论（具体还需用相关性分析进一步验证），2021年农村在独立、健康、安全地生活领域分数高于2015年，尤其是"没有贫困风险""物质上不严重匮乏"这两个指标分数明显上升。

但是还需要警惕,2021年的性别差异有所增大,且增大的性别差异主要体现在农村地区。2015年,城镇性别差值小于农村,2021年城镇四个领域的性别差值均在缩小,但是农村在一、三、四领域的性别差值都有所增大。

七、建议

(一)构建适合中国的评估工具,监测积极应对人口老龄化政策的实践

欧盟积极老龄化指数的用途是监测欧洲经济委员会成员国的积极老龄化水平,虽然可以通过调整适用不同地区和文化背景,也可以考察中国的积极老龄化水平,但是并不适合直接作为我国的政策评估工具。我国的积极应对人口老龄化国家战略是在吸收和创新积极老龄化理论的基础上,把国际积极老龄化政策和中国特色社会主义道路应对老龄化相结合的产物,把应对的重点从个体老龄化升华为应对群体(人口)老龄化。在健康、保障、参与三大支柱以外,纳入发展、和谐、共享宏观层面的三块基石[1],因此更需要及时参照《国家积极应对人口老龄化中长期规划》中提出的社会财富储备、劳动力供给、养老服务和产品供给体系、科技创新能力和养老、孝老、敬老的社会环境构建五方面,结合五年规划和中国老龄事业发展指标体系等既有成果,构建相应的指标体系作为积极应对人口老龄化政策实践的评估工具,考察经济社会发展、和谐社会构建、人民共享发展成果的进度和成效,为下一步政策制定提供证据参考。

---

[1] 邬沧萍.全面建成小康社会积极应对人口老龄化[M].北京:中国人口出版社,2016:133,145-149.

同时，构建评估工具还需要注重可操作性，加强评价体系和统计数据之间的衔接，利用好现有数据加强指标成果应用，定期组织开展评价指标的测算实施。尽快厘清核心概念，推动国内外重要概念界定和相关调查中统计口径的统一，及时将无法满足的数据需求纳入调查，根据新形势和新要求对指标进行动态评估优化，推动中国积极应对人口老龄化政策的执行和成效长期监测的开展，向世界展示中国积极应对人口老龄化的成果。

（二）发挥特色文化优势，多措并举为"老有所为"提供支持保障

自新中国成立以来，特别是改革开放后国家重视老年人参与社会发展，参与社会发展的老年群体也在不断壮大[1]。要发扬我国重视集体主义的文化传统[2]，利用好我国老年人社会参与度高的优势，加快推进老年人就业权益保障、老年群众组织和志愿服务制度化建设，为老年人积极参与社会发展提供更多平台保障。要加强居家养老服务网络和普惠托育服务建设，尽快出台统一的长期护理保险制度，为家庭照料提供高效专业的支持，让老年人在积极参与家庭事务之余有更多的空闲时间可以自由支配。

还要用生命周期视角引领老龄国情教育，出台支持终身教育的培训项目和政策，从义务教育阶段就开始进行保健和自我照料、社区服务政策、终身学习等知识的普及，加强自我养老能力的培养和积极老龄观的树立，在生命历程早期就培养积极的观念和良好的习惯，在老年阶段就能够积极参与社会发展建设。

---

[1] 王建军，高成运，李晶.守护银龄幸福——积极应对人口老龄化的中国方案[M].北京：五洲传播出版社，2023：178.

[2] 邬沧萍.全面建成小康社会积极应对人口老龄化[M].北京：中国人口出版社，2016：133.

（三）及时弥合积极老龄化过程中的不平等，推动社会共建共治共享

公平性是重要的政策目标。要重视老年人内部不同群体的不平等现象，努力缩小不同群体在保障和发展方面的差距，特别关注农村女性和其他弱势群体的权益和发展，制定和实施保障相关人群权利和需求的法律法规和支持性政策。在弱势群体进入老年期以前就注意为其在受教育、获得收入、谋求有意义的工作、接受医疗照料、继承遗产、获得政治权利等方面[①]提供支持和帮助。

要加大社会保障再分配力度，继续完善养老保险制度和医疗保障制度，整合相关制度安排、均衡筹资责任、提高统筹层次、打破户籍壁垒、统一待遇清单与标准[②]。继续推动多元主体参与老年教育，扩大老年教育资源供给，支持老年教育资源进入社区，让有意愿继续学习的群体都能够平等地享受教育资源。继续加强无障碍环境建设，提供适老化的居家、社会环境，推动康复护理和安宁疗护的普及，让非健康人群也能够积极生活，共享改革发展的成果。

八、反思和展望

本次未能充分利用欧盟积极老龄化指数中的隐性权重，来调整权重使其更贴合项目原意是一个遗憾，另一个遗憾则是未充分利用原始数据进一步深挖分数变化背后潜藏的原因，这都留待将来进行完善。

---

① 邬沧萍.全面建成小康社会 积极应对人口老龄化[M].北京：中国人口出版社，2016：120.

② 人民网.社会保障制度是走向共同富裕的制度保障[EB/OL].（2021-08-12）.http://society.people.com.cn/n1/2021/0812/c1008-32190604.html.

中国未老龄化区县特征及成因研究

和明杰[①]　宫倩楠[②]

一、引言

2000年左右，我国65岁及以上人口占比达到7%，这标志着我国进入老龄化社会，此后我国的人口老龄化程度持续加深。2023年，我国65岁及以上人口占比达到15.4%[③]，进入中度老龄化社会，严峻的人口老龄化形势将成为我国长期面临的基本国情。受到多种因素影响，我国各地区的人口结构转变进度不同，人口老龄化程度存在区域间的梯度差异。我国政府一直密切关注人口老龄化动态并高度重视人口老龄化的应对，出台了一系列政策措施。如《国家人口发展战略（2016—2030年）》提出推动人口结构优化调整、人口流动更加有序，提早防范和综合应对潜在的人口系统内安全问题和系统间安全挑战；《中华人民共和国国民经济和社会发展第十四个五年规划和2035年远景目标纲要》提出深化人口发展战略研究，健全人口与发展综合决策机制；党的二十大报告强调落实积极应对人口老龄化国家战略、区域协调发展战略，并提出推进以县城为重要载体的城镇化建设。

---

① 和明杰，男，河北邢台人，1995年生。毕业于首都经济贸易大学，人口·资源与环境经济学硕士。现为中国老龄科学研究中心老龄经济与产业研究所研究实习员。主要研究领域：老龄经济、老龄实业、人口地理学。近年来承担中国老龄科学研究中心基础科研项目"家政养老服务行业运营模式升级研究""中国县域人口老龄化空间格局及类型研究"。

② 宫倩楠（通讯作者），中国劳动与社会保障科学研究院助理研究员，研究方向为人口与劳动计量。

③ 数据来自《中华人民共和国2023年国民经济和社会发展统计公报》。

当前学术界普遍认为我国人口老龄化进度存在明显的区域差异，围绕区域人口老龄化的形势特征与空间分布开展了一系列研究。分省来看，我国的人口老龄化形势呈现沪、辽、黑、渝、苏等省区程度较高，粤、青、疆、藏等省区相对较低的空间格局①；从城市群的区域尺度来看，珠三角城市群的老龄化程度相对较低，其余11个城市群的老龄化程度虽有差异但整体程度较高②；分城市看，2020年我国93.29%的城市已经步入老龄化，并且老龄化的空间分布不均衡③。从区县角度来看，2010年我国低度老龄化区域空间集聚趋势有所增强，人口老龄化的增速表现出显著的空间差异与空间关联④。这些研究明确指出了不同空间尺度下我国人口老龄化存在的梯度差异，而且也证实了我国尚且存在未达到老龄化门槛的次级区域，为我国制定区域人口老龄化政策提供了一定的参考。

但客观来讲，尚存在一定局限性。首先，关于全国人口老龄化空间格局的研究多是从经济区域、省际、地级市层级展开，对我国区县角度人口老龄化空间格局的研究缺乏具体分析和最新数据论证。而在当前背景下，开展区县层面的老龄化研究具有重要的现实意义：第一，由于人口活动范围具有固定性，区县层面的空间范围能够满足大多数常住人口的日常工作和生活需要，因此区县在我国人口和经济活动中扮演着重要角色。第二，我国应对人口老龄化的民政、卫健等部门的基层机构只延伸到区县一级，区县成为我国落实积极应对人口老

---

① 张文娟，陈露.2000—2020年中国人口老龄化及其区域不平衡性的演变［J］.人口与社会，2023，39（4）：1-16.

② 郭郡郡.中国城市群人口老龄化的时空演变与影响因素：基于全国人口普查数据的分析［J］.云南民族大学学报（哲学社会科学版），2023，40（4）：84-94.

③ 邬林果，武荣伟.中国人口老龄化多尺度区域差异及动态演进［J］.资源开发与市场，2023，39（3）：328-336.

④ 王录仓，武荣伟.中国人口老龄化时空变化及成因探析：基于县域尺度的考察［J］.中国人口科学，2016（4）：74-84.

龄化国家战略的基本单元和关键抓手。第三，结合数据可得性和精准识别的双重需要，县级人口普查数据恰好可以满足研究需求。因此，有必要从更为精细的区县尺度开展人口老龄化的最新研究。

其次，现有研究对象往往集中在老龄化地区，未达到老龄化社会门槛的区域则缺乏直接关注。但是延缓和应对人口老龄化，不仅需要吸取已老龄化地区的经验教训，还需要补充未老龄化地区人口结构保持年轻的经验成因。在当前全国人口老龄化日益严峻的形势之下，我国这些人口结构依然年轻、尚未达到人口老龄化门槛的地区一方面缺乏识别和细分，另一方面缺乏对其成为少数人口年龄结构"优质"地区原因和特质的深入分析，有待开展进一步研究。

分析未老龄化区县特征，厘清这些区县人口年龄结构较为理想的原因和优势，不仅对丰富和完善人口结构转变理论具有重要意义，而且对我国落实积极应对人口老龄化国家战略具有重要的现实意义。

基于上述分析，本研究采用2000年、2010年、2020年三次人口普查的分区县数据。首先，在识别出我国年轻型和成年型区县的基础上，分析我国未老龄化区县的时空演变格局，并明确其类型和特征。其次，探析塑造未老龄化区县人口结构的理论成因，并分类探讨不同类型未老龄化区县的深层成因。最后，根据未老龄化区县的研究结论，探讨我国未老龄化区县的演变趋势，并提出相应的政策建议。

二、我国未老龄化区县的特征

按照国际标准，65岁及以上老年人口占总人口的比例低于4%，称为年轻型社会，比例大于4%且小于7%称为成年型社会，比例达到7%即认为进入老龄化社会[1]。本文采用这一国际通行标准对我国区

---

[1] 陆杰华，伍绪青.人口年龄结构变迁：主要特点、多重影响及其应对策略[J].青年探索，2021（4）：28-40.

县的人口年龄结构状况进行识别。

（一）我国未老龄化区县的数量及空间分布

2000年以来，我国未老龄化的区县数量大幅度缩减。如表11.1所示，2000年我国未老龄化区县1613个，占该次普查公布区县总数的56.05%，虽然2000年左右我国整体达到了老龄社会的门槛，但是未老龄化区县依然占据数量优势。2010年，我国未老龄化区县的数量大幅度缩减至578个，约为原有区县数量的1/3，仅占该次普查公布区县数量的20.14%。2020年，未老龄化区县的数量再次大幅度缩减，只剩下218个，占该次普查公布区县的7.29%。未老龄化区县的空间分布从2010年的各地区相对均衡，演变为2020年主要分布在西部地区，并且东北地区的未老龄化区县数量在2010—2020年已经归零。可见，我国东北地区未老龄化区县的缩减速度最快，西部地区未老龄化区县数量减少的速度相对较慢，未老龄化区县的分布重心向西部倾斜。

表11.1　三次普查年份我国未老龄化区县数量　　（单位：个）

年份	2000	2010	2020
全国合计	1613	578	218
东部	273	101	41
中部	362	100	18
西部	790	350	159
东北	188	27	0

资料来源：由2000年、2010年、2020年《中国人口普查分县资料》中人口年龄结构数据经统计得到。

进一步将我国未老龄化区县细分为年轻型和成年型。如表11.2所示，2000—2020年，我国年轻型的区县数量从127个缩减到26个，2020年全部分布在西部和东部，中部和东北地区的年轻型区县数量已经全部消失。2000—2020年，我国成年型区县的数量从1486个缩减到192个，集中分布在西部，东部和中部地区数量较少，东北地区则为0。

表11.2　我国年轻型和成年型区县数量　　　　（单位：个）

老龄化类型	年轻型			成年型		
年份	2000	2010	2020	2000	2010	2020
全国	127	37	26	1486	541	192
占比（%）[①]	4.41	1.29	0.87	51.63	18.87	6.42
东部	15	15	9	258	86	32
中部	3	0	0	359	100	18
西部	96	21	17	694	329	142
东北	13	1	0	175	26	0

资料来源：由2000年、2010年、2020年《中国人口普查分县资料》中人口年龄结构数据经统计得到。

（二）我国未老龄化区县的类型及特征

2022年，我国未老龄化的区县单元共计218个，除三个人口和经济活动较少的岛屿县级单元[②]外，共得到215个县级单元。根据生育水平、人口民族结构、迁入人口占比、产业结构、经济密度、地理位置等，将这些县级单元划分为政策引导型未老龄化区县、经济中心型未老龄化区县、生育持续型未老龄化区县三个类型。各类型所包含的区县如表11.3所示。

表11.3　我国未老龄化地区分类结果

类型	区县个数	典型代表地区	类型特征
生育持续型	153个	拉萨市9个区，凉山州6个区，日喀则市17个区县，昌都市10个区县，林芝市7个区县，那曲市11个区县，阿克苏地区8个区县，喀什地区11个区县，和田地区8个区县等	少数民族人口占比高、生育率相对较高

[①] 说明：此处基数为相应年份人口普查分县数据中公布的县域数量。
[②] 三沙市西沙群岛、南沙群岛、中沙群岛的岛礁及其海域三个县级单元。

续表

类型	区县个数	典型代表地区	类型特征
经济中心型	39个	杭州市滨江区，厦门市海沧区、湖里区、集美区、同安区，郑州市惠济区、管城回族区，广州市5个区县，深圳市9个区县，珠海市2个区县，佛山市2个区县，东莞市，中山市，三亚市吉阳区等	迁入人口占比高、人口密度大、经济发达
政策引导型	23个	保定市白沟新城，廊坊市经济技术开发区，合肥市高新技术产业开发区，青岛市高新技术产业开发区，郑州市高新技术产业开发区，株洲市云龙示范区等	迁入人口占比高、第二产业占比高

资料来源：由2000年、2010年、2020年《中国人口普查分县资料》中人口年龄结构数据经统计得到。

未老龄化区县中生育持续型区县共153个，是数量最多的一类。该类区县主要分布在我国西部地区（见图11.1），其中西藏、新疆、青海三省区占比超过90%，其余几个省份占比不足10%。经济中心型区县共39个，主要分布在我国东南部沿海地区的广东省和福建省，属于我国改革开放的前沿阵地，少数是省会或副省级城市的市辖区。政策引导型区县有23个，主要分布在我国东部和中部的9个省份，各省份数量均较少，拥有该类区县数量最多的是河南省，但也仅有7个区县。该类区县特色鲜明，多是由政府划定的经济产业开发区。

三类未老龄化区县的人口年龄结构与全国存在明显差别（见图11.2）。整体上，三类未老龄化区县的人口年龄结构分布呈现明显的"金字塔"形，人口结构相比全国平均水平更加年轻，全国的人口年龄结构更贴近由"金字塔形"向"蘑菇形"转变的过程。从"塔尖"位置来看，三类未老龄化区县相比全国更显尖锐，老年人口占比均在5%左右，远低于18.7%的全国平均水平。从"塔腰"位置来看，三类未老龄化区县表现为上窄下宽，而全国平均水平则表现相对均匀，三类未老龄化区县的劳动年龄人口占比均高于66.35%的全国平均占比,全国劳动年龄人口占比低且老化情况更为严重。从"塔基"位置来看,只有政策引导型区县的少儿人口当前呈现扩张趋势,其余两类未老龄化区县与全国基本相似,都呈现收缩状态。

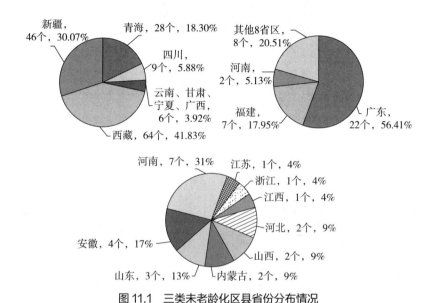

图11.1 三类未老龄化区县省份分布情况

注:左上为生育持续型,右上为经济中心型,下方为政策引导型。
资料来源:由2000年、2010年、2020年《中国人口普查分县资料》中人口年龄结构数据经统计得到。

三类未老龄化区县之间人口年龄结构也存在显著差别。首先,生育持续型区县的少儿人口占比明显高于另外两类未老龄化区县。其次,经济中心型和政策引导型区县的劳动年龄人口占比高于生育持续型区县,但是经济中心型区县相比其他两类区县劳动年龄人口的大龄化现象更为严重,而政策引导型区县的劳动力结构更加年轻。此外,政策引导型区县的少儿人口呈现出大幅度收缩后又轻微扩张的趋势,而其他两类未老龄化区县则呈现稳步收缩趋势。

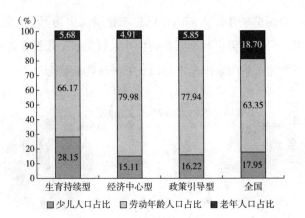

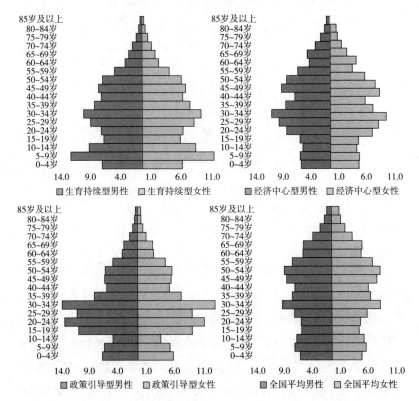

图 11.2　未老龄化区县及全国人口年龄构成情况对比图

资料来源：由 2000 年、2010 年、2020 年《中国人口普查分县资料》中人口年龄结构数据经统计得到。

三、塑造人口年龄结构的理论成因分析

人口年龄结构受到多重因素影响（见图11.3）。全年龄段人口由少儿人口、劳动年龄人口、老年人口三部分组成，任何一个组成部分的人口规模和比重发生变化，都会引发全年龄段的人口结构变动。生育、迁移、死亡是塑造人口年龄结构的直接动力，三类因素对三个人口年龄组别的合力共同塑造了人口年龄结构。

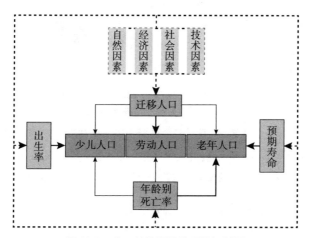

图11.3 人口结构塑造的理论机制图

注：实线箭头为直接作用力，虚线箭头为深层作用力，箭头越粗代表作用力越强。
资料来源：作者自绘。

（一）直接原因之———生育因素

生育因素直接作用于少儿人口。在各区域之间相对封闭和死亡状况相对固定的前提下，生育水平决定了区域内人口规模和年龄结构。整体上，我国生育水平偏低，第七次人口普查公布的全国15~64岁女性平均活产子女数为1.33人。持续的低生育水平是导致我国人口老龄化程度不断加深的重要原因。三类未老龄化区县中，生育持续型区县的生育水平相对较高，15~64岁妇女平均活产子女数为1.66人，尚

高于另外两类区县和全国平均水平，生育水平下降速度较慢推迟了该类区县达到老龄化门槛的时间，该类区县因此得名。政策引导型和经济中心型区县的15~64岁妇女平均活产子女数分别只有1.08人和1.25人，低于全国平均水平（见图11.4）。

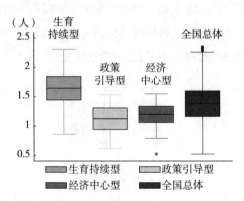

图11.4 三类未老龄化区县与全国15~64岁妇女活产子女数箱线图

注：衡量生育水平最常用的指标是育龄妇女总和生育率，但是《2020年人口普查分县资料》仅公布了县级育龄妇女活产子女数，因此本文用该指标表征研究地区的生育水平。
资料来源：由2000年、2010年、2020年《中国人口普查分县资料》中人口年龄结构数据经统计得到。

（二）直接原因之二——死亡因素

死亡因素主要影响老年人口。死亡是个人面临的必然事件，个人在各年龄段均存在一定的死亡概率，因此年龄别的死亡概率差异是影响人口年龄构成的直接因素之一。受生理因素和外在因素的影响，老年人口的死亡概率相对较高。我国31个省区市少儿人口死亡率多在0.5‰以内（见表11.4），劳动年龄人口死亡率多在2.5‰以内，而老年人口死亡率则多在20‰以上。死亡的主体是老年人，因此人口预期寿命就成为反映死亡的重要因素。我国人口平均预期寿命不断延长，但是各省区市之间存在一定差距，人均预期寿命短的地区老年人口比例自然相对较低。2020年，上海和北京的人均预期寿命超过82岁，较长的人口预期寿命必然对这些地区的老龄化程度具有促进作用，而西藏、青海等地人均预期寿命尚不足75岁，相对较短的人口预期寿命对其老龄化程度具有抑制作用。

表11.4　2020年我国人口平均预期寿命和死亡率　　　单位：岁、‰

地区	少儿人口死亡率	劳动年龄人口死亡率	老年人口死亡率	预期寿命
全国	0.26	1.52	24.77	77.93
上海	0.13	0.57	20.49	82.55
北京	0.14	0.78	20.54	82.49
天津	0.10	0.92	18.55	81.30
浙江	0.19	0.86	22.16	80.19
江苏	0.17	1.14	24.35	79.32
广东	0.18	0.94	23.87	79.31
山东	0.18	1.57	25.16	79.18
海南	0.17	1.10	18.23	79.05
辽宁	0.18	2.03	24.73	78.68
重庆	0.28	1.83	26.86	78.56
福建	0.27	1.38	26.13	78.49
吉林	0.18	1.88	21.27	78.41
黑龙江	0.17	2.16	22.99	78.25
广西	0.29	2.13	27.05	78.06
湖北	0.30	1.68	27.02	78.00
安徽	0.28	1.50	26.36	77.96
山西	0.20	1.27	20.57	77.91
湖南	0.34	1.93	31.16	77.88
陕西	0.15	1.26	19.97	77.80
四川	0.32	1.69	23.82	77.79
河北	0.18	1.52	23.72	77.75
江西	0.27	1.45	24.89	77.64
河南	0.18	1.64	23.95	77.60
内蒙古	0.25	1.88	23.77	77.56

续表

地区	少儿人口死亡率	劳动年龄人口死亡率	老年人口死亡率	预期寿命
宁夏	0.53	1.49	29.26	76.58
新疆	0.43	1.79	26.68	75.65
甘肃	0.39	1.74	29.31	75.64
贵州	0.52	2.37	28.48	75.20
云南	0.51	2.26	30.38	74.02
青海	0.66	1.69	28.40	73.96
西藏	1.28	1.70	25.11	72.19

注：由于《中国人口普查分县资料·2020年》未公布各区县的人口平均预期寿命，因此本文参照我国省级的人口预期寿命和年龄别死亡率来论证死亡因素对我国区县人口结构老化的影响（港澳台数据未计入）。

资料来源：分年龄段死亡率数据来自国家统计局公布的《中国人口普查年鉴2020年》，预期寿命数据来自2021年《中国人口和就业统计年鉴》。

（三）直接原因之三——人口迁移因素

迁移因素主要影响劳动年龄人口。在封闭区域条件下，人口的年龄结构主要受到前述出生和死亡两种直接因素的影响；而在现实的开放条件下，人口会受到外力因素影响发生跨区域迁移流动，同样会打破区域内原有的人口年龄结构。就全国平均水平来看（见图11.5），我国迁移人口中，本县（市或区）内部不同乡镇迁移的人口占当地常住人口比重约38%，本省内其他县（市或区）的迁移人口占比约36%，外省迁入人口占比约25%。三类区县迁入人口的来源构成存在较大差别：生育持续型区县的迁入人口构成情况与全国总体构成最为接近，迁入人口均以本区县内部迁移为主，三种迁入来源的比例相对均衡；政策引导型区县的人口来源主要是本省其他县（市或区）的迁入人口，该种来源的人口占比几乎相当于其他类型区县的两倍，可知政策引导型区县迁入人口的来源主要是周边区县；经济中心型区县的外来人口更多是来自本省以外，省内其他县的迁入人口占比也高于全国平均水平，足可见经济中心型区县对外来人口的吸引力之强、经济辐射范围之广。

中国未老龄化区县特征及成因研究

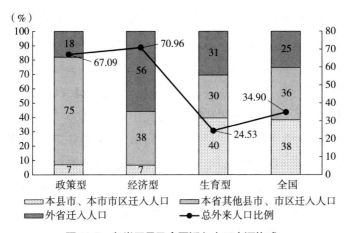

图 11.5 各类区县及全国迁入人口来源构成

资料来源：由 2000 年、2010 年、2020 年《中国人口普查分县资料》中人口年龄结构数据经统计得到。

四、我国不同类型未老龄化区县的深层成因分析

（一）生育持续型

经济社会因素影响下，生育水平下降速度较慢是生育持续型区县未老龄化的重要原因之一。民族因素对该类区县的生育水平影响较大。该类区县几乎全部位于我国民族自治地区，少数民族人口平均占比为 81.63%，远高于经济中心型区县的 6.02% 和政策引导型区县的 2.26%。我国少数民族大多提倡早婚、早育、多育、密育，生育行为遵从自然，并在观念上视生育子女为人生幸事①。因此在开放的生育观念引导下，我国少数民族人口生育率较高。同时，主要影响生育水平的两大因素——计划生育政策和经济发展对其生育水平的制约作用均较小。一方面，相对宽松的生育政策为这些地区维持较高的生育水平提供了空

---

① 杨菊华. 中国少数民族人口的生育转变 [J]. 人口与经济，2023（3）：35-51.

297

间。在我国严格执行有差别的计划生育政策时期，我国汉族夫妇一般只允许生育一胎，而大多数少数民族都允许生育两个子女，并且有的少数民族由于人口基数少，还可以生育三个、四个子女，甚至可以不受计划生育政策制约[①]。另一方面，经济发展对生育观念转型和生养成本提升的影响相对较小。这些地区相对偏远，现代产业发展起步晚，发展速度慢，子女的生育和抚养成本相对较低，以孩子数量换取孩子质量的生育理念没有得到广泛传播。基于以上原因，生育持续型未老龄化区县的生育率保持在相对较高水平，2020年15~64岁妇女平均活产子女数为1.66人。

自然、医疗水平等因素影响下预期寿命相对较短是生育持续型区县未老龄化的第二个原因。该类型的未老龄化区县多位于高原、山地等复杂地形区，地质和气候等自然条件相对较差，天然不适宜人口生存，这是导致人口预期寿命相对较短的重要原因。同时，民族地区由于人口和经济密度低，医疗基础设施薄弱、医疗卫生资源配置相对匮乏、医疗整体服务能力不足、医疗技术不发达[②]，与全国平均水平存在明显差距。相对落后的医疗卫生条件客观上也不利于人口预期寿命的提高。

自然、经济、政策等因素造成本地劳动年龄人口较低的迁出率和外来人口相对稳定的迁入率是生育持续型区县未老龄化的第三个原因。这些区县与我国经济发达的核心城市距离远，受到发达地区经济虹吸的作用力相对较小。同时由于本地区的地理生态环境相对恶劣，受到地形阻隔、相对保守的迁移观念等因素影响，年轻人口向外部迁移的比例相对较低，本地自然形成的人口年龄结构受外部影响小。并且这些地区多位于我国"少、边、穷"地区，长期以来受到国家政策的大力支持，大量支援当地发展建设的外来人口（如工人、教师、医生、干部等人才）成为当地常住人口，外省迁移人口占该类地区常住

---

① 王红曼.少数民族人口政策及其实践[J].人口学刊，1999（4）：23-29.

② 郑勇.民族地区医疗卫生事业发展的法治困境及与对策[J].贵州民族研究，2018，39（3）：31-36.

人口比重约为 7.51%，与全国平均水平（8.56%）相差不大。

（二）经济中心型

经济社会因素促使外部劳动年龄人口的大规模迁入是经济中心型区县未老龄化的主要成因。首先，经济中心型区县高质量的经济社会发展水平对人口形成了强吸引力。我国东南沿海的经济中心型未老龄化区县受改革开放政策影响，较早实现经济腾飞，收入水平高。在工业结构上，这些地区以劳动密集型的轻工业为主，对劳动力的需求量大。并且这些地区在经济基础之上形成了完善的社会公共服务体系。根据推拉理论①，这些经济社会因素会成为外来人口迁入的强拉力。其次，经济中心型未老龄化区县拥有广阔的人口和经济腹地。广东、福建两省的未老龄化区县背靠我国中西部省份，经济腹地广阔，并且与之形成的经济落差大，对外来人口的虹吸作用强，能够从临近区县乃至省外更大的空间范围内获取到大量的劳动力。相比政策引导型的区县，经济中心型区县外来人口的来源范围更广，在当地工作的外来人口迁移距离更长。中部地区的惠济区和管城回族区位于我国人口第一大省河南省省会郑州市的中心城区，从全省集聚了充足的劳动年龄人口。外来人口大量流入，为这些经济中心型区县提供了源源不断的劳动力人口，客观上降低了老年人口的比例。此外，由于教育和医疗等公共服务资源在城乡、地区间相互分割，经济中心型区县的外来人口一般不会携带子女和老人一同迁移，于是造成经济中心型区县劳动年龄人口占比高（79.98%），少儿和老年人口占比均较低的局面。

相反，经济社会因素对生育水平的抑制作用不利于经济中心型区县人口结构保持年轻化。经济中心型区县的 15~64 岁妇女平均活产子女数为 1.25 人，低于全国平均水平。首先，这些地区长期执行独生

---

① Lee E S. A theory of migration [J]. Demography, 1966 (3): 47–57.

子女生育政策，并且在独生子女政策放开后，生育水平也没有回升。其次，经济中心型区县的生活成本高，子女教育、住房、医疗、养老等都是较大的支出项目，在相对较高的经济压力下，年轻人口的生育意愿低。同时，这些地区产业发展基础好，女性劳动参与率高，不愿因为生育而降低在劳动力市场中的参与度，也造成了低生育意愿。并且，受到后现代主义价值观影响，年轻人口更愿意将有限的资源投入自身的幸福生活中，而非对下一代的培养上。多种原因共同导致经济中心型区县的生育水平低。

同样，经济社会因素对死亡率的削弱作用也不利于经济中心型区县保持相对年轻的人口结构。经济中心型区县所属省份的医疗资源丰富，医疗技术保持在全国领先水平，良好的医疗条件为降低死亡率发挥了重要作用。同时，该地区经济发展水平相对较高，人口的生活质量总体上相对较好，当地人口对健康的投入和关注度更高。经济社会因素共同导致这些地区人口预期寿命延长、老年人口存量增加。同时，先进的医疗水平有利于降低新生儿死亡率，但由于全国范围内新生儿死亡率的绝对水平都已经比较低，因此这一作用对人口年龄结构年轻化的影响效果十分微弱。

（三）政策引导型

政策因素导致的人口近距离迁移是塑造政策引导型未老龄化区县的根本原因。政策引导型的未老龄化区县多是政府划定的经济产业开发区，开发区的建设和发展需要大量的建设工人、产业工人，本地劳动力无法满足大量的用工需求，因此衍生出对邻近地区的劳动力需求。邻近地区劳动力向产业密集的经济开发区集聚，导致该类地区劳动年龄人口数量增长，降低了老年人口的相对比例。这是该类区县尚未达到老龄化门槛的主要原因。

与经济中心型区县相比，政策引导型区县的就业优势更加明显，但其他方面经济社会条件则较为滞后。政策引导型区县由于产业集聚拉动了当地收入增长，对邻近地区尤其是近距离的农村人口的就业效应和吸引力强。但是，这些经济开发区建立的初衷就是繁荣地方经济，推进地方工业化发展进程，因此这些地区与经济中心型区县相比依然存在差别，尤其是对特定产业的依赖性较强，医疗、教育等公共服务水平提升较为有限，没有形成全面发展的经济社会格局（张晓琳等，2019），于是在人口迁移方面表现为对远距离以外人口的吸引力比较弱。该类地区迁入人口主要来自本地级市范围内临近的区县，辐射范围相对较小。迁入人口的目的主要是实现就近就业，而不是长期定居生活。

政策引导型区县的生育因素和死亡因素有利于人口老龄化，其原理与经济中心型区县类似，本文在此不再赘述。

五、结论与讨论

（一）研究结论

首先，本文利用第五次、第六次、第七次人口普查分县数据识别了全国未老龄化区县，其数量从2000年的1618个（56.05%）减少到2020年的218个（7.29%），目前主要以西部地区为主，集中分布在西藏、新疆、青海、广东四省区（73.39%）。根据相应特征，可将2020年我国未老龄化区县划分为三类：生育持续型未老龄化区县主要分布在我国少数民族地区；经济中心型未老龄化区县主要分布在我国区域经济优势较强的东南沿海地区；政策引导型未老龄化区县主要分布在我国中部和东部由地方政府设定的县级工业区。其次，本文分析了我国未老龄化区县形成的直接理论成因和深层影响因素。具体来看，经济、社会、自然、政策、技术等对生育、死亡和迁移三方的同向合力促使生育持续型区县保持未老龄化的人口年龄结构，而经济中心型和政策引导型区县人口年龄结构保持年轻的主要原因在于经济、社会因素对迁移人口的拉力作用。

（二）研究讨论

第一，延缓老龄化必须实施更加积极的生育支持政策，避免陷入低生育率陷阱。提振生育率水平是延缓老龄化的根本路径，但这需要成熟的政策环境支撑。生育依靠青年人口，但是青年人口面临来自住房、婚姻、教育、医疗、工作机会等多方面的生育焦虑。化解生育焦虑是一个复杂的过程，需要逐步完善政策措施。因此，生育政策应该更加全面积极，政策目标不能仅停留在允许生育二孩、三孩，而应瞄准青年人口生育焦虑对症下药，出台生育支持专项政策，帮助育龄群体将生育意愿有效转化为生育行为。建议重视青年的呼声，完善保障房制度，通过单位、个人、政府共济方式保障青年居者有其房；整治彩礼乱象，引领婚姻文化，保障青年人口适龄可婚配；深入教育改革，做到真减负，减轻青年人口子女教育压力；深化医疗制度改革，减轻家庭医疗负担；增加就业岗位和晋升机会，保障青年收入来源，激发工作热情；切实落实执行劳动法，保障劳动者享有的休息休假和劳动报酬权利；完善资本市场管理制度，保障青年人口共享发展红利；大力发展普惠性托育服务，减轻生育行为对青年工作和生活的负面影响等。

第二，积极应对人口老龄化必须充分适应人口结构的区域性差异，增强政策的协调性和包容性。一方面，老龄化进程的区域差异为我国应对人口老龄化提供了回旋空间。当前老龄化进程开始早的地区在人口老龄化的应对上先行先试，积累了宝贵的实践经验，老龄化进程晚的地区应对紧迫度低，尚有相对充分的准备时间。因此，建议建立不同地区人口老龄化应对经验的定期交流互鉴机制。充分发挥人口老龄化应对起步早且效果好的地区在养老服务模式、养老人才队伍建设、智能养老技术应用等方面的带动作用，帮助其他地区降低试错成本，提高应对效率，为深层次老龄社会的到来做好准备。另一方面，区域差异造成了我国应对人口老龄化的无形障碍，需要构建更加包容平等、统一有序的社会服务体系。区域差异造成的人口流动，几乎重塑了基于户籍人口的老龄化格局。人口迁入地的随迁老人难以享受迁入地的公共养老服务。同时，人口迁出地老年人留守、独居、空巢成为常态，家庭养老的主体责任难以发挥，老而无依的问题愈发普遍。因此，建议在政策上要弱化户籍限制，给随迁老年人同等享受迁入地基本公共养老服务的权利，解决随迁老年人问题；在总结试点地区经验基础上，全面推广长期护理保险制度，将更多老年人纳入保障范围，结合基本养老服务政策满足失能、独居、空巢等老年人的养老需求；做好职工基本养老保险全国统筹、推进职工基本医疗保险省级统筹。

第三，延缓和应对人口老龄化需要微观、中观和宏观层面共同行动。在微观层面，个人要不断学习实践，强健身体素质，提升个人可持续发展能力，不懈奋斗，提高个人和家庭收入，为家庭生育繁衍、增加养老储备打好物质基础；家庭需要做好照顾"一老一小"的分工协作，相互扶持，发挥家族传承功能的同时承担家庭养老责任。在中观层面，各地积极摸清人口数量变动和养老需求变动的底数基数，利用就近资源开展托育和居家、社区养老服务，按需布局育幼和养老服务资源，促进社会公共服务资源按需均衡配置。宣扬家族传承文化和孝道文化，营造鼓励生育和敬老孝亲的社会氛围，积极看待老年人的社会作用。在宏观层面，治理低生育率问题和落实积极应对人口老龄化国家战略都是决定国家前途命运的重大工程，国家在出台支持性政策的同时要配套必要的财政资金，确保政策出台后能够见到实效。这就要求我国必须提振经济发展活力，转变传统的财税结构，强化对资本利得和离境资产征税，涵养财税来源，增强财政对人口政策的支撑性和可持续性。此外，要做大做强县域经济、支持条件落后地区优先发展，促进经济发展更平衡、更协调，让更多的老年人子女能够就近就业，为家庭发挥养老主体作用创造条件。

老年人再寻伴侣公众态度研究

李佳[①]

一、研究背景

老龄化发展迅速，老年人口占比增多，2023年末，我国60岁及以上人口数达到2.97亿人，占总人口比例的21.1%，其中65岁及以上人口2.17亿人，占总人口比例的15.4%。2015年，我国1%人口抽样调查数据显示，65岁及以上老年人口中，丧偶、离婚的无配偶老年人比重均超过30%。2017年《中国人口和就业统计年鉴》显示，全国离婚/丧偶的老年人规模为4726万人，占65岁及以上老年人口的29.85%。虽然我国离婚/丧偶老年人占全部老年人的比例在不断下降，但其绝对数量呈现迅速增长的态势[②]。

老龄问题越来越受到政府部门、科研机构、学界高校以及社会的关注，而社会文化领域关于老年人婚姻问题的研究中，涉及离异/丧偶老年人再婚的研究比较少，探索老年人再婚的影响因素以及相关的质性研究也比较缺乏。

随着家庭核心化、社会观念的发展，老年人再婚现象越发普遍，再婚成为老年人追求人生幸福和生活质量的途径。但老年人再婚受到个体自身、家庭代际关系、社会文化等多种因素影响，最大的阻碍是

---

① 李佳，女，河北人。毕业于中国社会科学院大学，社会工作硕士研究生，现任职于中国社会科学研究中心老龄社会与文化研究所，主要研究领域：老龄社会工作、老龄社会文化等。

② 孙鹃娟.中国老年人的婚姻状况与变化趋势：基于第六次人口普查数据的分析[J].人口学刊，2015，37（4）：77-85.

家庭中子女的反对，因此也出现了很多老年人未领证而共同生活居住的现象，而老年人再婚后也存在婚姻质量不稳定、家庭中代际责任不明确、老年人双方权益难保障等问题。

二、文献综述

老年人精神需求是指内化于其内心，为排遣消极情绪感受，实现欢乐、充实和尊严而产生的物质需求，包括感情需求、娱乐需求、交往需求、求知需求和价值需求等几个方面，其中感情需求包括子女孝敬和配偶关爱两项内容[①]。老年期相较于其他年龄段更易发生负性事件[②]，容易产生孤独、失落等消极情绪，并带来抑郁、消沉等不良反应。感情需求作为精神需求中最核心的部分，得到满足能为老年人提供面对生活困境的动力和支持。

亲密关系存在于家人、好友之间，但最重要的仍存在于夫妻之间，随着关系发展多元化，未婚伴侣之间也有重要的亲密关系。因此，本文关注无配偶老年群体。夫妻或伴侣间相互依赖的亲密关系，可为老年人提供心理支持和力量，克服困难，舒缓焦虑、恐惧，有助于身心健康。

2015 年，我国 1% 人口抽样调查数据显示，65 岁及以上老年人口中，丧偶、离婚的无配偶老年人比重均超过 30%。老年人丧偶的情况越来越多。婚姻关系是影响个体身心健康和生活质量的重要因素，也是影响生活质量、幸福指数的关键，在照护生活起居和情感慰藉上发挥重要作用[③]。丧偶或离婚不仅对当事人的心理产生影响，重要关系的

---

① 明艳. 老年人精神需求"差序格局"[J]. 南方人口，2000（2）：56-61.
② 沈政. 老年心理学与老人精神健康[M]. 北京：北京大学出版社，1976.
③ 张现苓，陶涛. 中国老年人再婚态度及影响因素分析[J]. 人口学刊，2019，41（6）：19-29.

变动也会影响正常生活和身体健康、降低生活质量，其作为个人生命历程中的负面事件，带来了社会资源丧失和情感压力等。与一般老年人相比，处于居丧期的老年人死亡风险更高[1]。

老年群体中再婚的现象越来越常见。"老有所伴，老有所爱"作为老年人核心的精神需求之一[2]，老年人再婚的目的是追求更幸福的老年生活。再婚这种"搭伴养老"的模式一定程度上可降低老年人对子女的依赖，成为许多老年人追求幸福的合理选择[3]。在再婚的原因方面，老年人的个体特征（如年龄、受教育程度、宗教信仰、健康状况、户籍等）、婚姻观念、家庭代际关系、经济状况、社会关系网络等都会影响老年人对再婚的态度和决策[4]。其中，老年人再婚尤其受到家庭财产关系的制约和家庭代际关系的阻碍[5]。再婚的选择具有性别差异性，从社会性别角色与分工来看，由于我国家务劳动具有极强的女性化特征，男性老年人选择再婚主要是为了享受妻子的照料，以及得到精神的支持，而女性老年人再婚则为了改善生活。

婚姻的保护作用在横截面数据和面板数据中得到证实。结婚的人身体和心理更为健康、生活质量更高[6]，再婚会带来更大健康和

---

[1] BOYLE P J, FENG Z, RAAB G M. Does Widowhood Increase Mortality Risk? [J]. Epidemiology, 2011 (1): 1–5.

[2] 明艳. 老年人精神需求"差序格局"[J]. 南方人口，2000（2）：56–61.

[3] 杜鹏，殷波. 两代人对老年人再婚态度的实证分析[J]. 人口研究，2004（4）：37–42.

[4] TALBOTT M M. Older Widows' Attitudes Towards Men and Remarriage [J]. Journal of Aging Studies, 1998 (4): 429–449; MEHTA K K. Perceptions of Remarriage by Widowed People in Singapore [J]. Ageing International, 2002 (4): 93–107.

[5] 姜向群. "搭伴养老"现象与老年人再婚难问题[J]. 人口研究，2004，28（3）：94–96.

[6] SOULSBY L K, BENNETT K M. Marriage and Psychological Wellbeing: The Role of Social Support [J]. Psychology, 2015, 6 (11): 1349–1359.

经济福利的收益[①]，在适应新生活和改善身心健康与生活质量上也有所帮助[②]。

三、研究结果

（一）调查问卷介绍及问卷对象的基本情况

本次调查为线上问卷调查，以滚雪球的方式来寻找调查对象，由于本调查旨在探求调查对象的婚姻态度，调查对象为18岁以上群体，由中国老龄科学研究中心社会与文化所实施。问卷内容有三大部分。首先为调查对象的基本情况：性别、年龄、户口类型、受教育程度、婚姻状况、现在或退休前的职业；其次为调查对象的态度呈现：询问对无配偶老年人再寻伴侣的态度、对无配偶老年人不婚同居的态度及支持或反对的理由、对无配偶老年人寻找伴侣后财产管理的态度、老年人权益保障法中保护老年人再婚的知晓情况；最后进一步探析大众认为的老年人再寻伴侣的原因：包括身边是否有无配偶老年人再寻伴侣、不同性别老年人再寻伴侣的原因、不同性别老年人再寻伴侣时受到的阻碍、子女态度对老年人再寻伴侣的影响程度、无配偶老年人满意的生活方式等。

本次共调查了18岁及以上人群336人，其中男性130人，女性206人，女性偏多。分年龄段来看，18~29岁84人，30~39岁41人，40~49岁41人，50~59岁83人，60~69岁59人，70~79岁26人，80岁以上2人（见图12.1）。

[①] WAITEL J, GALLAGHE R M. The Case for Marriage: Why Married People are Happier, Healthier, and Better off Financially [M]. NY: Doubleday, 2001: 47–78.

[②] KALMIJINM M. Gender Differences in the Effects of Divorce, Widowhood and Remarriage on Intergenerational Support: Does Marriage Protect Fathers? [J]. Social Forces, 2007, 85 (3): 1079–1104.

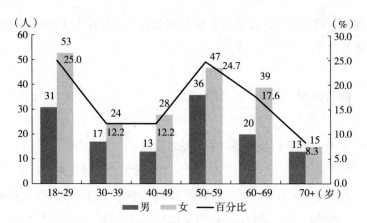

图12.1 调查对象年龄性别情况

资料来源:"无配偶老人再寻伴侣研究"问卷调查。

从调查对象的婚姻状况(见图12.2)来看,18~29岁群体多数(88.1%)是未婚,少数人(1.2%)是同居状态;从30岁开始大多数人都是已婚状态,并且从30岁开始,出现了离异的情况;60岁之后

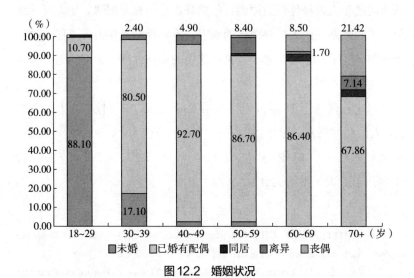

图12.2 婚姻状况

资料来源:"无配偶老人再寻伴侣研究"问卷调查。

丧偶的占比显著增加，在50~59岁被调查者中，丧偶的仅占1.2%，而60~69岁的被调查者中丧偶的占8.5%，在70岁以上被调查者中丧偶的比例达到了21.4%，可见，在步入老年期之后，随着年龄的增长，丧偶的比例在显著增加。

调查对象中城市居民较多。城市居民占72.3%，农村居民占26.2%，户口类型为其他的有5人，占1.5%（见图12.3）；整体的受教育程度偏高，近七成人接受过大学专科及以上教育（见图12.4）。

因此，本调查主要反映了城市中受教育程度偏高群体的态度和看法，并且调查对象中女性占比偏高。

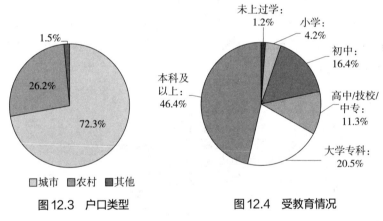

图12.3　户口类型　　　　　图12.4　受教育情况

资料来源："无配偶老人再寻伴侣研究"问卷调查。　　资料来源："无配偶老人再寻伴侣研究"问卷调查。

（二）研究结果

1.老年人再寻伴侣现象及受阻因素

本次调查结果显示，无配偶老年人再寻伴侣的情况比较常见，并且多数老年人在再寻伴侣的过程中受到了各种因素的阻碍。

被调查者中，63.7%的人表示"身边有过无配偶老年人再次寻找伴侣的情况"。其中，表示身边老年人在再次寻找伴侣的过程中"受到了阻碍"的占73.8%。

问卷进一步询问了无配偶的男性老年人和女性老年人在寻找伴侣时分别面临的阻碍因素。由图12.5我们发现，两性群体面临的阻碍有差异。男性老年人面临排在前三位的阻碍有：子女担心家庭财产被别人分走（63.1%）、担心家庭关系变复杂（49.7%）、经济条件不佳（40.5%）；女性老年人面临排在前三位的阻碍有：老年人自身受传统观念的束缚（53.9%）、担心家庭关系变复杂（52.7%）、子女等家人担心外界议论说闲话（44.3%）。可见，相较于女性老年人，经济因素对男性老年人再寻伴侣影响较大，在经济条件好的情况下担心家庭财产被不合理分走，而在自身经济条件不好时，也很难再次找到伴侣；女性老年人主要面临传统观念束缚和社会压力的阻碍，更多的是社会文化层面的原因。

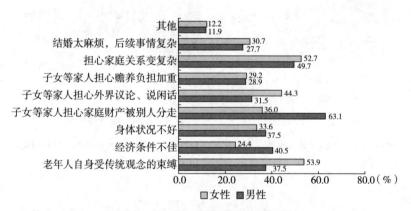

图12.5 老年人再寻伴侣受阻原因

资料来源："无配偶老人再寻伴侣研究"问卷调查。

家庭内部亲密关系的处理对两性的影响都很大：老年人再寻伴侣后，新家庭成员的进入导致家庭关系发生改变，面临复杂的家庭代际关系、代际责任模糊，双方家庭如何相处问题是双方比较担心的。

2. 对无配偶老年人再寻伴侣的态度

以往研究多关注老年人再婚行为,而现在"搭伴养老"这种未领证但居住在一起的现象,在老年人群中越来越多。本次研究分别询问了调查对象对"老年人再寻伴侣"和"老年人未领证生活居住在一起"的态度,人们对两者的态度有较大差异。66.1%的人支持老年人再寻伴侣,反对的人占3%;但对老年人未领证而一起居住的行为,支持的人占30.7%,54.8%的人持保守的中立态度。

可见,目前人们对无配偶老人再婚或再寻伴侣行为的接纳度较高,多数人能尊重老年人意愿,支持老年人再寻伴侣。而大众对老年人"未婚同居"的态度则比较模糊,多数人保守地选择了中立态度,这意味着在双方老人达成一致的情况下,双方的权益、利弊等需要老人自己把握,来对此事斟酌决策,但也可以看到的是,支持老年人未领证居住在一起的人达到了30.7%(见图12.6)。

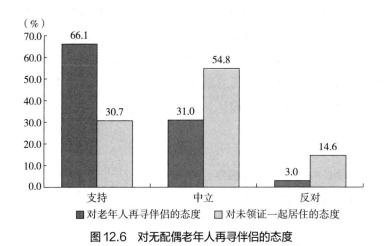

图12.6 对无配偶老年人再寻伴侣的态度

资料来源:"无配偶老人再寻伴侣研究"问卷调查。

3. 赞同或反对"未领证一起居住"的理由

在询问对无配偶老年人未领证而居住在一起的态度后,我们进一步询问了赞同或反对的理由，请被调查者在选项中选择出最重要的三项。

被调查者中，赞同老年人"未领证居住在一起"的有30.7%，在这些人中，认为"避免了赡养和财产继承等纠纷"的占19.6%，认为"不领证自由，不合适就分手"的占19.0%，认为"老年人没必要领证，重要的是一起生活"的占18.7%（见图12.7）。

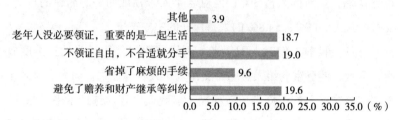

图12.7 赞同老年人未领证一起居住的理由

资料来源："无配偶老人再寻伴侣研究"问卷调查。

对老年人未领证居住在一起，调查者中持反对态度的占14.6%，其中认为"不符合法律规范"的占10.4%，认为"不领证无法保障权益"的占10.1%，认为"不符合道德规范"的占7.4%（见图12.8）。由此看来，大家担忧和顾虑的地方主要在合法性与权益保障方面，也侧面说明了缺失保障未婚同居老年人合法权益的法律法规。

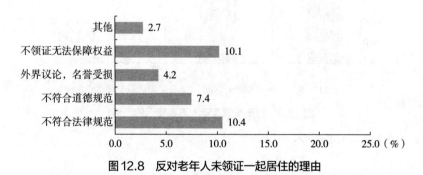

图12.8 反对老年人未领证一起居住的理由

资料来源："无配偶老人再寻伴侣研究"问卷调查。

4. 无配偶老年人再寻伴侣的原因

调查问卷中分别询问了被调查者认为男性和女性老年人再寻伴侣的原因，被调查者可选择认为最重要的三个因素。本次调查发现再寻伴侣的原因有性别差异，"一个人生活太孤独，想找个伴儿"是最重要的因素，达到81.8%。被调查者认为男性老年人再寻伴侣的原因还有"需要人照顾生活起居"，达到59.5%；"子女不在身边，找人照顾自己"，达到50.3%。而调查者认为女性老年人再寻伴侣的原因，"精神心理需求，感情需要"为第二，达到58.9%；最后是"子女不在身边，找人照顾自己"，达到44.5%（见图12.9）。

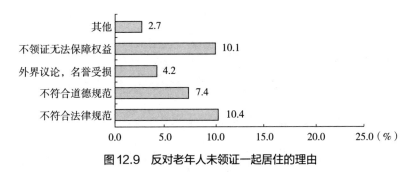

图12.9 反对老年人未领证一起居住的理由

资料来源："无配偶老人再寻伴侣研究"问卷调查。

这样来看，男性老年人在寻找伴侣时更多出于陪伴照护需求，对伴侣精神心理方面的要求则较少，而女性老年人在寻找伴侣时注重对方给予的精神心理关怀，更多是情感层面的需求。也需要注意的是，"经济不佳，互助养老"因素在男女双方再寻伴侣时起到的作用差别显著，这表明女性老年人会出于经济压力而去再寻伴侣，同时也会对男性老年人提出经济层面的隐性要求。这也回应了前文提到的老年人再寻伴侣的受阻因素部分，对于男性老年人来说，"经济条件不佳"达到了40.5%，而女性则是24.4%。

5. 对老年人再寻伴侣后财产管理的态度

无配偶老年人在再寻伴侣过程中,对于财产的管理问题,被调查者中21.1%的人认为应该"去财产公证处做公证",25.9%的人认为应该"老人各自管理自己的财产",3.3%的人认为应该"分别交给各自的子女管理",8.6%的人认为应该"老人双方共同管理",36.3%的人认为应该"由老人自己协商管理"(见图12.10)。可见,本次调查对象中多数人认为老年人对自身财产有自主性,认同老年人对自身财产的管理权。

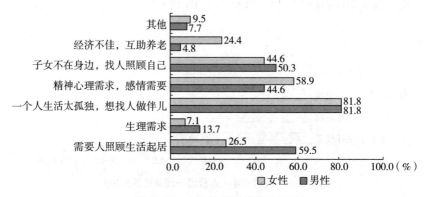

图12.10 老年人再寻伴侣的原因

资料来源:"无配偶老人再寻伴侣研究"问卷调查。

同时,本次调查中有41.4%的人表示知晓《老年人权益保障法》中保护老年人再婚的法律规定。

四、结论发现

(一)老年人自主意识增强

本次调查对象55岁以上的人中,支持无配偶老年人"再寻伴侣"的占65%,反对的有5.1%;而55岁以下的人中,支持的为66.7%,

反对的为1.8%。非老年群体和老年群体对无配偶老年人"再寻伴侣"的支持度相差不大，但老年群体中有更大比例的人反对无配偶老年人再寻伴侣。55岁以上的被调查者中，支持"未领证一起居住"的占36.8%，反对的有12.8%；55岁以下的被调查者中，支持的占27.4%，反对的占15.5%（见图12.11）。

对比可以得出，对于"再寻伴侣"问题，被调查者中的老年群体和非老年群体的接受度是相同的，但老年群体中反对的比例略高。而对"未领证一起居住"问题，老年群体表现出了更高的接纳度，非老年群体绝大多数选择中立，老年群体则更加支持，对"未领证一起居住"这样的非正式关系更包容，不仅支持的比例高出近10个百分点，反对此行为的比例也更低，即老年群体更反对再寻伴侣或者说再婚，但是对未领证一起居住的行为却接纳度更高。

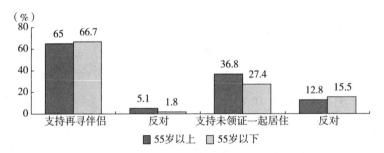

图12.11 老年群体与非老年群体对老年人再寻伴侣的态度

资料来源："无配偶老人再寻伴侣研究"问卷调查。

结合观察55岁以上的老年群体，支持"未领证一起居住"的理由，"不领证自由，不合适就分手"占25.6%，"避免了赡养和财产继承等纠纷"占24.8%，"老年人没必要领证，重要的是一起生活"占23.9%。

老年人选择不领证主要出于分合方便，更加注重实际的生活，婚姻经历、人生历程是否是这一结果的影响因素，其背后的形成机理需要进一步探索。而年轻群体对"未领证一起居住"支持度更低,表现出其在现代化社会发展下的契约法制精神,在婚姻家庭观上注重用法律条约来保障自身权益。

(二)代际间缺少有效沟通

现代化家庭的核心化发展,导致家庭的生产、经济、生育、教育等功能在不断社会化,因此产生托育所、学校、养老院等机构,也引发了社会化抚养问题的讨论。家庭中传统的权力中心发生转移,多代共居的家庭模式发生转变、代际关系失衡,城镇化发展和社会产业模式致使很多劳动群体不能留乡,面临工作与孝老两难的选择,代际向上反哺在现代社会中失效。在社会发展模式更现代化、家庭变迁、代际关系转变的多因素驱使下,再婚或者不领证一起居住,对无配偶老年人来说,不论是从经济还是心理需求考虑,都不失为一种最佳的生活或养老方式。

第一,从"子女的态度对老人再寻伴侣的影响"来看,被调查者中认为"影响很大"的占59.8%,认为"影响一般"的占29.5%,认为"影响不大"的占10.7%。第二,从被调查者认为的"无配偶老年人满意的生活方式"来看,被调查者中,老年群体和非老年群体的差异较大,两个群体中选择"和再找的伴侣一起居住"均是最高,分别为39.3%、35.2%。但在老年群体中,排第二的是"自己独自居住",占28.2%,最后是"和子女或其他家人共同居住",为15.4%;而在非老年群体中,排第二的是"和子女或其他家人共同居住",并且占到了32.9%,和排第一的选择相当接近,最后才是"自己独自居住",占18.3%(见图12.12)。

从以上两个问题来看,子代与父代在再寻伴侣问题上并不能达成一致,子女的态度对老年人再寻伴侣的影响极大,且多是负面影响,出于经济财产、家庭关系、赡养责任等方面考虑阻止老年人再寻伴侣。两代人之间更需要沟通和相互理解，对居住方式看法的不同或许可以解释两代人在此问题上的不一致。老年群体认为，无配偶老人最满意的生活方式是"和再寻找的伴侣共同居住"，这是家庭的重新建立，是正常生活的回归。其次是"自己独自居住"，这可能意味着，在无配偶老人不能寻找伴侣的情况下，他们会优先选择自己居住，不希望去子女家寻求经济或物质上的支持。但子女的想法并不同，非老年群体把"和子女或其他家人一起居住"排在老年人独居之前，其背后的考虑可能是，若老人在独身状态仍让其独自居住，一方面，出于对父母的爱，不会对其放任不管，要不然有遗弃的意味，另一方面，外界看来会显得子女没有孝心，没有尽到养老责任。

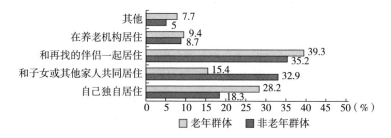

图12.12 被调查者认为无配偶老年人满意的生活方式

资料来源："无配偶老人再寻伴侣研究"问卷调查。

代际之间类似的冲突，在老年人与其子女之间、成年父母与其孩子之间不断上演，掌握主动权的一代会以为对方考虑的心态来做事，为对方做决定，却忽视了对方内心的想法和意愿，忽视了对方作为独立个体的存在。因此家庭中的代际沟通尤为重要，在思想、观念上的交流会促使一代人去了解另一代人，用更好的方式去表达爱意，用更科学的行为方式去参与代际互动。

(三)社会价值观念的代际变迁

老年群体相较于年轻群体,对"老年人未领证一起居住"行为更加包容,因为注重的是双方实际生活,而年轻群体反对主要是出于法制意识考虑,双方权益无法得到保障。可见,一方注重实际生活的务实性,另一方注重法理的严肃性。

对于"老年人未领证一起居住",男性中有27.7%的人支持,女性中有32.5%的人支持。城镇被调查者中支持的占30.5%,农村被调查者中支持的占29.5%,城乡差异不大。初中及以下教育程度的被调查者对"老年人未领证一起居住"支持度更高,高中及以上教育程度的被调查者的支持度相比来说更低(见图12.13)。

从整个年龄段来看,非老年群体对"老年人未领证一起居住"的支持度要低于老年人,同时反对比例也比老年人更高,非老年群体更不看好老年人组建这样的非正式关系。第一,结合年轻群体反对的理由,认为"不符合法律规范"的占12.3%,认为"不领证无法保障权益"的占11%。第二,在无配偶老年人财产管理问题上,非老年群体中,选择财产公证的比例超过"交给各自子女保管"。

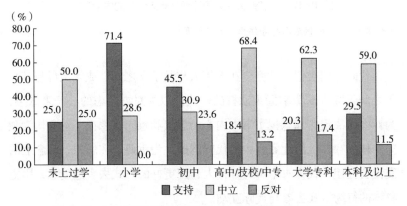

图12.13 不同受教育程度对老年人未领证共同生活居住的态度

资料来源:"无配偶老人再寻伴侣研究"问卷调查。

可见，在非老年群体的婚姻观中，更注重结婚证的法律效力，更注重法律规则对双方权益的保护作用。

两性关系是人与人之间最根本的、最自然的关系①。在归属需求的驱动下，我们会寻找那些能够为我们提供稳定情感支持和包容的个体，并想要和他们建立和维持亲密的关系②。

发生在年轻人当中的"未婚同居"行为，经历了从文化制裁到文化许可的过程③。而再婚，尤其老年人再婚行为，在一定程度上显示了社会的开放程度与家庭文化观念的转变。以往对青年群体"未婚同居"动机倾向的研究，给出了以情欲吸引或居住便利为主要目的的工具主义，崇尚爱情的理想主义和以结婚为目的的规范主义④。而在"老年人的未领证共同生活"居住行为中，工具主义动机则是寻求生活照护和搭伴养老，这也成为老年人再寻伴侣的主要动机。

五、措施建议

（一）引导营造老龄友好的社会氛围

中国家庭形态的现代化转型，使得结构上更加核心化、规模上更加小型化，其与社会变迁方向一致，适应现代社会的工业化发展和市场经济。人口模式的变化，老龄化不断发展，无配偶老年人规模增大，且无配偶老年人中性别不平衡的问题会越发突出。家庭功能不断弱化，代际向上支持减少。老年人通过婚恋和非正式关系再组家庭寻

---

① 卡尔·马克思.1884年经济学哲学手稿［M］.马克思恩格斯全集：第42卷.北京：人民出版社，1979：119.

② 隗晶林,王希华.成人亲密关系质量的影响因素研究综述［J］.漳州师范学院学校（哲学社会科学版），2012（2），119-123.

③ 赵璐.未婚同居：当代都市流动青年的亲密关系实践［J］.宁夏社会科学，2018（2），123-129.

④ 同③

求工具性支持或感情支持的现象将会越发普遍。

社会应引导树立正确敬老孝老观念，尊重老人意愿，认可老年人"老有所伴，老有所爱"的需求，营造更加包容的社会舆论环境，建构全龄友好社会。关注无配偶老年人的精神心理健康，引导家庭代际间有效沟通，倡导和谐、相互理解的有爱家庭。同时，也应提醒老年人慎重对待再婚问题，树立正确婚姻价值观。

（二）完善法律法规，保障无配偶老年人财产权益

2001年修订的《婚姻法》认为，"非法同居"为"有配偶者与他人同居"，不包括未婚同居，事实婚姻在法律上仍是被承认的。1994年民政部颁布的《婚姻登记管理条例》，不再承认事实婚姻，即符合结婚的实质条件，但未办理结婚登记即以夫妻名义同居生活的，为非法同居。同时《婚姻法》明确解释：非婚同居当事人就有关人身关系方面的问题不享有诉讼的权利，即双方不具有合法的权利义务关系。新颁布的《民法典》中规定：同居期间所得的财产，由当事人协议处理；协议不成的，由人民法院根据照顾无过错方的原则判决。

老年群体中非婚同居中的利益纠纷更为复杂，涉及赡养义务分配、家庭财产继承等。因此，对非婚同居的无配偶老年人权益的保障，应以同居协议的形式来实行。主要包含两方面。第一，认可同居双方的人身关系，授予日常生活代理权。同居的老年人一般注重双方在一起生活，丧偶的老年人出于对原配偶和子女的考虑而不想再和新伴侣领结婚证，对方的照护功能、日常生活处理功能是老年人所看重的，因此有必要授予同居老年人作为双方监护人、事务代理人的权利。第二，财产约定。老年人有财产的自主决定权，双方应对各自同居前财产、同居期间所得财产、共同劳动或投资经营所得财产有所约定。而在双方无约定的情况下，同居老年人虽不像合法配偶一样有继承权，但应考虑遗嘱继承权、受赠予权，特别情况下应考虑无住所老

年人的房屋居住权。此种情况适合搭伴养老的老年人,一方在共同生活期间承担生活起居照料、生病期间护理照料等生活重任,在法治社会和倡导老龄友好的社会氛围下,应酌情考虑保护事实婚姻中付出方的合法权益,更何况法治对象为弱势群体的老年人。

(三) 关注独身老年人的生活质量

婚姻生活是生活幸福、精神愉快的重要影响因素。无配偶老年人相比有偶老年人生活质量更低、健康水平更低及预期寿命更短。无配偶老年人不仅面对经济层面上的困难,精神心理支持力量也更薄弱,缺少陪伴、无人照护,更容易由孤独感诱发多种疾病,生活满意度更低,无配偶老年人患抑郁症的概率或自杀率高于其他老年人。

无配偶老年人再婚或再寻伴侣,不仅涉及婚姻问题,还是一种有效且经济的解决养老困难、满足照护需求和精神心理需求的方式,非婚同居成为面对社会舆论、家庭代际压力之下的一种妥协。因此,老年人再婚问题之所以是经济问题、社会问题,一是因为需要从解决无配偶老年人养老问题入手。搭伴养老现象的产生,需要在强化家庭养老功能的同时,结合政府社会化赡养。二是因为独身老人照护需求的满足。多数老年人再寻伴侣的目的是找人照顾自己,根源在于照护服务缺失。照护服务专业化、福利化还有很长的路要走。

老年人家庭生活水平测量研究

李佳

一、研究背景

第七次全国人口普查数据显示,我国60周岁及以上人口为264 018 766人,占总人口的18.70%,其中65周岁及以上人口为190 635 280人,占总人口的13.50%。共同富裕是中国式现代化的重要特征,始终秉持以人民为中心的发展思想,人民对美好生活的向往是党和国家不懈努力的奋斗目标。

在中国特色社会主义进入新时代,完成了脱贫攻坚,全面建成了小康社会,实现了第一个百年奋斗目标的进程中,仍存在发展不平衡不充分的问题,城乡区域发展和收入分配差距仍然显著,尤其是在医疗、养老、住房等方面。中国式现代化是全体人民共同富裕的现代化,老年人群体是不可忽视、不可抛弃的重要群体;中国式现代化是物质文明和精神文明相协调的现代化,老年人的物质生活水平需要得到保障,精神文化生活同样需要受到关注,满足老年人的精神慰藉需求,实现他们物质富有、精神富足的生活是我们追求的目标;中国式现代化的成果应由全体人民共享,老年人参与社会、融入数字生活,共享数字发展便利是生活质量提升的体现。

二、文献回顾

关于老年人口生活质量的研究,有学者将其分解为三个核心方面[1]，分别是物质生活、健康水平和文化水平，具体指标包括月人均消费支出、消费支出构成（恩格尔系数）、拥有1间单独住房的比例、人口余寿（即60岁及以上老年人平均预期寿命）、自评健康率、识字率和平均受教育年限。杜鹏程等人[2]在研究老年人美好生活水平时，使用了中国家庭追踪调查（China Family Panel Studies，CFPS），将生活水平分为三大需要：生存需要、社会需要以及心理需要。其中，生存需要包括经济状况和健康水平，具体指标为家庭人均收入和自评健康；社会需要包括社会支持、医疗条件和代际关系，具体指标为医疗支持、对看病条件的满意度、对当地医疗水平的评价、同子女的关系；心理需要包括主观幸福感和生活满意度，具体指标为幸福感得分和生活满意度评价。郑婵娇等人[3]在研究老年人生活状况时，从一般情况和身体健康情况两个方面进行衡量，一般情况包括生活条件和经济条件，身体健康情况包括自评身体健康、慢性病患病率以及心理健康的幸福感。陈星宇[4]对农村空巢老人生活状况的研究从四个维度进行测量：一是生活的料理，包括经济供养和生活照料，对应的指标为主要经济来源和老人生活的主要照料人员；二是医疗保健情况，包括健康状况的自我评估、病情处理情况；三是医疗卫生保障，测量指标为是否参加农村医保、医疗费用主要承担者；四是综合指标的评价，包括是否感到家庭关系融洽、对子女生活照顾的满意度、社

---

[1] 潘祖光，王瑞梓.中国老年人口生活质量研究［J］.人口研究，1995，19（3）：34-40.

[2] 杜鹏程，陈晶晶，洪宇.多孙是否多福？——家庭孙辈数量对老年人美好生活水平的影响研究［J］.南方人口，2023，38（3）：1-15.

[3] 郑婵娇，张冬莹，黄翔，等.中山市老年人生活状况、家庭支持及日常生活能力及其影响因素［J］.中国老年学杂志，2016，36（23）：5984-5985.

[4] 陈星宇.农村空巢老人生活状况和政策建议——基于厦门市的调查［J］.前沿，2009（7）：138-141.

会的适应性。赵芳等人[①]在研究城市空巢老人生活状况时,从经济状况与支持、日常生活照料、精神慰藉三个维度测量,指标包括经济来源、收支平衡(支付结余情况)、日常生活十件事(吃饭穿衣、洗澡、上厕所、买菜、做饭、打扫卫生、洗衣、管理财物、购买日常用品、去医院看病遇到困难时的帮助者),与子女的关系(联系方式,联系频率),有烦恼时首先向谁倾诉,与朋友来往以及社会活动参与情况。阳义南等人[②]提出老年人"美好生活"指数(BLI-E)包括生存指数、安全指数、享受指数三个一级指数,其中生存指数包括生活状况(life)、经济水平(economy)、健康状况(health)三个二级指标,测量题目为生活现状自评、当地生活比较、健康自评。安全指数包括恐惧感(fear)、孤独感(lonely)、无用感(useless)三个二级指标。享受指数包括读书看报(read)、电视广播(watch)、种花养草(garden)三个二级指标,选取的测量题目均为1~5分。

以上研究者对老年人生活质量的衡量主要包括以下方面:物质经济状况、健康状况、精神心理情况,其中物质经济状况主要为老年人的经济条件,具体测量指标包括人均收入、是否拥有自有住房、退休单位等,精神心理健康方面的测量指标为幸福感、孤独感、家庭子女关系、社会交往情况、社会活动情况等。有研究者注意到老年人自我价值实现对精神满足的重要性,将精神满足也列为生活质量的重要部分。本文在衡量老年人基本生活状况的基础上,将精神慰藉情况纳入衡量体系,同时加入了能直接体现老年人生活困难的测量指标,因为生活中遇到的难以解决的困难不仅客观上影响生活质量,也造成了生活困难感,对此产生的畏难情绪使老年人切断与外界的联系,无法融

---

① 赵芳,许芸.城市空巢老人生活状况和社会支持体系分析[J].南京师大学报(社会科学版),2003(3):61-67.
② 阳义南,杜妍冬.老年人"美好生活"水平测度与政策洞见——基于主成分分析的三指数模型[J].社会保障研究,2020(3):3-13.

入社会。综上，本文从经济生活、精神需求、网络参与情况、生活中遇到的困难四方面来衡量老年人的家庭生活水平，基本覆盖生活各维度情况，全面反映老年人的生活水平。

三、数据与变量说明

（一）数据来源

"中国社会状况综合调查"（Chinese Social Survey，CSS）是由中国社会科学院社会学研究所于2005年发起的一项全国范围内的大型连续性抽样调查项目。该项目旨在通过对中国公众的劳动就业、家庭及社会生活、社会态度等方面的长期纵向调查，获取转型时期中国社会变迁的数据资料，从而为社会科学研究和政府决策提供翔实而科学的基础信息。该调查每两年进行一次，采用概率抽样的入户访问方式，调查区域覆盖全国31个省（自治区、直辖市），包括151个区市县，604个村/居委会，每次调查访问7000~10 000个家庭。

CSS2021是CSS开展的第八期调查，其研究主题是"社会质量与现代化"，调查内容涵盖家庭、就业、经济状况、生活状况、社会保障、社会价值观和社会评价、社会参与和政治参与、志愿服务等各个模块。CSS2021完成了覆盖全国30个省（自治区、直辖市）592个村居的入户调查工作，收集了10 136份合格调查问卷。

虽然本数据缺少直接衡量被访者健康状况的变量，但它可以综合测量受访者的整体生活质量，在衡量受访者生活现代化方面具有优势，并且在"生活中遇到的问题"部分可体现受访者的健康医疗情况，因此选择此数据。

（二）变量

老年人家庭的生活水平主要从以下四个维度衡量：一是社会经济

状况；二是精神需求；三是网络参与；四是生活困难。共有4个一级指标，10个二级指标。参考现有文献所选取的指标并结合老年人家庭生活的实际情况，根据多层次、相互独立及数据可获得性原则设计了老年人家庭生活水平指标体系。本指标体系由三级指标构成：一级指标为老年人家庭生活水平，是一个家庭中老年人生活质量和状况的综合体现；二级指标包括经济生活、精神需求满足、网络参与、生活困难；根据二级指标的含义选取了10个三级指标（见表13.1）。本文所设置的指标均采取正向评分的形式。

1. 社会经济状况

老年人的社会经济地位包括社会经济地位自评、生活水平自评和主要生活来源三个方面。

（1）社会经济地位自评：问卷询问被访者"您认为目前您本人的社会经济地位在本地大体属于哪个层次？"选项包括"下层、中下层、中上层、中层、上层"，分别对应1~5分。

（2）生活水平自评：问卷询问被访者"与以下人群的平均生活水平相比，您觉得自己的生活水平如何？"涉及人群包括亲戚、教育程度相同的同学、同事，选项为"差很多、差一些、差不多、好一些、好很多"，分别对应1~5分。

（3）主要生活来源：本项旨在综合考量老年人自身的经济状况以及家人所能提供的经济支持情况。问卷询问被访者"您本人目前最主要的生活来源是什么？（单选）"。选择"离退休金、养老金"和"炒股、存款利息、房租等财产性收入"的记为5分，选择"本人工资、劳动收入"的记为4分，选择"靠其他家庭成员供养"的记为3分，选择"其他"的记为2分，选择"政府提供的最低生活保证金"和"失业保险"的记为1分。

表13.1 老年人家庭生活水平

一级指标	二级指标	三级指标
老年人家庭生活水平	社会经济状况	社会经济地位自评 X_{11} 生活水平自评 X_{12} 主要生活来源 X_{13}
老年人家庭生活水平	精神需求	家庭关系满意度 X_{41} 休闲娱乐满意度 X_{42} 社交生活满意度 X_{43}
	网络参与	互联网使用 X_{31} 网络社交 X_{32}
	生活困难	生活问题 X_{21} 就医问题 X_{22}

资料来源：青年基础科研"老年人家庭生活水平测量"分析数据。

2. 精神需求

老年人精神需求的满足情况，从家庭关系满意度、休闲娱乐满意度和社交生活满意度来衡量。

（1）家庭关系满意度：问卷询问被访者对家庭关系的满意程度，原选项为1~10分，表示非常不满意到非常满意，将其重新记为1~5分，分数越高代表越满意。

（2）休闲娱乐满意度：问卷询问被访者对休闲/娱乐/文化活动的满意程度，原选项为1~10分，表示非常不满意到非常满意，重新赋值为1~5分，分数越高代表越满意。

（3）社交满意度：问卷询问被访者对社交生活的满意程度，原选项为1~10分，表示非常不满意到非常满意，重新赋值为1~5分，分数越高代表越满意。

3. 网络参与

老年人的网络参与情况主要从互联网使用和网络社交来衡量。

（1）互联网使用：问卷询问了受访者7项网上活动的频率，包括浏览时政信息、娱乐、休闲、聊天交友等。频次选项为：一年几次、一月至少一次、一周至少一次、一周多次、几乎每天，分别记为 1~5 分，将 7 项得分平均。

（2）网络社交：问卷询问"近 2 年来，您加入了以下哪些网上社交群/圈？"选择包括亲戚之间的社交群、朋友之间的社交群、邻居之间的社交群等，共 12 项。将未参加任何一项的记为 1 分，参加 1~2 项的记为 2 分，参加 3~4 项的记为 3 分，参加 5~6 项记为 4 分，参加 7 项及以上的记为 5 分。

4. 生活困难

老年人的生活困难主要从生活问题和就医问题来衡量。

（1）生活问题：问卷询问"在过去 12 个月中，您或您的家庭遇到下列哪些生活方面的问题？"共有 12 个选项：住房条件差，长期得不到改善；子女教育费用高，难以承受；养育子女负担过重；家庭关系不和；医疗支出大，难以承受；等等。将"没有这些生活方面的问题"的记为 5 分，将有 1~3 项生活问题的记为 4 分，将有 4~6 项生活问题的记为 3 分，将有 7~9 项生活问题的记为 2 分，将有 10 项及以上生活问题的记为 1 分。

（2）就医问题：问卷询问"您最近一次看病就医时，是否有下列问题？"选项包括到诊所/医院太远、看病或手术预约时间太长、排队候诊时间太长、医疗费用太贵、医疗水平太低等五个方面。将回答"非常严重"的记为 1 分，回答"比较严重"的记为 2 分，回答"不好说"的记为 3 分，回答"不太严重"的记为 4 分，回答"无此问题"的记为 5 分，5 项得分求均值作为最终得分。

（三）模型

衡量老年人家庭生活水平需要合理确定各项指标的权重，为确保客观性和确定性，本文使用主成分分析法（Principal Components Analysis，

PCA）。PCA是一种利用"降维"思想，通过研究指标体系的内在结构关系，把多指标转化成少数几个相互独立且包含原有指标大部分信息的综合指标的多元统计方法[①]。其权数的确定不受主观因素影响，完全基于数据分析，综合指标（主成分）之间彼此独立。

模型如下：

$$F_1 = \mu_{11}ZX_1 + \mu_{12}ZX_2 + ... + \mu_{1p}ZX_p$$
$$F_2 = \mu_{21}ZX_1 + \mu_{22}ZX_2 + ... + \mu_{2p}ZX_p$$
$$F_3 = \mu_{31}ZX_1 + \mu_{32}ZX_2 + ... + \mu_{3p}ZX_p$$
$$F_4 = \mu_{41}ZX_1 + \mu_{42}ZX_2 + ... + \mu_{4p}ZX_p$$

根据各主成分的方差贡献率计算各主成分得分，老年人的家庭生活水平如下：

$$Z = \lambda_1 F_1 + \lambda_2 F_2 + \lambda_3 F_3 + \lambda_4 F_4$$

四、结果与分析

（一）主成分模型估计

为检验各个指标之间是否有足够的相关性构建主成分，分别进行KMO检验和Bartlett检验[②]。由表13.2可知，KMO值为0.682，超过最低可接受水平0.5，根据Kaiser给出的度量KMO的标准可知，问卷题项适合做因子分析。巴特利特球形检验的显著性水平小于0.05，在显著性水平下拒绝原假设，认为相关系数矩阵与单位矩阵存在显著差异，观测变量适合做主成分分析。

[①] 张亮，赵雪雁，张胜武，等.安徽城市居民生活质量评价及其空间格局分析[J].经济地理，2014（4）：84–90.
[②] 刘双艳，张晓林.中国农村居民生活质量评价[J].经济问题，2018（10）：90–93.

表 13.2　KMO 和 Bartlett 的检验

KMO 取样适切性量数		0.682
巴特利特球形度检验	近似卡方	738.486
	自由度	45
	显著性	0.000

资料来源：青年基础科研"老年人家庭生活水平测量"分析数据。

由表 13.3 可知，基于特征值大于 1 的原则，提取 4 个因子，保留前 4 个主成分，方差贡献率分别为：25.676%、13.717%、12.122%、10.427%，前 4 个主成分的方差占所有主成分方差的 61.943%，可接受。总的来看，原有问卷题项的信息丢失较少，因子分析的效果较理想，具有一定的研究意义。

使用凯撒正态化最大方差法进行旋转后的结果见表 13.4，表明 4 个主成分在各指标上的载荷情况，主成分的含义也变得更加清晰。在第一主成分中，社会经济地位自评、生活水平自评、主要生活来源以及生活问题载荷系数远大于其他指标，即第一主成分主要体现老年人社会经济状况。第二主成分中休闲娱乐满意度、社交生活满意度和家庭关系满意度载荷系数较大，主要体现精神文化需求满足情况。第三主成分中网络社交和互联网使用载荷系数远大于其他指标，主要体现老年人的网络参与。第四主成分中生活问题和就医问题载荷系数较高，主要体现老年人的生活困难。

表 13.3　总方差解释

成分	初始特征值			提取载荷平方和			旋转载荷平方和		
	总计	方差百分比（%）	累积（%）	总计	方差百分比（%）	累积（%）	总计	方差百分比（%）	累积（%）
1	2.568	25.676	25.676	2.568	25.676	25.676	1.680	16.799	16.799
2	1.372	13.717	39.394	1.372	13.717	39.394	1.654	16.541	33.340
3	1.212	12.122	51.515	1.212	12.122	51.515	1.635	16.346	49.686

续表

成分	初始特征值			提取载荷平方和			旋转载荷平方和		
	总计	方差百分比(%)	累积(%)	总计	方差百分比(%)	累积(%)	总计	方差百分比(%)	累积(%)
4	1.043	10.427	61.943	1.043	10.427	61.943	1.226	12.257	61.943
5	0.849	8.492	70.435						
6	0.824	8.237	78.671						
7	0.634	6.342	85.013						
8	0.576	5.765	90.777						
9	0.482	4.819	95.596						
10	0.440	4.404	100.000						

说明：提取方法：主成分分析法。

资料来源：青年基础科研"老年人家庭生活水平测量"分析数据。

表13.4 旋转后的成分矩阵

指标	成分			
	1	2	3	4
社会经济地位自评	0.729			
生活水平自评	0.726			
主要生活来源	0.469			
休闲娱乐满意度		0.854		
社交生活满意度		0.781		
家庭关系满意度		0.467		
网络社交			0.838	
互联网使用			0.813	
就医问题				0.846
生活问题				0.574

说明：提取方法：主成分分析法。

旋转方法：凯撒正态化最大方差法。

a. 旋转在6次迭代后已收敛。

资料来源：青年基础科研"老年人家庭生活水平测量"分析数据。

表 13.5 为综合旋转后的主成分分析结果，可得出各主成分的表达式，表达式中各变量为标准化变量。主成分计算公式如下：

$$F_1 = 0.515Zx_1 + 0.444Zx_2 + 0.254Zx_3 + 0.258Zx_4 - 0.133Zx_5 \\ -0.030Zx_6 - 0.171Zx_7 + 0.153Zx_8 - 0.018Zx_9 - 0.182Zx_{10} \tag{1}$$

$$F_2 = 0.050Zx_1 - 0.111Zx_2 - 0.141Zx_3 - 0.011Zx_4 - 0.012Zx_5 \\ -0.014Zx_6 + 0.002Zx_7 + 0.290Zx_8 + 0.475Zx_9 + 0.562Zx_{10} \tag{2}$$

$$F_3 = -0.216Zx_1 + 0.053Zx_2 + 0.190Zx_3 - 0.099Zx_4 + 0.020Zx_5 \\ +0.510Zx_6 + 0.565Zx_7 + 0.016Zx_8 - 0.037Zx_9 - 0.025Zx_{10} \tag{3}$$

$$F_4 = -0.181Zx_1 + 0.001Zx_2 + 0.031Zx_3 + 0.418Zx_4 + 0.723Zx_5 \\ -0.017Zx_6 - 0.029Zx_7 - 0.358Zx_8 + 0.060Zx_9 + 0.032Zx_{10} \tag{4}$$

$$F = 0.2712F_1 + 0.267F_2 + 0.2639F_3 + 0.1979F_4 \tag{5}$$

表 13.5　成分得分系数矩阵

指标	成分			
	1	2	3	4
社会经济地位自评	0.515	0.050	−0.216	−0.181
生活水平自评	0.444	−0.111	0.053	0.001
主要生活来源	0.254	−0.141	0.190	0.031
生活问题	0.258	−0.011	−0.099	0.418
就医问题	−0.133	−0.012	0.020	0.723
互联网使用	−0.030	−0.014	0.510	−0.017
网络社交	−0.171	0.002	0.565	−0.029
家庭关系满意度	0.153	0.290	0.016	−0.358
社交生活满意度	−0.018	0.475	−0.037	0.060
休闲娱乐满意度	−0.182	0.562	−0.025	0.032

说明：提取方法：主成分分析法。
旋转方法：凯撒正态化最大方差法。
资料来源：青年基础科研"老年人家庭生活水平测量"分析数据。

（二）结果分析

1. 老年人家庭生活水平概况

图13.1是老年人在社会经济状况、精神需求、网络参与、生活困难四个维度的得分情况。社会经济状况和网络参与部分总体上呈现正态分布，精神需求和生活困难呈现左偏分布，表明多数老年人的家庭关系、社交娱乐等精神文化生活得分高于中位数及均值，老年人的精神文化生活较好，同理，多数老年人在生活中没有遇到重大困难。

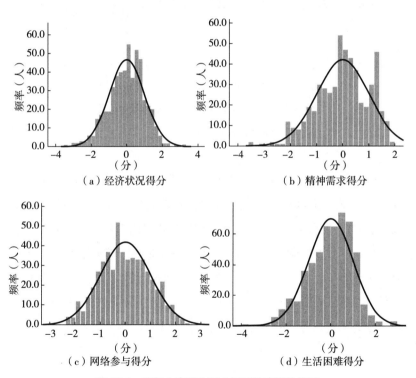

图13.1 老年人家庭生活水平四维度得分情况

资料来源：青年基础科研"老年人家庭生活水平测量"分析数据。

城镇地区老年人家庭生活水平中位数为0.188，农村地区为-0.1894。从城乡区域细分来看（见图13.2），老年人家庭生活水平在从主城区扩散到边缘村庄的过程中呈下降趋势。虽然随着经济发展，农村老年人口的经济状况和健康状况明显改善[①]，但城乡间老年人的生活水平仍存在较大差距。

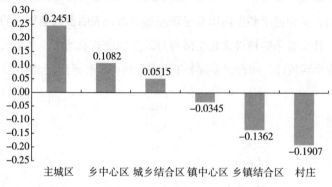

图13.2　城乡区域老年人家庭生活水平中位数

资料来源：青年基础科研"老年人家庭生活水平测量"分析数据。

老年人家庭生活水平存在性别差异，男性的生活水平高于女性。男性老年人的中位数为0.1019，女性老年人的中位数则较低，为－0.0387，这表明女性老年人的生活质量普遍低于男性老年人。与男性相比，尽管女性预期寿命较长，却较早地退出了劳动力市场，导致其非工作余寿远长于男性[②]。第四次中国城乡老年人生活状况抽样调查数据显示，女性老年人中丧偶的占比为35.9%，而男性为14.9%[③]。作为家庭无报酬劳动的主要承担者，在养老保险制度同就业高度相关

[①] 杨涵墨.中国人口老龄化新趋势及老年人口新特征［J］.人口研究.2022,46（5）：104-116.

[②] 张文娟，陈露.2010—2020年中国农村老年人口的工作预期寿命及其地区差异［J］.人口研究，2023，47（6）：21-34.

[③] 全国老龄工作委员会办公室.第四次中国城乡老年人生活状况抽样调查总数据集［M］.北京：华龄出版社，2018.

的背景下,丧偶的老年女性更可能陷入贫困[1],需要依靠他人提供生活来源。老年人再婚研究也证实了女性丧偶老年人的经济困难,再寻伴侣的一大重要原因是为了寻求经济支持,以实现互助养老。

2.各地区老人家庭生活水平

从地区划分来看(见图13.3),华东地区老年人平均家庭生活水平最高,均值为0.1409。西北地区老年人平均家庭生活水平最低,均值为-0.219,并且远低于其他地区。东北、中南、西南三大地区属于中间水平且相互间差距不大。由图13.4各省(市、区)老年人家庭生活水平中位数可知,排名前五的省份多位于华东地区或者一线城市,而得分较低的省市则多来自西北地区,同前述地区差异相符。低收入群体的占比多寡与区域间经济发达程度和城乡贫富差距有密切的关联[2],居

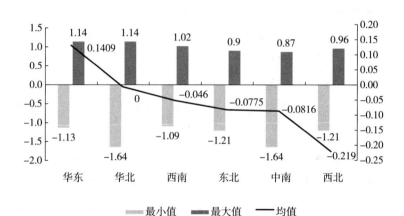

图13.3 六大区域老年人家庭生活水平

资料来源:青年基础科研"老年人家庭生活水平测量"分析数据。

---

[1] 赵锐,张瑛.丧偶对老年女性经济福利影响研究述评[J].经济评论,2019(3):152-164.

[2] 李炜,王卡.共同富裕目标下的"提低"之道——低收入群体迈入中等收入群体的途径研究[J].社会发展研究,2022,9(4):20-38.

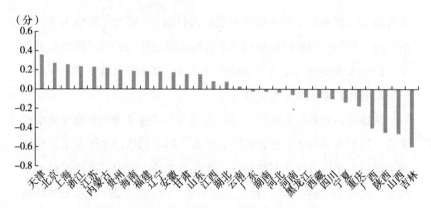

图13.4 各省(市、区)老年人家庭生活水平中位数

资料来源:青年基础科研"老年人家庭生活水平测量"分析数据。

民生活质量同地区经济发展之间存在耦合协调发展关系[①]。经济发达的城市也十分注重人民生活质量,本文的结果显示,老年人家庭生活水平同所在地区的经济发展水平密切相关。

3.影响老年人家庭生活水平的主要因素

由主成分计算公式和公式(5)可得,老年人家庭生活水平的计算公式如下:

$$F = 0.0602Zx_1 + 0.105Zx_2 + 0.0876Zx_3 + 0.1236Zx_4 + 0.1091Zx_5 + 0.1193Zx_6 + 0.0975Zx_7 + 0.0523Zx_8 + 0.1241Zx_9 + 0.1004Zx_{10} \quad (6)$$

由公式(6)可知,对老年人家庭生活水平影响最大的因素依次为社交生活满意度、互联网使用以及遇到的生活问题。

(1)对老年人的社会交往应主要关注精神文化需求的满足。随着生活水平提高,老年人的养老生活由"生存"转为"生活",人们不仅追求物质满足,而且追求精神需求的满足。老年人精神文化需求的

[①] 宋伟轩,白彩全,廖文强,等.长三角地区经济发展水平与居民生活质量耦合协调性研究[J].长江流域资源与环境,2013,22(11):1382–1388.

满足来源于家庭成员情感支持以及外部社会邻里交往,其中社会交往是老年人精神得到满足的重要方式。社会交往通过心理资本来影响健康[1],可提高老年人的自评健康和心理健康[2],然而随着家庭结构变迁,中青年与老年人家庭渐渐拆分,代际居住空间分离,家庭的精神赡养功能逐渐减弱。社区成为老年人主要的社会参与场所,社区的社会交往有助于老年人消解孤独感和排解抑郁情绪,积极的社会参与和融入有助于老年人找到自己的社交圈,找到自身定位,缓解社会紧张和压力,实现社会再参与,认识到自我价值并提高生活满意度和幸福感。

（2）在数字化社会,网络参与对老年人生活质量有重要影响。就互联网使用对老年人孤独感的作用机制来看,互联网有助于拓展老年人的家庭和朋友网络,人际交往类工具可拓展老年人社交网络,而信息获取类工具可降低老人的孤独感,但其负面影响是会限制现实社交实践进而加重孤独感[3]。在提高生活满意度上,互联网使用通过社区参与这一路径促进老年人生活满意度的提升,积极选择使用互联网的老年人参与型资本会得到提升[4]。在网络短视频对老年人生活的影响方面,其可增强老年人与子女之间的互动交流、维系情感关系,还可提高老年人的社区参与度,短视频对老年人与子女的关系有显著的正

---

[1] 郜佳,刘军,田美蓉,等.社会交往对老年人自评健康的影响分析:兼论心理资本的中介效应[J].四川大学学报（医学版）,2022,53（4）:670-675.

[2] 杨静逸,姚建森,邱亨嘉.社会经济地位与老年人身心健康:兼论社会交往的中介效应[J].卫生经济研究,2021,38（4）:12-15.

[3] 唐丹,张琨,亓心茹.互联网使用对老年人社会网络及孤独感的影响:基于用途的分析[J].人口研究,2022,46（3）:88-101.

[4] 杜鹏,汪斌.互联网使用如何影响中国老年人生活满意度?[J].人口研究,2020,44（4）:3-17.

向影响[1]，可显著提升老年人的生活质量，就影响机制来讲，使用短视频的老年人健康自评更好、主观幸福感更高、抑郁倾向更低。但网络参与在一定程度上会影响老年人的社会信任[2]，以互联网为主要信息来源的老年人社会信任度会降低，原因在于高频率接触负向信息，同时网络时间挤占了社会活动时间。

（3）老年人生活中遇到的问题可能导致他们陷入生活困境。城镇退休老年人退出工作场域，面临社会参与感降低、社会交往减少等问题，产生失落感与剥离感，无退休保障的农村老年人更易因经济劳动能力减弱而陷入贫困状态。随着身体机能下降，老年人的社会经济地位降低，重大疾病也易使老年人家庭陷入灾难性医疗支出贫困状态。生活中遇到的困难不仅降低了老人的生活水平，面对困境的无力感也严重影响老年人的心理健康，导致其焦虑、失眠、安全感缺失、幸福感减弱。本文发现老年人遇到的生活问题（见图13.5、图13.6）主要是经济收入层面的问题，如家庭收入低（45.1%）、物价上涨（44.6%）、医疗支出大（39.5%）等。不论城乡，老年人在生活中都面临收入低、物价高的经济压力。此外，由于老年人多受慢性疾病困扰，老年人的医疗支出也严重影响到正常生活，甚至成为生活主要支出项目。"无退休期"的农村老年人更易面临无业、工作不稳定的困境。但整体来看，城镇老人生活境况要好于农村老人。

---

[1] 张驰，向晶.短视频对老年人生活质量的影响——基于社会网络视角[J/OL].西安交通大学学报（社会科学版），2023，1-15.[2023-09-21]. http://kns.cnki.net/kcms/detail/61.1329.C.20230920.1844.002.html.

[2] 陆杰华，韦晓丹.老年人网络参与对其社会信任的影响——基于CGSS2018数据的检验[J].人口学刊，2023，45（1）：54-67.

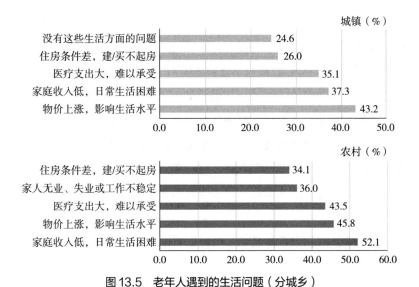

图 13.5　老年人遇到的生活问题（分城乡）

资料来源：青年基础科研"老年人家庭生活水平测量"分析数据。

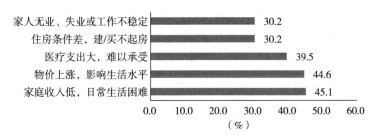

图 13.6　老年人遇到的生活问题（整体）

资料来源：青年基础科研"老年人家庭生活水平测量"分析数据。

五、讨论

（一）提升老年群体收入，预防因病返贫

老年期贫困和因病返贫是老龄化过程中亟须解决的问题。老年人因到达退休年龄或身体素质下降逐渐退出劳动力市场，老年期也易因其自身的脆弱性陷入贫困状态。我国中老年慢性病家庭尤其是低收

入家庭极易发生灾难性卫生支出。慢性疾病在带来沉重经济负担的同时，使老年人丧失劳动参与能力，甚至使其成为家庭照护负担。患慢性病使城镇老年人劳动参与率下降18.7个百分点，使农村老年人劳动参与率下降20.6个百分点，使低龄老年人下降46.3个百分点①。第四次中国城乡老年人生活状况抽样调查显示，农村老年人消费远低于城镇，老年人总体消费支出中，排在前两位的是食品烟酒支出、医疗保健支出，医疗保健支出随年龄增长呈倒"U"型，其中自评生活困难的老年人医疗保健支出最高，表明我国老年人消费仍以生存型消费为主②。

老年人的经济状况显著影响其健康状况和幸福感。高收入的老年人健康状况更好，其中养老金能显著提升健康水平③。老年人的经济收入同年龄、性别、居住地等先赋因素有关④，同生命发展过程中的后赋因素也有关联，这导致我国城乡老年人之间经济收入差距明显。农村老年人收入来源单一、缺乏养老支持，家庭中经济支持主要为代际向上支持，劳动收入和子女支持为主要经济来源。

目前我国实现社会主义现代化同老龄化交叉发展，减少老年贫困，实现老有所养，是新时代社会发展的重要衡量指标。在老龄化加剧背景下，为实现共同富裕、巩固脱贫成果，农村老年人应是重点关注对象。现从社会保障体系完善、老年人贫困预防、社工专业救助方面提出建议。

---

① 刘二鹏，张奇林，冯艳.慢性病的老年贫困风险：理论机制与实证检验［J］.保险研究，2020（11）：63-78.

② 王莉莉，邹海峰，杨晓奇.制约我国老年人消费与需求意愿的原因分析与建议［J］.中国体育科技，2020，56（9）：66-74.

③ 赵建国，温馨.养老金何以影响老年人的健康差距？［J］.现代经济探讨，2022（8）：62-75.

④ 孙鹃娟.中国城乡老年人的经济收入及代际经济支持［J］.人口研究，2017，41（1）：34-45.

1. 加强社会保障

近年来,我国农村养老保险制度覆盖面不断延展,政府的责任主体角色突出,法规政策使政策实施和责任落实有了明确的依据,覆盖范围从特殊人群转为全民,保障层次也从生存需求转为老年人美好生活水平的提高。首先,提高养老保障的经济保障水平。养老保险发挥贫困农村老年人家庭救助、保障最低生活的兜底作用,但目前城乡老年人普遍面临较大经济压力,且医疗支出占比高,因此,养老保障金需要提高保障水平,在保障老年人基本生活的基础上为进一步提升老年人生活水平做出努力。其次,强化基本医疗对老年人常见慢性病的保障作用,需要考虑扩大保障范围以满足老年人更高的卫生服务需求,一方面是增加保障范围内的慢性病种数,另一方面是扩大医保覆盖的深度。最后,在医保筹资及补偿政策制度上应有倾向性。低收入家庭因经济原因弃保、重病老人放弃就医现象依然存在,引入贫困脆弱性与多维贫困评估体系精准识别贫困老年家庭,提高贫困、高风险老年家庭判别能力,将极度弱势群体纳入保障兜底网,保证医疗保障制度的公平性。在家庭代际支持方面,子代与父代需要共同抵御贫困,提倡孝老文化,树立家庭一体、代际互养理念,出台家庭支持政策,鼓励经济资源整合,保障家庭经济收入,提升多代家庭抗风险能力。

2. 做好健康管理

《"健康中国2030"规划纲要》指出,促进慢性病全程防治管理服务与居家、社区、机构养老紧密结合,加强老年常见病、慢性病的健康指导和综合干预,加强老年人健康管理。患慢性疾病会显著提高老年家庭陷入贫困的概率,农村老年人群体中致贫效应更显著,不同慢性病致贫机制不同,严重影响老年人劳动参与机会与能力的慢性病会显著提高贫困概率[①]，如腰肌劳损等。防止老年人因病致贫、因病返贫，应从源头上预防老年期疾病问题，从全生命周期视角，建立健康教育、疾病预防、早期干预的健康管理制度。各省市应将健康促进和疾病预防规划工作落实到社区一级，我国健康教育最早仅在一线城市开展，以教育和健康促进为核心，教育手段单一。因此应开展形式多样、切合实际、可接受度高的教育活动，可深入社区通过画报、视频等直观形象的方式传播老年人健康知识；教育内容不仅要重点关注老年人常见疾病，如慢性病预防及病后康复护理、饮食营养、突发急症及意外伤害应对等，也要结合地区差异，对区域高发疾病有针对性地展开预防教育工作，倡导健康饮食习惯，提高老年人健康意识。

3. 做好老年社会工作

作为一种职业助人行为，社会工作秉持助人自助理念，帮助服务对象实现美好生活。社会工作专业在打赢脱贫攻坚战、实施乡村振兴战略等重大任务中发挥专业优势，有力服务了大局，其人才队伍建设在养老服务领域起步较早。

社会工作者可在保障和改善贫困老年群体生活，回应老年群体多样化需求上有所作为。社会工作者具有深入群众、贴近基层的优势，可以通过入户调查、评估需求、问题排查过程发现弱势老年群体。对经济困难老年群体的救助工作，不仅要以解决当前面临的困难为目的，连接经济及政策帮扶资源，还需要精准选择服务方法和技巧以提升服务对象的自我发展能力，实现帮扶可持续。同时，解决老年群体的心理情绪问题对于生活水平的提高也十分重要，比如，社会工作者可在老年人发生重大突发事件后，及时介入干预，对老年人常见不良情绪和心理问题进行疏导，使用科学合理的实务工作方法引导和鼓励

---

① 于长永.慢性病对农村老年贫困的影响研究——以新疆11地州市31县调查数据为例[J].西南民族大学学报（人文社科版），2018，39（3）：1-8.

服务对象缓解心态失衡，纠正行为偏差。

创新社区治理模式，激发老年群体活力。社会工作者扎根于城乡社区、社会组织，成为基层社会治理的中坚力量，在整合社会资源、满足群众需求、动员组织宣传方面起到重要作用。通过建立社区、社会组织，社会工作者可同志愿者及社会慈善组织共同参与基层治理工作，带动社会力量，让老年群体得到实惠和温暖的关怀。如开展老年人互助学习小组，开展知识技能教育训练，在充分对高知老年人资源进行再利用和实现人生价值的同时，实现为弱势老年群体赋能，提升其专业知识储备、人力资本。

（二）消除老年数字贫困，提升数字素养

2019年11月21日，中共中央　国务院印发《国家积极应对人口老龄化中长期规划》，指出要"融合移动互联网、大数据、可穿戴和云计算等新一代信息技术，发展以主动健康技术为引领的信息化老年健康服务"。老年人的网络参与，如微信、朋友圈以及手机支付的使用，能有效促进老年人的身心健康[1]，促进自我表达，加强熟人联络，对低受教育程度老年人的身心健康更具促进作用。但目前来看，老年人的网络使用情况并不乐观，第四次中国城乡老年人生活状况抽样调查数据显示，我国经常上网的老年人占比为5.0%，城镇为9.2%，农村为0.5%[2]，城乡之间有较大差距。《中国互联网络发展状况统计报告》显示，60岁及以上老年群体是非网民的主要群体，截至2023年6月，

---

[1] 刘杰，郭超.移动互联网应用程序（APP）使用对老年人身心健康的影响——以微信、微信朋友圈和手机支付的使用为例［J］.人口与发展，2021，27（6）：117-128.

[2] 全国老龄工作委员会.第四次中国城乡老年人生活状况抽样调查总数据集［M］.北京：华龄出版社，2018.

我国 60 岁及以上非网民群体占非网民总体的比例为 41.9%[①]。

老年人个人、家庭、政府、企业、社会应联合作为，助力老年群体跨越数字鸿沟，共享数字发展成果。现从老年人积极老化心态、企业科技生态环境营造、家庭社区作为、网络合理使用等方面提出建议。

1. 老年人应秉持积极主动的学习态度学习现代技术

老化态度是实现积极老龄化的重要指标，指对自身衰老过程或对老年群体衰老过程的感知。积极的老化态度是认识到老年人也有自身价值，可为家庭和社会做贡献，发挥余热，自立自强，不以累赘、负担等心态来看待自己。这既是践行老龄化战略的需要，也是实现老年群体心理健康的需要。一方面，要有主动学习的心态。老年群体数字融入过程是双向互动的，老年人自身需要以积极主动的心态尝试新鲜事物，学习网络新技能。另一方面，要有警惕意识。在积极参与网络社会建设的同时，老年群体应提高自身防骗意识，目前互联网面向老年群体的诈骗手段升级，以悲惨经历人设获取老年人同情心，以亲切关心姿态获取老年群体信任，很多老年人心甘情愿受诈骗分子指挥，甚至被骗取财物后也不自知。

2. 企业需要营造老龄友好的科技生态环境

智能手机能通过维系和扩大老年人社会网络促进其形成积极的老化态度[②]。一方面，开发出更符合老年人使用习惯和生理机能特点的工具，将科技面向全龄理念付诸实践。另一方面，打造友好数字生态，在提高网络覆盖率方面，企业可同政府部门进行合作，加强地区互联网基础设施建设，特别是经济欠发达地区、偏远山区、农村地区，在提升供给能力的同时，企业可面向老年群体开展"链接网络"

---

① 中国互联网络信息中心.第52次《中国互联网络发展状况统计报告》[EB/OL].[2023-09-14]. https://www.100ec.cn/detail—6631924.html.

② 向运华，金巧森，王晓慧.智能手机使用会影响老年人的老化态度吗？——来自中国老年社会追踪调查（CLASS）的证据[J].东南学术，2023（1）：150-161.

优惠活动,如开办老年手机卡专区、提供惠及老年群体的免费流量。

3. 家庭社区助力数字融入

老年人的社会交往不仅发生在现实生活场域,也发生在虚拟社交领域。作为老年人最亲密的人,家人对老年人学习使用智能手机和各网络平台有较大的影响力,家人在传播科技知识方面具有天然便利性,老年人融入数字生活离不开家庭成员的耐心指引,家庭内部需要完成"数字反哺"。同时,社区(村)可通过居(村)委会宣传、居(村)民同心圆网络群、志愿组织举办学习活动、学习视频和画报张贴等形式引导老年人学习使用生活类功能。

4. 辩证看待网络使用,做到理性谨慎

要合理使用互联网,互联网科技在方便人们生活的同时,也带来烦恼和陷阱。科技让人与人之间的联结更加灵活,但其无法代替家人的关心和陪伴,情感需求的满足不可全寄托于虚拟世界,沉迷人机交互也会使老人剥离现实社交,更易产生快餐式社交,使人越交往越孤独。另外,网络陷阱无处不在,老年人自身需要提升素养、提高信息辨识度,警惕网络骗局。家庭成员在教授和引导老年人网络技能的同时,也要关注老年人的网络使用情况,关心老年人的精神状态,防止其沉迷网络,监督家人的资金动向。作为信息提供方,网络平台需要担负平台监管责任,共营清朗网络社区,如重点关注以老年人为对象的运营平台及运作内容,及时发现并处理虚假诈骗信息,严厉打击诱导老年人消费等欺骗行为。

(三)促进老年人参与社会交往,提高老年人生活水平

在中国推行积极老龄化战略背景下,精神生活和心理健康是衡量积极老龄化的重要标准,参与社会交往对老年人自评健康和精神健康有显著的正向作用。城市老年人离退休,社会交往回归家庭和社区邻里,虽然老年人获得的精神或物质上的社会支持多来自子女、亲戚,

但在目前以社区为主的养老模式下，朋友和邻居的守望相助对老年人也十分重要。

1. 提高社会交往的精神文化属性

满足精神文化需求是实现老有所乐的主要途径。根据交往性质，农村老年人的社会交往可以分为生产性、仪式性和社会性三种类型[①]。老年人的社会交往活动存在内容浅显、类型贫乏单一的特点，基本局限于浅层娱乐，缺乏多元有趣的精神文化娱乐活动。老年人生活场域一般为社区（村），社会性交往在日常生活中更为常见，活动内容一般为闲谈聊天、棋牌娱乐等。老年群体的休闲娱乐活动需要向精神文化活动逐步转变。政府及城市规划部门应在社区（村）的环境建设上做好顶层设计，建设安全便捷的生活环境，满足老年人的基本需求，在此基础上增加步行绿道、文化馆、图书室、健身或其他组织活动场所，提高社区公共服务设施供给能力，为老年人高质量精神文化活动提供可行性。同时，发挥由上至下的正向引导作用，老年人精神文化生活单调匮乏不仅由于其文化素质不高、科技生活参与受限、鉴赏能力欠佳，更是由于缺乏组织引导。因此，政府相关部门及基层社区要发挥引导作用，树立精神文化活动典范，宣传推广优质文化活动，让优秀"有营养"的文娱项目不再束之高阁，而是走进普通老年人的生活。

2. 提高老年人社会交往的组织性

一方面，可以从政府和基层两方面入手，政府组织可通过调查、走访、收集整理居民喜闻乐见的社会文化活动，在了解老年人文化生活现状的同时，摸清老年人文化活动偏好，以便满足老年人的精神需求，为其提供高质量、受欢迎的公共文化服务，还可在民间挖掘优秀

---

① 刘琪.通过社会交往的农村老年人精神慰藉实现：生成逻辑与路径优化[J].云南民族大学学报（哲学社会科学版），2022，39（3）：59-69.

文化传承人、寻找各文化活动领域带头者,在此基础上组建队伍,以提供优质精神文化服务为组织建立的初衷,以满足人民美好生活需求为理念,确立定向资金支持、杰出者荣誉奖励等制度,确保组织规范性,并保障活动的可行性和激励性。另一方面,可以从老年人方面开展,任何组织的可持续发展都离不开参与者,老年人需要积极主动参与活动组织,寻找"活水",带动其他老年人,可围绕自身兴趣、理念建立活动组织,将日常交往的朋友圈发展为"老有所学"、实现自我价值的组织,让娱乐更有价值、更有意义。

3.提高农村老年人村庄公共文化建设的参与度

我国老龄化有和市场化交叉发展的特点,受城乡二元体系影响,城乡间社会保障和公共服务差距较大。农村劳动力流失,孤寡老人留守,老人的失能化程度更高、照料负担更重、空巢化速度更快、养老经济支持能力更弱[1]。农村老年人的精神世界无人关注,社会无法回应农村老人的精神需求。农村公共文化建设存在供给内容单调、供给主体单一、区域不均衡、村民自我参与率低的特点[2]。农村公共文化建设需要生长于农村、扎根于农村。村民可自发组织动员,寻找志同道合的朋友,发挥老年人的剩余价值,组建志愿服务队或艺术活动队,其中村级组织可通过荣誉嘉奖等形式发挥引导鼓励作用,在公共文化内容方面,可发扬敬老孝老优秀传统、宣传地方特色文化、传承传统节气文化等。在促进老年人积极参与、主动学习的同时,起到满足精神文化需求、传播有深度文化的作用。

---

[1] 陈欣欣,陈燕凤,龚金泉,等.我国农村养老面临的挑战和养老服务存在的突出问题[J].中国农业大学学报(社会科学版),2021,38(4):64-77.

[2] 董帅兵,邱星.供给侧视角下我国农村公共文化服务的有效振兴——基于全国31省267个村庄的调查分析[J].图书馆学研究,2021(2):30-36.

后 记

习近平总书记指出,新时代改革开放和社会主义现代化建设的丰富实践是理论和政策研究的"富矿",我国经济社会领域理论工作者大有可为。

近年来,中国老龄科学研究中心领导班子带领青年学者深入践行习近平总书记重要指示精神,胸怀"国之大者",围绕国之大局、国之大要、国之大事、国之大计,强化问题意识、问题导向,聚焦关系全局、关系长远的重大老龄问题,深入开展基础理论研究和应用对策研究,取得了可喜成果。

这些青年学者在科学研究的道路上,坚持正确的政治方向,坚持理论联系实际,脚踏实地,实事求是,一往无前,为新时代老龄科学研究付出积极行动。他们善于学习前人的智慧,吸取他人的经验,借鉴人类社会创造的一切优秀文明成果,不断攀登学术高峰,为新时代老龄理论创新添砖加瓦。

积极应对人口老龄化是中国式现代化进程中必须面对的一个重大课题。中国老龄科学研究中心的青年学者紧紧围绕中国式现代化进程中的老龄问题进行了观察与思考。本书共收录2022至2023年的13篇研究报告,有传统选题如老龄健康、农村养老问题等,也有老龄数据资源开发、老年人肌少症、县域老龄化空间等新颖的视角;有宏观选题,如中国积极老龄化发展水平、人口老龄化国情教育,也有微观切入,如老年人再寻伴侣的公众态度等。从研究方法来看,既有定量研究，也有定性研究。总体来看，有些研究和讨论可能还略显稚嫩，但青年学者在研究过程中的付出、积淀与收获，必将为他们今后的成长打下坚实的基础。

我一直认为，学术研究贵在求新、出新、创新，通过自己的研究提高知识、理论增量，言人所未言，只有这样，才能有所建树。学术研究贵在坚持、专注、勤奋，在自己熟悉的研究领域，全力以赴、持之以恒，做科研的苦工，方能成大器。

希望中国老龄科学研究中心的青年学者站得高、看得远、想得深，走出去、沉下去、接地气，做有光的人、发光的人、闪光的人，团结一心，努力奋斗，让作为国家级科研机构的中国老龄科学研究中心呈现和善之美、静气之美、蓄力之美，在中国式现代化进程中，发挥老龄科研不可替代的作用，在未来绽放属于我们自己的光彩，为积极应对人口老龄化和老龄事业高质量发展做出更大的贡献。

这两年，中国老龄科学研究中心的研究员王莉莉、伍小兰、李晶等同志为青年学者的基础科研提供了指导、支持和帮助，体现了中心团结、互助、传承的科研精神。

最后，还要感谢出版团队的辛勤付出，没有他们的努力，这些科研成果不可能如此美观地呈现在大家面前。

高成运
2024 年 4 月 17 日

参考文献

［1］ 蔡继明，刘媛，高宏，陈臣.数据要素参与价值创造的途径——基于广义价值论的一般均衡分析［J］.管理世界，2022，38（7）：108-121.

［2］ 曹欣雨，胡艳丽.推进农村养老服务高质量发展研究［J］.农村经济与科技，2022，33（11）：193-195.

［3］ 陈柳.城乡融合视域下农村旅居养老的发展路径研究［D］.无锡：江南大学，2021.

［4］ 陈柳，李俏.城乡融合视域下农村旅居养老发展研究［J］.合作经济与科技，2021（12）：186-188.

［5］ 翟绍果，袁晔.老年人精神需求、精神保障与精神福利：一个文献综述［J］.老龄科学研究，2017，5（7）：71-80.

［6］ 丁莉.新型城镇化视域下农村居民养老问题研究——以武威市谢河镇为例［D］.兰州：兰州大学，2017.

［7］ 顾大男.婚姻对中国高龄老人健康长寿影响的性别差异分析［J］.中国人口科学，2003（3）：32-40.

［8］ 关于建立健全城乡融合发展体制机制和政策体系的若干措施［N］.天津日报，2021-10-30（3）.

［9］ 管典安.人口老龄化背景下农村老人再婚问题研究［J］.东岳论丛，2014，35（2）：141-144.

［10］郭楠，李昂.人口老龄化背景下农村养老公共空间的发展研究

[J].住宅与房地产,2019(4):250.

[11] 国家统计局人口和就业统计司.中国人口和就业统计年鉴2017版[M].北京:中国统计出版社,2017:104-107.

[12] 蒋超群,张亚平,薛其坤.我国老年人口学数据资源建设的问题与对策.中国人口科学,2020(2):29-40.

[13] 金骋路,陈荣达.数据要素价值化及其衍生的金融属性:形成逻辑与未来挑战[J].数量经济技术经济研究,2022(7):69-89.

[14] 孔春梅.农村居民基本养老保险实施现状、困境及对策研究[D].济南:济南大学,2020.

[15] 李红凤.城乡融合发展背景下我国欠发达地区农村养老有效供给研究——以安徽省蚌埠市为例[J].重庆第二师范学院学报,2021,34(4):25-59.

[16] 李红玉.城乡融合型城镇化——中国新型城镇战略模式研究[J].学习与探索,2013(9):98-102.

[17] 李静,覃云云.城乡融合视域下大城市养老的纾困之道以N市J区为例[J].东岳论丛,2022,43(9):89-95.

[18] 李蕊.新时代破解农村养老难题的路径探索[J].人民论坛,2022(5):36-39.

[19] 李香允.创新农村养老服务模式[J].家庭科技,2022(3):47-49.

[20] 刘恩秀.农村社区代际互助的实践模式与运行机制研究[D].无锡:江南大学,2021.

[21] 罗群.妇科癌症患者和配偶二元支持应对与亲密关系的相关性研究[D].合肥:安徽医科大学,2017.

[22] 欧阳日辉,龚伟.基于价值和市场评价贡献的数据要素定价机制[J].改革,2022(3):39-54.

[23] 屈亚杰,黄国彬,王传清.科学数据发布平台的内容建设机制研

究［J］.图书情报研究，2022，15（2）：24-32.

［24］司莉，华小琴.我国科学数据共享平台的服务效能分析［J］.图书馆工作与研究，2014（4）：24-26.

［25］苏彦捷，高鹏.亲密关系中的日常冲突及其解决［J］.应用心理学，2004（2）：37-42.

［26］王利明.论数据权益：以"权利束"为视角［J］.政治与法律，2022（7）：99-113.

［27］王新明，桓德铭，邹敏，等.我国公共数据开放现状及对策研究［J］.江苏科技信息，2021，38（25）：40-43.

［28］王莹，赵锦哲，高峰强，等.恋爱双方人格特质及感知伴侣的人格特质对大学生亲密关系满意度的影响［C］//中国心理学会.第二十一届全国心理学学术会议摘要集.山东师范大学心理学院，2018（2）：1127-1128.

［29］向锐.乡村振兴背景下成都市农村养老服务问题及对策研究［D］.成都：成都医学院，2022.

［30］熊巧琴，汤珂.数据要素的界权、交易和定价研究进展［J］.经济学动态，2021（2）：143-158.

［31］徐丽杰.中国经济新常态下推动城乡一体化发展的新策略［J］.税务与经济，2016（1）：22-28.

［32］徐天琦.城乡融合发展视阈下农村留守老年人养老问题探析［J］.商业经济，2019（11）：99-101.

［33］杨群兴.探索发展农村养老产业是县域经济发展的有效途径［J］.云南农业，2019（10）：18-21.

［34］尹西明，林镇阳，陈劲，等.数据要素价值化动态过程机制研究［J］.科学学研究，2022，40（2）：220-229.

［35］张大卫.城镇化进程中的乡村振兴问题［J］.杭州师范大学学报（社会科学版），2020，42（2）：116-120.

［36］张广尊.社区养老模式下城郊旧村公共空间的适老化更新设计

研究［D］.上海：华东师范大学，2022.

［37］周子龙.农业农村高质量发展的金融政策着力点探析［J］.河北金融，2021（9）：10-13.

［38］朱浩.乡村振兴战略背景下农村养老服务模式创新的动力要素及其实现路径［J］.中国农业大学学报（社会科学版），2022，39（1）：180-195.

［39］HOBAN M, JAMES V, BERESFORD P, et al. Involving Older Age: The Route to Rwenty-first Century Well-being [M]. Final Report. Cardiff: Royal Voluntary Service, 2013: 34.

［40］KIRCHLER E, RODLER C, HOLZL E, et al. Conflict and decision making in close relationships [M]. East Sussex: Psychology Press, 2013: 39-47.

［41］LAURENCEAU J P, BARRETT L F, OVINE M J. The interpersonal process model of intimacy in marriage: a daily-diary and multilevel modeling approach [J]. J Fam Psychol, 2005, 19 (2): 314-323.

［42］LIU H, UMBERSON D J. The times they are a changing: marital status and health differentials from 1972 to 2003 [J]. Journal of Health and Social Behavior, 2008, 49 (3): 239-253.

［43］PIJPERS R, KAM G D, DORLAND L. Integrating Services for Older People in Aging Communities in The Netherlands: A Comparison of Urban and Rural Approaches [J]. Journal of Housing for the Elderly, 2016, 30 (4): 430-449.